蘇州文藝評論

夏湖

苏州市文学艺术界联合会　苏州市文艺评论家协会　主办

朱栋霖　主编

文匯出版社

正名，文艺评论

——2014卷首语

朱栋霖

《苏州文艺评论》创刊于2007年，至今八年。2014年刊改为图文版。恰逢北京成立中国文艺评论家协会，而且系经国务院批准，可见规格之高，与中国作协、剧协、影协、美协、书协、曲协、视协等十一家主流的艺术家协会一样名正言顺，同一平台。尽管文艺评论并非创作的附庸，尽管1949年第一次文代会与嗣后成立的中国文联、中国作协的真正主持者与文艺评论话语权的创造者与掌控人都是文艺评论家，但是一个名副其实的中国文艺评论家协会却一直延至六十五年后成立。因为一般认为文艺评论主要是服务功能，帮衬帮衬。文艺的前台，没有评论的位置。

“文革”前十七年的文艺评论是政治评判，后来成为“革命大批判”，姚文元始自1957年反右派文章到“文革”中的大批判文章，就是这方面的代表。在那时代，文艺评论就是大批评、打棍子，败坏了文艺评论的名声。上世纪80年代文艺评论为改革时代鼓与呼，发挥了评论主体的正能量。但是这些年一些评论吹喇叭抬轿子，所谓研讨会与整版的评论专栏都只是说好话，成了评论与创作者的合谋吹捧，正当的批评探讨反而被认为是不正常，甚至二三流的艺术家也不愿听到不同意见，若是提出不同意见，就认为搅局，文艺界充斥着商业哄抬气氛。再一个情况是，媒体报道代替了严肃的评论，新作问世后的声誉决定于新闻发布会的报道，而媒体夸大其词的报道误导了观众读者。连篇累牍的娱乐绯闻与操作在决定着艺术家与作品在社会上的命运。

当下评论的缺位，只留下千篇一律的套话与干巴巴的政治话语。

我认为，评论家与艺术家的对应关系，可以有三种情况：仰视、平视、俯视。我们“仰视”历史上杰出的经典作品，历史典范的资源让后人取之不尽。就当代评论言，评论家与艺术家个人之间应是“平视”，是对话与交流关系，切磋创作的成败得失、探讨艺术规律。对具体作品个案，评论家应“俯视”，他融合古今中外的美学经验，站在历史与美学的高度，检视与剖析创作现象，揭示成败得失。

评论家是艺术家的知音与诤友。文艺评论，中国古代称为“批评”或“评点”。批评，以其历史的深邃与理论的高屋建瓴来检视、指导创作，批评家应该锤炼真知灼见，以灼然之见点燃创作，指点艺术探索的迷径。刘勰、钟嵘、司空图、严羽深得创作奥秘，金圣叹、毛宗岗、张竹坡的评点激发了晚明长篇小说的热潮，俄罗斯别林斯基、车尔尼雪夫斯基、杜勃罗留波夫的评论推动了俄罗斯 19 世纪文学的繁荣。

理论与评论文章不参与指导创作实践，这是当代文艺评论的缺憾。六十年的文艺理论之路，前三十年文艺理论政治化，后三十年东拉西扯一些西方理论，唯独缺少中国自己的文化与美学的声音。

文艺评论，以真知灼见和艺术胆识显示出自我的尊严与主体的独立存在。

目录

苏州首届金圣叹文艺评论奖颁奖座谈会发言

文学时空

吴门谈艺

红氍毹上

第六届鲁迅文学奖苏州获奖作家叶弥评论专辑

叶弥与她的获奖作品《香炉山》

叶弥是中国新时期文学涌现出来的优秀青年作家之一，出生于1964年6月，现为中国作家协会会员、江苏省作家协会理事、苏州市作家协会副主席。自1997年发表成名作《成长如蜕》后，在近二十年的创作中，叶弥创作了大量中、长、短篇小说，产生了广泛的影响，《美哉少年》、《现在》、《天鹅绒》、《猛虎》、《小女人》、《消失在布达拉宫的一头鹰》、《明月寺》等等都是其代表作。叶弥的小说善于将笔力墨趣集中于普通人的日常生活，展示处于社会中下层的人物形象，透过他们观察中国转型时期普通人的生活情态，从而折射出中国当代社会变革时期的时代脉象。同时表达她对人性的深刻理解。

叶弥的创作风格独特。她既汲取了80年代先锋文学的成果，又注重继承现实主义的传统，对中国小说艺术，特别是短篇小说艺术有精到的理解：构思精巧，人物形象鲜明，叙事冷静、从容、富于智慧，体现了这一文体的现代品格。

在第六届鲁迅文学奖评审中，叶弥的《香炉山》受到了评委们的高度评价。评委们认为，《香炉山》构思精巧，文字细腻，叙述流畅，艺术上充满张力。作品中女主人公夜游香炉山时与陌生男子的相遇，在某种意义上是一颗戒心与一颗爱心的邂逅。作家以灵动的笔法，挖掘丰富而幽深的女性内心世界，并以不着痕迹的浮世情怀，叩问人性深处的奥秘。伴随着香炉山上的那轮明月和传说中的神灯的升降，作品中女主人公紧闭的心扉逐渐敞开，其中蕴藏着作家对人性的温暖而美好的期待。这是一篇充满诗意的、具有精致品格的短篇小说。在小说视觉化的潮流中，《香炉山》直逼内心深处的审美追求，尤其可贵。

叶弥简介

叶弥，女，1964年生，苏州人。1994年开始业余小说创作，代表作有中篇小说《成长如蜕》。著有中短篇小说集《成长如蜕》、《钱币的正反两面》、《粉红手册》、《市民们》、《去吧，变成紫色》、《天鹅绒》、《恨枇杷》等，长篇小说《美哉少年》、《风流图卷》。曾获江苏省第一届、二届、三届、四届“紫金山”文学奖，首届“萧红文学奖”等。部分小说被翻译为英、法、日、韩、俄、德等国文字。

第六届鲁奖短篇小说获奖感言

叶　弥

种族的歧视首先从语言歧视开始，所以我们知道语言对于一个民族的重要。语言几乎无所不能。文学，是从语言到文字，再从文字到信念，是意识形态的焦聚。

在我们小的时候，田野里有成群的萤火虫，因为农药和化肥的缘故，它们已无法在田野里生存，当然它们也无法跑到城市里生活。它还没有完全消亡，但濒临灭绝。从大趋势来看，它已听到天的旨意，听到天国的召唤。

文学，就是记录天的旨意，就是记录消失，记录生存的痕迹。当然文学也记录自己。

人类替代大型动物统治地球以来，消亡的动物、植物不计其数。各民族创造了自己的语言，用独一无二的文字把语言留存下来，但是人类的意识形态也一直受到挑战。我们已经知道要保护环境，保护野生动物。我们也保护想象中的动物，如龙、凤凰、麒麟等，这就是人类的精神文化遗产。以物质形式遗存至今的，是人类的物质文化遗产。

中国人感情充沛，是世界上想象力最为丰富的民族之一。文学对我们来说，也是记录想象、表达信念的一种方式。我们完全可以这么说：若干年后，当地球上的萤火虫消失无踪时，中国人会凭借文学体裁塑造出一种昆虫，这种昆虫大如南瓜，有着两条龙须和短短的凤尾，在夜里亮如一盏灯笼，当恋人约会时、当我们去邻居家借一勺糖做晚饭时，我们会带着它们照亮草丛里的小路。

我们告诉孩子，这就是萤火虫。它在时间的进化中，变得与历史藕断丝连，但它承载了我们最真实的记忆，给了我们想象的机缘，并且，贯穿了我们从古至今的信念，作为我们的精神遗产，与人类的文明密码深深契合。

——这就是文学。

在短篇小说里你会碰到什么人

叶 弥

写短篇小说就像把玩一样小件，一块白玉竹节或玛瑙卧蝉，再或者是瓷如意……还假设这样的小件价格和质地都普通，拿到手中并不经意，却不料掉到地上打碎了，一刹那的心情完全与价值不沾边，懊恼、可惜、自责都有，仿佛毁了一个活泼泼的生命。

所以我写短篇小说时，决不会掉以轻心，因为我知道，一不留神就会搞砸。我有许多次搞砸的经历，有的写了一大半了，但它是破碎的，只好作废。把小说里的想法收藏起来，待到时机成熟，灵感来临，再动手写。

我曾经在一次会议上听苏童先生说，他写短篇小说前，要洗手。这句话令我无比感动，他让短篇小说和写短篇小说的人有了无上价值。而我因为家务忙碌，常常手都来不及洗就坐下写了，假如我想写短篇小说，我得把节奏调整到写短篇小说的样子，让自己有很多杂念，许多回想和憧憬，我不必像写长篇那样大致有个事件和人物的走向，我也不必像写中篇小说一样盘算字数和故事行进的关系。我什么都不用做，自由地杂念丛生，忙碌不停，但是我的身心正沉浸在某一种氛围里，等待着喜爱的那个人出现。有时候我正干着活，拖地或者择菜，或者给花和菜地浇水，突然这个人就来到了心里，颇像一场游戏，你要不玩，这个人马上就消失，所以得马上坐下，让这个人从心里复制到电脑，一旦开始成为文字，这场游戏就会按部就班地玩下去了。

现在要谈的是“这个人”，是什么样的人借助灵感的翅膀来到你的心里？或者说，在短篇小说里，你碰上了什么样的一个人？

首先这个人与你息息相关，这个人是你生命中一定会遇到的。当你生活中还有勇气和精力，还有梦想和欲望，就有这些人在你心中产生。他们来源于生活又不同于生活，他们自由地下地狱或进天堂。他们每个人都有不同的面目，哪怕做同一样的事情，妓女芳汀和茶花女便完全不一样，柳如是和李师师也不一样，小说中的人物看上去与生活中的差不多，但仔细一打量就发现似曾相识又似是而非。因为小说里的理性不是生活中的理性，小说里的感性也无法拿实际生活作为参照。因为这就是小说，这就是小说的魅力。

这个人自由如风，你根本无法控制，当这个人的形象具有生命时，他就开始控制你，你的笔完全听从于他，他想下地狱，你就得提供地狱的场景；他想上天堂，你就得赶紧描述天堂的模样。他有他生存的逻辑，他的生存逻辑就是小说的逻辑。很多时候，这种逻辑与你无关，你好似创造了他，却是他创造了一个世界。所以，短篇虽小，却也是一个世界。

基于以上的原因，很多时候，当我写短篇小说时，心情复杂：怅然若失，为的是你其实不认识他；喜爱有加，你从中了解了陌生的世界。

也基于以上原因，我经常面对一篇写好的短篇小说，心中反复念叨：我认识他吗？我不认识他吗？我认识他吗？我……

猝不及防地，你就写好了，你凭着灵感或本能在写，你根本想不了那么多……你已经写好了。……短篇小说，妙就妙在短，与一个人电光火石，擦肩而过，留下种种念想。……种种念想，都在写好短篇小说之后。

碰到什么样的人，真的无法预想。

最怕碰到半生不熟的人，一无所知，或许有想象的挑战，了如指掌当然是下笔如有神。半生不熟，肯定烧成夹生饭。

我喜欢写短篇小说，一样东西是否有价值，不在别人的眼中，在于你对待它的心情，在于你赋予它生命。

2013 年 5 月 1 日于聆湖别苑

强健的心灵力量

——评叶弥的短篇小说《香炉山》

林　舟

无数阅读的经验告诉我们，一个好的短篇小说的开头，仿佛一把钥匙已经插入锁孔，咔哒一声响起，我们便迫不及待地要进门看个究竟，期待着小说家为我们精心准备的故事。

《香炉山》的开头两段，交代孤僻女士被同居男友杀害，以致“我”也不敢夜里独行和结交他人。非常现实，合乎人情，没有什么悬念，也没有什么苗头。但是，我们注意到，这里有一种内心的扭曲——不幸的事情和冷漠的舆论造成的压抑和恐惧：“自从这件事后，我就谨言慎行，不太敢在夜里独行，也不太敢去结交他人。以免被人骂上一句活该。”

这便是那咔哒一声，只是仿佛装了消音器，叶弥把它处理得细若游丝，似乎只为敏感的耳朵设置。你若听见，便可感受到那一丝压抑和恐惧里隐含着小说叙事的原初动力。

我们走进小说的时空时，对此几乎毫无觉察。对自然风物的描述，单纯而美好，平静又温馨，小雨、白云、大路、“俊”月……无论对城里人还是对乡下人来说，都显得越来越珍稀的田园风光，真是赏心悦目，令人心生向往——这一切显得自然而然。但是，也就是在这貌似自然而然中，不那么自然的东西出现了：“香炉山上看这样的‘俊’月，应该是绝好的一件事。”叶弥的小说似乎喜欢用这种略微偏离俗常或者说庸常的欲念，作为叙事的发动装置。欲念是欲望的先遣队，它将自己作为主体，从自然的、习以为常的或者混沌的状态中分离出来，并且锁定特定的对象，作为客体存在。于是，欲望通过欲念的形式开始如流质一般悄然无声地从主体流渗出来，不仅浸染自然的存在，而且争夺主体的地位——控制人的行为。当叶弥以这样的欲念叙事推动叙事的时候，或许是在追求经验与抽象、所指与能指的平行状态。

回到《香炉山》这里，当“我”起心动念去香炉山看月时，欲望与人、与物尚能和谐相处：萤火虫飞来飞去，蛙声一片悠扬，“我”在“惬意”中行走。但这和谐的幻象很快就被打破——蝴蝶的残骸出现了。叶弥极为擅长在读者毫无防备的时候，突然地，有时候甚至有些生硬地插入某种异质的物象或事件，对某种既定的语境形成颠覆，构造紧张。也就是说，对小说叙事的展开来说，蝴蝶的残骸的出现，是勾连事件的某种诱饵，“我”埋下它们的行为虽然能见一个女人的柔软心地和多愁善感，也不过是应景之举，重要的是随之出现了“身材极好”的年轻男子。

如果说，感受到年轻男子的美好，是自然的反应；那么，联想到花码头上的凶杀案，则是“文化”的反应，它取决于人在特定的日常生活和社会经验中积累的常识。在“我”貌似洞察秋毫的反应中，我们看到的与其说是过度敏感，不如说是备受压抑。她在惊讶于男子的美貌的瞬间，立刻自动掐灭了被诱惑的苗头——“这种人，花码头上多的是”。不屑是其表层的姿态，戒备才是内心的真实，所谓通达世故，这里便是止所当止。“我”那么迅速地将美好的印象挥之而去，让压抑和恐惧的调子再度骤然上升，如此响亮：“这个世上，蝴蝶要当心自己的翅膀，女人要当心自己的喉咙。”

在戒备、恐慌、不安之中，继续前行的“我”，可谓抗过了一次威胁，这威胁来自那闲云野鹤般潇洒的男子，确切地说，来自这个男子的诱惑。“我”战胜这个诱惑的武器是人情世故教给“我”的不信任。在某种意义上，战胜诱惑是主体的凯旋，因为面对诱惑，人总是处在被动的局面，处于被诱惑之物蛊惑、席卷、消灭的危险之中。

战胜诱惑之后的“我”以一种积极的姿态、享乐的精神，走向既定的目标，排解了“担心和焦虑正在成为我们生活的一部分”的局面，并“让我的愉快成为未来的回忆”。这时候，与“诱惑”确证人的被动的情形似乎完全不同的境况出现了，那就是主体以主动的欲望方式展开自己的生命，“我”的调子很是昂扬。小说的叙事至此，人内心两种心理力量的交锋开始将我们带入日常经验的认同——欲望是我想要怎么样，诱惑是你想我怎么样。“我”似乎以主动的欲望为武器抵御了被动的诱惑，以趋近明朗美好的自然避开复杂灰暗的人世。

在这一次的回合中，那一丝压抑和恐惧似乎消散而去。但是很快我们看到，“我”在白菊湾村里迷了路，而且无人相助，我奶奶和我妈妈都盛赞的那种淳朴民风毫无踪影。“我”陷入了无奈、迷惘，人与人之间的不信任、戒备、怀疑，从前面的一己之感蔓延为一种强烈的普遍氛围。“我”刚才还自以为排解了的那种担心和焦虑，那最初的一丝压抑和恐惧变换了面目，重新泛滥开来。

在此之前，欲望联系着主体，它潜隐在主动的句式之中向前延伸，直至某一个关键点的时候显形。而当人在欲望之途中迷失的时候，主体的自足和主动瞬间被摧垮，欲望这时候才真正地抬起头来，成为显目的存在，并注定体现为一种对人之自我的否定力量。我们可以在情节的逆向回溯中强烈地感受到它的存在——“我”如果不是要去香炉山看月，就不会遭遇苏带来的困扰，就不会为了避开他走另一条道路而陷入迷路的尴尬。还有接下来我们就要看到的，就不会在无奈之中屈服于苏的引路，就不会让本来平静惬意的身心处在处处紧绷、时时戒备的状态，以致气短心虚……

迷路的“我”一筹莫展，解救者就要出场了。但是，小说的叙述在这里有一次极其强力的控制：“时过境迁后，我可以从容地给你描绘一下这些村庄的美丽了。”这就将在时间上属于后来发生的事情提前叙述，形成了叙事的延宕。这一延宕的效果是多方面的：它舒缓了正在紧张起来的节奏，遏止它借助惯性走向顶点；它让我们提前看到了危机的解除和平静的获取，于是将读者的注意力导向过程的关注而不是对结果的获知；它从反向暗示我们，当“我”带着压抑和恐惧踏上欲望之路，是无法获得真正美好的感受的。

解救者实际上早已出场，还是那个手摇蒲扇、形容美好的苏。但问题是，这个解救的主体与诱惑的主体合二为一，希望与绝望如硬币的正反面，一切变得更不确定、更不真实起来。我们看到，在苏再次出现后的故事讲述中，“我”心目中似乎在不断地强化苏作为诱惑者的形象。诱惑者的全部秘诀在于诱惑本身激起的生命能量，最后消耗于抵御之中，诱惑者的最高境界不是以达到某个目的而显示，而是以悬置于不明之境而告胜。苏就是这样一个高明的诱惑之物。他的每一句话、每一个动作，都在“我”的反应之中呈现为别有用心，即便偶或引起“我”的好奇、感动、羡慕、安定，但迅速地被自己否定，“我”对苏不断表现出紧张、猜疑、担心、害怕、后悔、厌恶，压抑的情绪泛滥开来，安全感全然消失，人物穿行其间的自然之境也显得破碎而漂浮了。

可以说，“我”的心情起落、神经过敏的内心景观，占据了读者主要的精力，以致几乎难以期待她最后能够平息下来。当然，她最后却是平静下来。没有什么事情发生过的大路给她带来安全感，“我”能够控制局面了。这时候，当苏摘下稻穗和野菊花给她，她也感到“两样不相干的东西在一起竟然如此和谐”。内心的苦苦挣扎终于结束，第一次对救助者的真诚谢意也得到表达。

这样的结局，其真实可靠的依据究竟在哪里？在苏一路展示出的美好品质吗？这时候，我们回头再去想想苏这个人物，无论是他的形容装扮还是行事方式，抑或是他与燕姐姐、夏婆婆的关系，其实都笼着某种偏离日常的神秘面纱，如幻影一般飘忽于故事的空间。因此，我们可以说，小说的叙述者无意于将他落实为一个经验意义上特别真实的存在，而更倾向于呈现为紧贴着“我”之心理过程的一个检测符号。即便是小说叙述到苏的告别之辞，通过他的口进行的“前情揭露”，也不是将我们导向经验意义上的真实，而是由此导入“我”的自我反省。

小说最后的反省提示我们，“我”作为主体的存在感，无法在欲望的驱使中获得，也不可能在抗拒诱惑中获得，而是在冲破欲望与诱惑的纠缠之后的平静中获得：“回想昨天一夜，浑身如沐春风……我知道，此夜之后，我会驱除怯懦，就像从前那样无所畏惧。”这时候，我们回头再看小说开始时的那一丝压抑和恐惧，会发现它启动的是一幕将存在的压迫感演绎为内心搏斗和挣扎的戏剧。因此，可以说，《香炉山》纯净美好的质地，来自它强健的心灵力量从内里支撑起的叙事。

这些年，读叶弥

金　理

读者和一位作家的书相伴成长，真是有趣而又可遇不可求的事情。初读的时候喜不自禁，感觉收获良多；等到自己年纪长了，人生阅历丰富了，再去读这位作家，还是读得津津有味。书中的阐释空间似乎陪伴着你在延展、充沛……这是奇妙的机缘。

很幸运，这些年，我一直在读叶弥。

与“弟弟”重逢

给本科生开一门“当代小说选读”的课程，为了尽量减少这些非中文专业的“90后”们的阅读障碍，我一般会推荐若干篇以青年人为主人公、以青春期生活为主题的小说。每次学期结束时，会要求学生回答一个问题：这学期讨论的小说中，最打动你的是哪一篇？根据近年来的统计结果，叶弥的《成长如蜕》（1997）[1]一直名列前茅。我想就从这里开始谈起，年轻的读者们（笔者是“80后”，勉强也算入其中吧）为什么热爱叶弥，热爱这篇十多年前发表的小说。

年轻往往意味着活力、变动性、不安分、改天换地，当年轻读者遇到一个像“弟弟”这样与整个世界为战的人物时，总会特别上心。小说可以从两条线索来看，一方面是“弟弟”和周围环境的对抗、冲突，另一方面是众人合力的一场围捕。这场战争绝非势均力敌，“弟弟”孤立无援，而围捕者人数众多。这些人以不同的面貌、态度出现：父亲代表家庭中专横的君王，与“弟弟”构成激烈冲突；叙事者“我”/姐姐，是“弟弟”身边一个理性的观察者，出以和风细雨的说服；还有钟千媚，当年青梅竹

1　本文中括号内标明的年份，一般是指叶弥该作品的发表时间。

马的邻家女、朝凶狠的男人头上掷玉米花的“天蓝色”小天使，后来变得“残酷而冷静”，变得“世俗而实际”；“弟弟”周围一帮狐朋狗友则是反衬，把臂走过共同的一段路，但朋友们早就“觉醒”，与“弟弟”分道扬镳……这些以不同面貌、态度出现的人或群体，立场却惊人一致：他们代表着现实的铁律、统治着我们生活的逻辑法则和必然性，聚合成一股至高无上而又秩序井然的力量，从容不迫地拆解一个人青春期的热情、梦想、躁动和叛逆。正如李敬泽所言，这是一场无声的围捕，结局很“圆满”：弟弟“成长了，令人信服”。不同的猎杀者从不同的方向——家庭亲情、爱情、友谊等——张开弥天大网，将“弟弟”严严实实地捕获了。

“父与子”是经典的文学母题。但是在《成长如蜕》中，即便把父亲看作世俗生活、强权意志的代表，读者也肯定会发现，在父亲人生中的某一时刻，他也曾是“弟弟”。看见“弟弟”“整天津津有味地做着一些无关紧要的事”，父亲不免想起自己做“看门老头”时那段“一生中最自在的日子”。然而此后父亲必须出面否定、干涉“弟弟”的悠闲，也许此刻父亲会想到小时候在暗夜中被自己的父亲一脚从楼梯上踢下来的经历，两相对比，自然产生一种恼怒：傻小子你根本不明白，你的悠闲是我作为父亲牺牲了自己、以自己的“粗糙”来换取的。父亲不惜站在污泥浊水中扛住“黑暗的闸门”，但岸上鞋不沾水、诗意而“悠闲”的“弟弟”总得从依附状态中走出来。这是父亲出面干涉的心理根源之一。考虑父与子形象的合一性，还不妨注意《成长如蜕》中这样几个细节：当众叛亲离之后，“弟弟”开始报复他的朋友，“愤愤然地在朋友面前炫耀起财富。他开着轿车撞来撞去，他一身的名牌，腕上带着瑞士牌全金表。他上朋友家里去的时候带着贵重的礼物，总能让朋友的妻子想入非非而不满现状”，这样做的时候他“很舒服”。而小说叙述者在这个时刻提醒我们：父亲当年的大柳庄之行，所谓“布施”，也是一种报复，以伤害他人自尊心的方式来满足自己曾经失落的自尊心，当时“弟弟”非常不满，信誓旦旦地告诉父亲：“不，我决不会像你这样污辱他们。”还有，当“弟弟”最后受骗于钟千里而被拘留时，“他夜不能寐，通宵达旦地醒着。他想起了父亲曾经也是这样在监狱里坐着，通宵达旦，没有尊严”。对于父子两人来说，这一共同的被关押的处境仿佛是一个象征，遭受了一次对自己的信仰产生毁灭性打击的事件，父亲当年太看重和朋友的约定而吃亏，“从这件事过后，我父亲从不相信任何人的口头许诺"。弟弟也是，"弟弟彻底解脱了，他平静而豁达"。自此告别旧我，当他们重获自由之时，将不再按照以前的规则行事。"冥冥之手操纵着弟弟重复我父亲走过的路"，多么可怕的"冥冥之手"，让如此针锋相对的两代人被塑造成一个模样。

我们可以看到小说中这场围捕是如何一步步实施。经历大大小小的战役，最致命的打击、也是迫使"弟弟"向世俗投降的导火索，无疑来自钟千媚。"弟弟"和千媚青梅竹马的爱情被他涂上了一层罗曼蒂克的朦胧色彩而极为珍视，同时这份爱情也是对钟千媚之父钟老师（精神偶像）完美人格的一种崇拜式移情，这些都雨打风吹去。接下来是朋友的抛弃，在那帮狐朋狗友交流"生存经验"时，"弟弟"感到格格不入。然后是钟千里的欺骗与讹诈，这是最后一场战役，非常奇怪的战役。"弟弟"在进入这场骗局的时候已经不像以前那么"傻"了。此前"弟弟在工作上勤勉了许多，这令我父亲欣慰"，已经在父亲规划好的道路上前行了一段时间；而且当钟千里向他打电话时，"弟弟不置可否地扯开话题"，最后也没"全情投入"（千里狮子大开口"百万元"，但"弟弟"拿去了三万，留了后路）。也就是说，在这场骗局的一开始，"弟弟"已经约莫预知到了结局，他在对付、进入这场骗局的时候有一种前所未有的冷静和坦然。甚至可以这样认为，"弟弟"此刻已经"分身"为"两个自我"：一个自我已经向这个现实世界投降了，但另一个自我还残存着一丝侥幸（"也许钟千里还能给我一些久违的友谊，姑且就尝试这最后一次吧"）。这场骗局，既可能是压死骆驼的最后一根稻草，也可能是一根救命的稻草。"弟弟"是抱着观望、最后一试的态度去赴会的。而且"弟弟"也知道这将成为一个转折点，我们可以揣摩"弟弟"此行的目的：对于在千里身上发现久违的友谊，"弟弟"其实也没抱多大指望；更重要的是，希望以这次行动来安排给自己一个仪式，所以临行前特意给阿福上坟，既是祭拜亡友，也是告别过去的自己，岂止是告别呢，简直是埋葬旧我。所以，"两个自我"的关系是：一个自我在作最后的抗争（有限度的抗争，毫无先前的自信，甚至战斗号角吹响的那一刻已经想见了溃败的结局，多么悲壮的抗争）；另一个自我在赏鉴这幕"自杀"的仪式，看着以前的自己慢慢死去，给自己一块墓碑，一个理由——所有的人都没有办法再提供给"我"温暖、提供给"我"求证理想生存的依据与可能，能够提供的人又早已长眠地下。没有其他选择了……这个世界仿佛一个陀螺，必须不停转动才不致倒下，而转动就此成了本质，再不带有任何其他目的。而“弟弟”曾有过的信念是“让天下的人都幸福”。准确地说，已经没有人去在意什么是幸福，而只有成功者，或失败者。所谓“失败者”实则就是无法适应那种不停的转动，而“弟弟”就是这样一个被不停转动的世界所碾碎的失败者。“没有人心痛：那改变明天的已为今天所改变”（穆旦：《裂纹》）……在这之后，“弟弟”顺应了时代，顺应了世俗生活，结束流浪，终于回到了父亲为他设计的人生道路，回到了人们所期望的“正常的”生活轨道。当然他还保留了阿福的照片（说句狠心的话，还好阿福短命），对于最后在商场上“要风得风，要雨得雨”的“弟弟”来说，保留着一张阿福的照片到底意味着什么？就像小说中说得那样象征“他的内心还是保持着对美好人性的追求”，抑或是一种借口、抚慰，告诉自己原来也有过纯真年代，由此解脱掉商场中拼争时的心理负担，可以放手去搏？

被碾碎的岂止“弟弟”一个。如果只是为了荣华富贵，钟千媚为何不留在身为“富二代”的“弟弟”身边？但她宁愿远离“弟弟”，在一个台商身上去实现功利的目的，甚至在离去前希望献身于“弟弟”。千媚心里何尝不存着分裂的自我：不愿意将纯洁的感情与功利的算计搅和在一起。“弟弟”永远保留着阿福的照片，而千媚何尝不在弟弟身上寄托了她最后一丝理想与眷念。

在“弟弟”被围剿的过程中，站在他反面的人物空前强大，而本应该提供援手的同盟其自身却千疮百孔——我是指“弟弟”的精神偶像钟老师。显然他并不是一个合格的“导师”，“弟弟”原来可以依赖的理想资源被抽空了。检讨发生在“弟弟”身上的悲剧，除开来自外部的强敌，这其中肯定有个人、主观的原因。“弟弟”性格的养成和童年记忆有深刻关联。在跟随全家一起下放农村的岁月里，他把大柳庄作为“心中的圣地”，完全不了解当时“完美的人际关系”往往是建立在极端贫穷之上的（这其中有着叶弥深切的体验与反思[2]）。看待事物的时候无法建立起完整的视野，而对自身已经固化的偏狭视野又缺乏自省的能力，这是“弟弟”的病根。后来他跑去西藏，又是要去寻找另一片圣地，回来之后，“谈起了西藏的所见所闻，他眉飞色舞，对西藏的风土人情，对西藏的粗犷质朴和对神灵的极度虔诚赞不绝口”，似乎得偿所愿，但有个细节透露出“弟弟”在西藏真实的困顿与潦倒，一次醉酒后躺倒在酒店角落的沙发上，“他醒来的一刹那间心怀恐惧，以为是睡在西藏的某个肮脏简陋的小旅馆里（不可与人言说的真实啊）”。更妙的是叶弥在括号中加的这句话——“不可与人言说的真实啊”——直指“弟弟”思维方式中的荒谬：心中有一个稳固的理想，这个理想是不能去触碰的，哪怕现实中有细节戳穿、揭开了理想中所充斥的谎言，也宁愿把这些真实细节放逐掉，以此掩饰、圆满那一虚妄的理想。总之，弟弟无法建立起一种正常的生活或工作状态，要么沉湎于幻想之中，此时他意气奋发，因为心中有理想，但整个人亢奋得就好像腾云驾雾，根本无法降落到现实中；幻想一旦破灭就歇斯底里、放纵自己、醉酒甚至割腕……根本没有办法在理想和现实的结合点（个人的岗位）上展开有效的实践，姐姐老早就看穿了，“弟弟不是一个实践的人”。

话说回来，这类人物身上也自有可爱之处。“弟弟”最突出的特征是那种拒不认同的抗争，以及抗争所带来的焦虑感。“焦虑”是通过与现实处境持续的紧张对峙来艰难摸索一种自我确立的主体力量，这背后，是叶弥通过文学想象与世界发生关联时所承受的障碍，是“弟弟”/叶弥的心灵空间与外部现实在整合过程中留下的一道道磨蚀的痕迹。无论是在今天的文学还是现实中，这种焦虑与障碍都已渐行渐远，整合过程已然完成，连摩擦的痕迹都不复存在。在一个“弟弟”被治愈后的年代里，我们看到“暂时坐稳了奴隶”后的自鸣得意，有时也有焦虑发生，那是在攘臂争先充当成功人士后备军的途中，时或遭遇的不平。而成功人士——比如《成长如蜕》中的父

---

2 “文革”时期叶弥随父母下乡，“很奇怪，我一方面经历着不安，眼睛里全是乡下穷人无奈的生活。但另一方面，在心灵最深的地方，往往只留着一些美好的东西。我想，这就是人对自身的本能的浇灌，这就是‘人之初，性本善’吧。”见叶弥：《人心是世上最顽强的东西》，《长篇小说选刊》，2006年第4期。

亲——恰恰是当年“弟弟”试图挑战的对象。

今天是一个盛行忧伤的年代，但是小清新式的忧伤和弟弟身上的焦虑，在根子上就天差地别。与前者一体同生的是自恋，“蜷缩在自身生存的内部，以私我的情感、原欲和利害为其全部世界，社会、历史和精神性被封闭在个体生存之外”[3]；有谁会像“弟弟”那样真诚而痛苦地去思索“让天下的人都幸福”。于是“忧伤”就粉墨登场，沉溺于淡淡的忧伤情绪中，正可以此作为拒绝担当的借口，同时换回虚伪的治愈。无须让生命悸动的痛感来校正自己，也无须在黑暗的长旅中左冲右突，这是一个“诸神归位”的时代。对于年轻人来说，在早已熟稔成人社会的铁则之后，选择哪条路已经不是问题，问题是在这条路上走多远、挤掉多少人、超过多少人。由此来丈量，当年“弟弟”支付的代价既惨重又愚蠢，可是没有了那场围捕所留下的血痕，所谓的“治愈”必然是轻飘的。今天年轻读者在遭遇“弟弟”时的惊愕可能正在于此，这是一个不被虚伪的治愈所消费的人物。

尤其站在今天回望，“弟弟”当年抵死顽抗的那股力量，现在已经无孔不入地充塞在社会任何一个角落，有时甚至荒唐到敲开你家的门，理直气壮地要求你出让心爱的那株桃树（《向一棵桃树致敬》，2007年）……“弟弟”曾经像堂吉诃德冲向风车那般向着这股蛮横的力量说不，他不轻易让渡内心坚守的空间，在抚今追昔中“弟弟”当年的身影真是弥足珍贵，也让人心痛。

我把这一节的标题拟作“与‘弟弟’重逢”，不仅是要在社会变迁的背景中以“回望”的视角来把握“弟弟”的独特性，同时也主张：这一独特性不妨置放到文学史的人物形象长廊中来考察。“在一定意义上可以说，现代文学的形象世界，主要是青年的世界”[4]，在这一形象世界中，以“弟弟”为主人公或主题意象，就构成一个绵延不辍的重要子类目。远的不说，在我有限的视野内，刘心武《醒来吧，弟弟》、叶弥《成长如蜕》、路内《阿弟，你慢慢跑》、黄咏梅《表弟》等已可构成值得探究的文学形象谱系。这一类形象之所以有意味，首先是“兄/姐—弟”人物关系结构的特殊。“兄长”

3 李静语，转引自曾于里：《忧伤的“伪治愈”》，《文学报》，2012年11月15日。

4 赵园：《艰难的选择》，第220页，上海文艺出版社，1986年9月。

或“姐姐”往往以颇有家庭气息的伦理姿态出场，从旁加以冷静观察或理性说服；又由于“兄/姐”毕竟不同于高高在上的家长，往往能更体贴“弟弟”的困境。比如在《醒来吧，弟弟》中，“哥哥”是虽经劫难但信念不变的知识分子，“弟弟”则是精神颓丧、满腹牢骚的前红卫兵。小说讲述的是前者作为启蒙者一方如何在“文革”之后，对发生信仰危机的虚无者展开“治疗”。其次在这一人物关系结构中，“弟弟”往往是有待拯救的“问题个人”，有着极强的“可变性”，他们的“价值观和生活方式尚未牢固确立”，“精神在无边的荒野中摸索自由、困惑和犹豫”[5]，大多拨动人心弦。而这一拯救的过程和结果——不管是《醒来吧，弟弟》中敷衍的“治疗”（将青年自身意义、价值，与外在规定性、历史目的论简单挂靠），抑或《成长如蜕》中左冲右突而最终被制服——皆意味深长，深刻昭示出不同语境中人们的情感态度、思想观念如何与历史条件、时代主题互动。我会将这一课题留待以后展开。

大凡描述青春的小说都会采取“艺术小说”——“这是一种关于诗人和世界的故事，而其中的诗人永远敏感而正确，世界却总是迟钝而错误”[6]——的模式，《成长如蜕》不在此列。“弟弟”的思维和行事聚集着致命缺陷，一再犯错。就比如上文中提及那个逃亡去西藏的情节，对青年文化心理的弱点简直一击中的：总是憧憬一个远方的世界，在其间寄托乌托邦想象；当下的生活以及这个生活环境中的制度、道德习惯等等一切，每每不如人意，自己置身的现实社会总是“异己”的；而激烈的自由意志所驱使的界外感（“我不在丑恶的环境中”）、抽身感（“我与这个环境无关”）、那种腾云驾雾的姿态，又使得其超越性的乌托邦理想根本无法在一个具体、日常、切身的工作与生活情境中安放、落实。但这并不是说安分就好，超越性的向度就得闭塞，尤其这些品质、特性在今天正在日渐稀缺……

《明月寺》（2003）中一个细节，“我”到寺里“想求一支签，关于爱情的签”。

---

5 村上春树将这类人物形象概括为“可变的存在”。见村上春树：《海边的卡夫卡》“中文版序言”，收入《海边的卡夫卡》，林少华译，上海译文出版社，2010年7月。

6 莱昂内尔·特里林：《约翰·多斯·帕索斯的美国》，《知性乃道德职责》，第7页，严志军、张沫译，译林出版社，2011年9月。

薄师傅说："我像你这么大的时候，也像你这样喜欢泾渭分明。"这句话，简直就是叶弥对她的读者尤其是年轻读者说的。在《成长如蜕》里，根本无法用以往"泾渭分明"的态度来面对"弟弟"。说实话，我无法把"弟弟"作为一个研究对象，置身事外、平心静气地拉开一段距离来加以考察。我总在想，对待"弟弟"这个人物，如果我能够有"泾渭分明"的立场与勇气，站在哪一边都无所谓。比如，我就坚定地支持"弟弟"。"弟弟"一点没有错，举世皆浊你独清，你在捍卫人类最宝贵、在今天也最稀少的品质、价值。面对小说的结尾，我们就应该勇敢的指责：这看似劫后余生的大彻大悟其实掩盖着投降和妥协。反过来也可以，就认为"弟弟"是个傻瓜。世界在向右，凭什么你要向左，什么"与整个世界为敌"不过是年少轻狂罢了，像"弟弟"这样的人，就是市场经济发展必然的牺牲品，一再沉溺在幻想中不去、也不敢认清现实，并不值得同情。——如果能够坚定站在以上这两种立场的任何一边，读这部小说、面对"弟弟"这个人物的时候，都不会有那种心痛欲裂的感受。但由此我也明白，"弟弟"这个人物之所以复杂、拒绝简单的归类与判断，原因之一是：这个人物紧贴着时代与社会跳动的脉搏，用张新颖老师的话来说是"内在于时代"的。而我在面对这个人物时心绪的无法平静，恰恰因为我和小说人物的这种"拖泥带水"的关系，正是我自己和时代的关系。这部小说是如此诚恳，也逼迫着读者诚恳地去看清楚自己的面貌、自己和这个时代的关系。

《成长如蜕》的叙述者是作为姐姐的"我"，"我"不仅操控着小说走向，而且不时介入到"弟弟"的故事中，有时是和风细雨式的说服；有时潜入"弟弟"胸腔中剖出其隐秘心计，"他醒来的一刹那间心怀恐惧，以为是睡在西藏的某个肮脏简陋的小旅馆里（不可与人言说的真实啊）"；有时则冷眼旁观，"弟弟就是这样一步一步远离了现实世界而囿于他的丰富美丽的内心世界"；有时发出先行者沧桑阅尽后的感悟："真正的成熟使人抑制某种欲望，牺牲某种信念，换取目前的平衡，这才是一种清醒的取舍，含有人生真正的悲壮"……这样的操纵和介入，不仅是在展开"弟弟"的故事，也是在引导读者该当如何理解"弟弟"。不过且慢，"弟弟"的故事在很大程度上是由姐姐/"我"叙述出来的，这种叙述在多大程度上贴近"弟弟"生活的本来面貌，多大程度上能复原出"弟弟"成长的细节和隐痛？当"我"以老僧入定般的卒章显志——“人生有些事是不得不做的，于不得不做中勉强去做，是毁灭；于不得不做中做得很好，是勇敢”——来许诺给“弟弟”一个“结局很圆满”，来替代“弟弟”劫后余生的大彻大悟之时，这番话真的能够取缔、收束“弟弟”此前“勉强去做”的意义吗？真的能够压服、平息一代又一代“弟弟们”驿动的心灵吗？我并不觉得叙述者“我”就等同于作者的代言人，《成长如蜕》最具有文学意味的阐释空间，在姐姐/“我”和“弟弟”之间，这个空间含混、犹豫、最难将息，找不到稳固的立场，又质疑任何给定的结论……

骑着麦秸，夜晚飞行

《成长如蜕》之后，“弟弟”这样“一根筋”式的人物在叶弥笔下并未绝迹。这些人物坚守着有悖常理的道德原则，甚至在被揭破、被伤害之后仍然抓住唯一的安慰，我们在后来《父亲与骗子》（2001）中的“父亲”身上，又看到了这种品性，显然叶弥珍爱此类人物。在《司马的绳子》（2002）、《天鹅绒》（2002）这样的故事中，叶弥好走险棋，在为一般道德所不齿的、与日常伦理构成尖锐冲突的一刹那间，见证人性的纯粹。“世界能对任何思想进行分门别类的处理。但它不能替一种真正的新体验进行分类。”[7] 我想，叶弥正在拒绝被分类的处境中，摸索一种真正的人性体验，这种独特的人性体验，也需要一种独特的文学形式来赋形。

叶弥笔下的人物，无论是在乡间小路上踽踽独行，或是穿梭在都市的街头巷尾，内心都充满痛苦、烦恼和挣扎，“对这个世界充满倦怠”，在一团又一团的矛盾纠结中扑腾……这是我们经历过的历史，是我们正在面对的现实。当今天的作家要展现上述“沉重”的生活时，往往将叙述话语的性质迁就现实生活的经验，一意朝着实、满、峻急、沉重的方向落笔，甚至滞涩地举不起笔来。叶弥大概是个特例，借用批评家的

7　D.H.劳伦斯语，转引自莱昂内尔·特里林：《关于罗伯特·弗罗斯特的演讲》，《知性乃道德职责》，第379页。

发现，她找到了一种“以轻击重”的方式。[8] 无论是《现在》（1998）、《美哉少年》（2002）、《局部》（2011）这样以历史上惨不忍睹的灾难为背景，抑或《小女人》（2004）、《小男人》（2006）、《恨枇杷》（2006）这样直面个人日常生活中剪不断理还乱的苦恼——总之这些小说都可以铺陈出无边而让人窒息的苦难场景，但叶弥却总是让叙述充满轻盈、灵性、诗意，甚至不乏戏剧性、喜剧味道的天光乍现。就像卡尔维诺举证的希腊神话，柏尔修斯依靠“世界上最轻的物质——风和云”，来反抗美杜莎会把人变成坚硬石头的目光。

“当我觉得人类的王国不可避免地要变得沉重时，我总想我是否应该像柏尔修斯那样飞向另一个世界。我不是说要逃避到幻想与非理性的世界中去，而是说我应该改变方法，从另一个角度去观察这个世界，以另外一种逻辑、另外一种认识与检验的方法去看待这个世界。”[9] 这样处理现实的、“另外一种”的方式到底为文学提供了什么？我注意到《恨枇杷》中这样一个细节：梅洛水，所在工厂车间全体下岗，丈夫不知所踪，那天应约去市政府大门口静坐，一无所获，拖着疲惫不堪的身躯赶回去“履行家庭主妇的职责”……在路上她进了超市，看到鲜花，“想也不想就买了一捧玫瑰花”，不消说，这捧鲜花“对她这个年龄的中国女人，对她这样生活拮据的下岗人员，是不合适的”。

我们对于下岗女工有一个想象，她们的生活必然如夜一般的黑暗；同时，我们对女性文学也有一种想象，无论是张牙舞爪型或温婉体贴型，总之更多地伸向内心隐秘。曾经有评论家质问，为什么铺天盖地的女性写作中，就没有以下岗女工为对象的？我想更重要的原因是，上面那两种想象间横亘着的裂缝，仿佛就是现实生计问题与缥缈的心灵隐秘之间的无法调和，就是梅洛水和“一捧玫瑰花”之间的无法调和。在无法调和的共识规训下，文学就被规约成对艰辛生活的浓墨重彩而无法伸展到她们的精神

8 洪治纲：《轻逸的叙事与南方的智慧》，《百花洲》，2003年第2期。

9 卡尔维诺：《美国讲稿》，《卡尔维诺文集》（第5卷），第319、322页，萧天佑译，译林出版社，2001年9月。

处境[10]。

下岗女工和“一捧玫瑰花”之间的无法调和，让我想起当年路翎的自我辩护：劳动者的“内心里面是有着各种的知识语言”[11]。叶弥与路翎的小说自然有绝大不同，后者的文体热情奔放，人物喜作长篇大论，泥沙俱下中凸显着青年人的艰于呼吸与反抗压迫，这些都和叶弥式的轻逸叙事迥然有别。但是我觉得这两位小说家在精神追求上有着难能可贵的一致：他们在情节上并不苦心经营，孜孜以求的是人物内心世界，这个内心世界往往模糊不定、无法预测，其间正孕育着向生活突击的各种路径。因为这些多样的路径长期不被人重视，也就是说，与我们对此类人物惯常行为和思维习惯的“共识”大相径庭，所以小说中的这些人物总是显得痴狂或迂傻——凤毛（《小女人》）身上“无穷而盲目的活力”[12]就让我想起路翎《财主底儿女们》中一些人物的挣扎身影。但是，也只有打开“正常标准的共识”，我们才能发现底下精神世界的波澜汹涌，发现人物鲜活的自我意识和独特的生活逻辑。在这样的过程中，他们“重新发掘了那些受压抑的心理状况，而这些受压抑的心理状况以真实的面目出现反抗了理性历史观企图强加在人类心理上的整体性、连贯性和和谐性”[13]。

路翎和叶弥最想提醒读者的就在这里：必须“从生活本身的泥海似的广袤和铁蒺

10 值得留意的是，有批评家曾指出叶弥笔下的“反女性意识”，见林舟、齐红：《叶弥小说简论》，《钟山》，2002年第3期。

11 路翎：《我与胡风》，《胡风路翎文学书简》，第6、7页，安徽文艺出版社，1994年5月。

12 林舟：《招魂的写作——对叶弥近年小说的一种读解》，《当代作家评论》，2008年第3期。

13 舒允中：《不同形式的精神介入：路翎的短篇小说》，《内线号手：七月派的战时文学活动》，第125页，上海三联书店，2010年12月。曾有研究者在将叶弥纳入文学史谱系时，提到了残雪，这是有道理的。不过这两位作家之间有一个重大区别：残雪擅长以幻想怪诞的手法来营造一个反常情境（《山上的小屋》），但是叶弥从来就执着于日常生活，她勘探的是日常生活现实下人受压抑的心理状况。这一点和路翎一致。

藜似的错综里面展示了人生诸相"[14]，而生活世界根本不是"自然的"、不言自明的。重要的并不是由确定无疑的客观特征所构成的稳固的人物面貌，而是笔下人物的意识和自我意识；重要的也不仅在于描绘缠夹曲折的现实生活，而是突破身份、惯习以及任何僵硬体系辖制。描绘生活表层下，发生在自我内部永无休止的搏斗，尤其是这种搏斗中"活的意欲"[15]的轨迹。在《恨枇杷》中，"活的意欲"被一捧玫瑰花所照亮，叶弥撬开了滞重的现实与身份外壳，她展现一个下岗女工心念萌动的那一刹那，即便在生活之重的围困中，这个失意者的心灵并不枯竭，依然活跃，充满着各种复杂的流向，而任何一种流向，都代表着绝望中打开生活可能性的一种尝试。有了前面这么多细腻、幽微而绵长的铺垫，小说结尾那一幕才惊心动魄而又不显得半点突兀——梅洛水，这个随波逐流、眼看就要被生活的困厄与烦恼浸没头顶的女子，竟然会昂着头，一脸凛然，"以从来没有过的坚强"告诉何应龙：把那张卑鄙的纸条撕掉！叶弥从容不迫地走笔至此，轻逸叙事就在这一瞬间，泼洒出一个柔弱女子"拔地而起"的力量与意志。这是"轻"与"重"的辩证法。

还是卡尔维诺的话："在距离我们更近的时代和文明中，农村妇女承受着更加沉重的生活负担，那里便有女巫骑在扫帚上或骑在更轻的麦秸、麦穗上夜晚出来飞行。"[16]想起梅洛水走进超市给自己买"一捧玫瑰花"，我就会想起上面这个意象：骑着麦秸，夜晚飞行……

顺便说一句，在叶弥的小说世界里，"花"是一个经常出现的意象。《郎情妾意》（2005）中，王龙官在街边摆修车摊，工具箱里充塞各种零部件，你能想象出那种油污杂乱，"引人注目的是箱子上放着一盆石榴花盆景"。《向一棵桃树致敬》(2007)里，

14　胡风：《一个女人和一个世界——序〈饥饿的郭素娥〉》，《胡风全集》（3），第99页，湖北人民出版社，1999年1月。

15　胡风曾这样描述路翎创作的意义："在路翎君这里，新文学里面原已存在了的某些人物得到了不同的面貌，而现实人生早已向新文学要求分配座位的另一些人物，终于带着活的意欲登场了。"胡风：《一个女人和一个世界——序〈饥饿的郭素娥〉》，《胡风全集》（3），第100页。

16　卡尔维诺：《美国讲稿》，《卡尔维诺文集》（第5卷），第343页。

海五顽固地守着那株桃树，“开花让自己看”。还有更顽固的，道士钟文清从小到大只爱观里的一株红梅，“天天要去看它，时时和它说话。浇水除草不必说的，还把它当瓷器一样擦拭”（《玄妙》，2007）。也正是在苏递给我一支野菊花——“微微沾上些露水，显得润而深厚”——之后，“我”恐惧的心态才“轻松畅快”（《香炉山》，2010）……茅盾的《子夜》中，吴荪甫太太林佩瑶在一本《少年维特之烦恼》中夹着过去恋人留下的一朵小白花。普实克据此细节将现实主义的经典之作认作浪漫主义之声[17]。陈晓明先生近来对“关于花的谱系建构的中国现代浪漫主义传统”有所论列，“花”这一重要意象在小说中的出现，暗示着向浪漫主义传统的致敬，而“表现人的精神困境，表现人的内心世界的复杂性和独特性”[18]是浪漫主义传统最基本的面向。

由“花”转入“心”。叶弥笔下的人物，往往有强大的内心，一类是在风雨如晦的年代里坚守自己的价值原则，另一类是一度在旋涡里起伏挣扎而最终择定了人生流向。前一类比如“弟弟”、钟文清。这其间还有区别：“弟弟”与周围环境构成紧张对峙，对峙中隐隐渗出的血迹彰显出自我坚守的不易。而钟文清却是另一种云淡风轻，他活在自己的原则和信仰里，这些原则、信仰早已如血脉流贯四肢，“手之所触，肩之所倚，足之所履，膝之所踦，砉然响然”，“莫不中音”，无需在日常生活中特为标举。自然，那是一个天崩地坼的年代，“现在的人什么都不怕了”，钟文清的道观也早已“灰尘扑面，庭院里落叶满地”，钟文清就像狂风肆虐中的落叶，岂能自主，于是一度被押送到精神病院。然而，他的脸上“居然有着轻松的微笑”，越是安然沉稳、不为所动，那看似霸道的强制力量就越显得色厉内荏，而原本卑微、被动的钟文清则越发禀有高贵的尊严。这是人之为人的尊严：诚然“无往而不在枷锁中”，但是再怎么困难的境遇里，人还是可以选择的，而这样的选择，决定我们成为什么样的人。再说后一类，那些百转千回的弱女子突然择定了自己的人生流向，除了上文提到的梅洛水，还有《蔡东的狩猎》（2009）中的小梅。小梅是权力阶层的“花瓶”，我们不难

17　参见普实克：《普实克中国现代文学论文集》，第5页，李燕乔等译，湖南文艺出版社，1987年8月。

18　参见陈晓明：《世界性、浪漫主义与中国小说的道路》，《文艺争鸣》，2010年12月。

想见此类人物必定忍气吞声、每日里陪着笑脸。但是在小说的末尾，小梅却以“很轻，但是十分坚硬”的声音告诉蔡东：“我的体面都是你给的，今天都还给你。”这一刻的“拔地而起”也有千钧之力。叶弥要“纵容”手中的笔来谱写这一刻重获自我的爆发：她将小梅设计为曾经的“游泳馆救生员”，所以当说完上面这番话后，小梅“站起来，一把扯掉了潮湿的衬衫，在众人还没有反应过来的时候”，“箭一样插进了湖水里，在众人的惊叫声里奋力向湖对岸游去”。叶弥竟然还用了“健壮”这样的形容词，“这天夜里，健壮的小梅，在下弦清亮的光芒里游到了湖对岸，花了两个小时。走出湖水，浑身滴着水珠，就像一株被大雨淋过的花树”，到家后，“她做的第一件事”就是给心爱的人打了一个电话，说：“成了。我自由了！”——这一句的收束也真是干脆，绝无半点拖泥带水，就仿佛小梅此刻的心境。但这收束之前，叶弥做足了功夫：小梅用两个小时游到对岸，这一次水中的跋涉，如洗尽铅华的仪式，此后滴着水珠凌然而起，仿佛“一株被大雨淋过的花树”（又是“花”！），你能想见这株花树的挺拔……小说读到这里，我就想起唐人的名句“曲终人不见，江上数峰青”，早就有学者探究过句中“完美的意象”，“河流象征着变化，俯瞰着流水的山峰庄严地静卧着，用不变的眼俯视着万物”[19]。小梅这段奔向“新我”的情节中，“湖水”安排了洗礼的仪式，也象征着人生的千变万化，偶然与必然诡谲地交织，酝酿出无尽机运；而那株凌然而起的“花树”，有如抽刀断水的千钧之力，其间的果决、快意与不屈不挠，让人动容……“湖水”的流转不已与“花树”的壁立千仞，也正是叶弥叙事中“轻”、“重”辩证法的又一次显现。

黑格尔曾经讨论过人的意义正在于“有限”和“无限”的辩证统一：“人格的要义在于，我作为这个人，在一切方面（在内部任性、冲动和情欲方面，以及在直接外部的定在方面）都完全是被规定了的和有限的”；但是，人的意义并不只在上述“人格”的向度上被穷尽，“人实质上不同于主体，因为主体只是人格的可能性，所有的生物一般说来都是主体。……人既是高贵的东西同时又是完全低微的东西。他包含着

19 吴兴华：《现代西方批评方法在中国诗学研究中的运用》，《中国现代文学研究丛刊》，2013年第3期。

无限的东西和完全有限的东西的统一、一定界限和完全无界限的统一。人的高贵处就在于能保持这种矛盾，而这种矛盾是任何自然东西在自身中所没有的也不是它所能忍受的。”[20] 人之为人，在于其拥有一种能够从一切肉身性、社会现实规定性中抽象出来和超越出来的可能，这是人的“无限性”、“人的高贵处”。当梅洛水感悟着玫瑰花的芬芳时，当小梅纵身跃入湖水时，她们都骑上了麦秸，飞向的正是人的“无限性”……

文学的“减法”

莱昂内尔·特里林在讨论华兹华斯的时候曾参引艾略特剧作《鸡尾酒会》中一段对平凡生活的人们的描述：

> 学会避免过多的希冀，
> 对自己和他人更加宽容，
> 付出与索取已成习惯，
> 一切都很自然。
> 他们没有抱怨，
> 满足于清晨的离散和夜晚的团聚。
> 壁炉前的随意交谈，
> 但交谈者却深知彼此无法理解，
> 亦无法理解自己诞下的子女，
> 子女同样也不知晓自己的父母。

特里林赞同这样的说法，“现代人思想中的弱点”之一是“感觉过敏状态：它觉得，除了极端的思想，其他任何思想都不允许存在：所有的思想都必须直接体现下列

20　黑格尔：《法哲学原理》，第 45、46 页，范扬、张企泰译，商务印书馆，1961 年。

概念——集中营、疏离、疯狂、地狱、历史，以及上帝；每一个词语也都必须具有怒气和爆发力，表现出我们因为身处窘境而产生的神奇力量”。在“感觉过敏状态”居于文学表现的主导地位之后，“现代文学就普遍会忽视普通例行的生活的现实性”[21]。在上引剧作选段中，“普通例行的生活”中人们因为“彼此无法理解”而呈现的“空白”触目惊心（连“子女同样也不知晓自己的父母”，怪不得“我们当中很少有人会对普通例行的生活表示多少好感”），然而特里林却赋予这一“空白时刻”以“谦卑的心灵”、“真实的存在感”及“幸福的可能性”等庄严意义。我想由此引申的问题是：“空白”何以是由“谦卑”的态度所导源？它表达了何种“存在感”？

自然，文学来源于对“空白”的涂抹，这背后是对于世界的好奇心与探访兴趣。正如美国作家凯瑟琳·安·波特说，“各种文明教育的唯一后果”是引发“我们对客观现实、对存在的本质以及对我们周围的那些既与我们极其相似又那样玄妙叵测地有别于我们的人，抱着越来越敏感的高度警觉”，“用那样的注意力，那样的好奇心，那样的思索癖好来观察其他人”[22]。人们往往要求小说去揭秘喧嚣遮蔽下现实的皮肉筋骨，去勘测真相的方方面面，去“穿透”、“把握”人物的心灵角落……这个时候，需要文学做“加法”，而叶弥却说：“小说之道在于用减法而不是加法。这句话是老生常谈，但说的人多，听的人多，惜乎做的人少。大家都在热热闹闹地做加法……”[23]“加法”是自信的，有时甚至伴随着“一览众山小”的狂妄幻觉，以为可以洞烛人性的幽微，可以条分缕析地解开生活中的因果逻辑。文学的“减法”是谦卑的，姜文导演将《天鹅绒》改编为电影《太阳照常升起》，他确实懂得叶弥小说的好：“叶弥的原著《天鹅绒》给了我很大震撼，它棒在哪儿？棒就棒在它把生活的本质赫然推到你眼前，什么来龙去脉都不存在，所有的解释都是人们在极度不安的状态下强加进去的，但生活其实往往没有绝对的理由。所谓的来龙去脉已经麻痹了很多人，我不敢

21　莱昂内尔·特里林：《华兹华斯与拉比》，《知性乃道德职责》，第189、197、198页。

22　凯瑟琳·安·波特：《〈中午酒〉的源流》，布鲁克斯、沃伦：《小说奖赏》，第454页，主万等译，世界图书出版公司，2006年12月。

23　叶弥：《小说加减法》，《文艺报》，2003年1月10日。

在这方面再耽误大家的时间了，我只想表达对未被格式化的东西的深刻缅怀。”[24]

正是在这篇名为《小说加减法》的创作谈中，叶弥提及：“有一次，一个人问我，最可怕的一个词是什么？我说是‘现代’一词。”这就说到根子上了。理性不知节制的延伸，甚至不肯在人的精神世界里留下不能认识的疆域[25]，——这可以视作现代性、现代性的文学的扩张性表现之一，“作者在密室里写作品，读者在密室里欣赏它”，在这样的条件下，“现代的读者”开始“倾听别人私密的心腹话”、“窥视作品里的人物的心理”[26]，内心世界恰恰是到了现代以后才被作为文学的主题和描述对象而被“开发”出来的。强调人类心理的整体性，并将心理活动与外部行为及目的加以逻辑联系，这是文学的“加法”在“现代”驱使下所依循的“理性途径”。马尔库塞告诉我们，“这种理性途径基本上是一种侵略性和进攻性的途径，因为它像企图征服大自然一样一直企图征服甚至消灭那些所谓‘低级的’个人心理官能”[27]。

评论家林舟、齐红在2002年的时候，曾以“与世界和解”来指称叶弥小说的新变[28]。我想，“与世界和解”的表现之一是对生活、对人的“存在感”的尊重。2003年，就在《小说加减法》发表的这一年，《明月寺》出现了，在我看来，这是叶弥小说创作流程中的界标之作。罗、薄这对夫妻“七〇年春天”来到明月寺，“以前可能是教师”——凭以上两条信息，兴许已能拼凑出一段“知识分子的痛史”。叶弥在自述中告知读者：也曾经试图通过地方志的查寻来“解释罗师父和薄师父的身世之谜”，

---

24 转引自张立：《她一直忠实于自己——叶弥传》，《苏州作家研究·叶弥卷》第13页，张立、范嵘编著，复旦大学出版社，2008年9月。

25 当然，在此之前发生的是现代理性对外的扩张，它坚信：物质世界是可以被估量和预见的，在实践层面上可以被操控并开发，无知的范围可以被无限缩小。

26 千野拓政：《我们将走向何方？——关于现代文化的诞生与终结的一些考察》，《华东师范大学学报》，2005年第5期。

27 马尔库塞：《爱欲与文明》，转引自舒允中：《内线号手：七月派的战时文学活动》，第125页。

28 林舟、齐红：《叶弥小说简论》，《钟山》，2002年第3期。

可惜资料阙如；但我宁愿相信是出于小说家的灵气与直感（所谓“后记”不妨视作用于反衬的创作延长线）。总之，隐遁在世外桃源的爱情承受着何种世俗的痛苦？“搂头而哭”背后掩藏着什么？叶弥无力也无心揭破，她将那些有可能导向“疏离、疯狂”、“怒气和爆发力”（借特里林的用词）的谜底悉数隐去、放弃，小说最打动人的，是罗、薄两位师父在“普通例行的生活”间深植的幸福——简朴的饭菜，“毫无拘束”地说“隐秘的话”，月光底下“他们搀着手无言地走”……还是借上引特里林的话，在这些隐没着谜底的“空白时刻”，我们感受到了“谦卑的心灵”、“真实的存在感”及“幸福的可能性”。据《朱子语类》记载，有一次朱熹回答学生的提问时说：“‘人’字似‘天’，‘心’字似‘帝’。”也许只是随口一说，凭着感觉直道人心的依据。但很巧，古文字学家考证，古代中国人心目中运转着宇宙大道的“帝”，从字形上说，大概真的只是“花之蒂”，即花朵下的依托，人们把它引申成为一切的肇始或依托[29]。我在上文曾述及，“花”这个意象在叶弥笔下蔚为大观且意义不凡，我们不要忘了，《明月寺》故事的缘起即是“看花”，“满山的姹紫嫣红，姹紫嫣红的上面——天空上，有更绚丽的颜色”，这是在看花，也是在悟道、观人心吧。道可道，非常道，人心呢，最玄妙的，也许就是薄师父的答语——“这个我说不清楚”。而小说艺术，其实就在虚与实、隐与显之间。我在上文讲过，叶弥擅长探索人内心世界的复杂性和独特性，而所谓文学的“减法”，就是辩证地对待这一探索，不仅是“以无厚入有间”的纵横捭阖，更在于自觉到手中的那管笔“止于所当止”的谦卑：自知并无资格和能力“把世界把握为图像”；每个人心灵深处总有不被发现的角落，沉默、幽晦而复杂，无法被表面化、无法被语言穿透、也没有必要在他者的注视下被意义赋予。

文学的“减法”会为小说留下一些简约而意味丰富的“空白”，正如古人说的，无笔墨处才是真正的气象万千。比如《消失在布达拉宫的一头鹰》（2007），人类无法掌控的命运，和不信命的蒋百年之间互相的抗争，以及蒋最终的归宿，都是巨大的谜，就好像小说末尾那头展翅高飞的鹰消失在布达拉宫里，你只能以目送的方式眺望那渐渐消失的影子，但其去向却是不可猜透的……还有《桃花渡》（2009），在“我”、

29 参见葛兆光：《中国思想史》（第一卷），第50页，复旦大学出版社，1998年4月。

清定、清定梦中的女人、崔先生之间有着神秘的关联与呼应，而人物彼此的心灵对视，与对视后的开悟都被这一影影绰绰的神秘所笼罩。叶弥有时会在小说里安插一个“设谜—追索”的结构：姚妹妹的皮肤像天鹅绒，李东方一脸迷茫，“什么叫天鹅绒？”（《天鹅绒》）于是苦苦追索的过程开始，这个过程往往延续着漫长的时空，愈发显得神秘而举足轻重。唐雨林跑遍北京、上海和苏州，最后失望而返，还是无法告诉李东方什么是天鹅绒。尽管结果劳而无获，但在追索的过程中当事者无不神态庄重、孤注一掷。以上种种，都是普通人放置在内心某个角落敏感而神圣的“谜”，是他们挣脱“有限性”的设定，向生存“无限性”超越的途径。这是万万不可碰触与羞辱的。我们不妨屏息凝视，与他们“在沉默中相遇”，“我们不能替他者说话，也不能成为他们；如果我们一直在不停地说话，我们甚至不能听见他们。但我们可能在沉默中相遇，如果我们尽力倾听他们的沉默，想象他们就是可能的，而他们也可能在我们的想象中辨认出他们自己”。[30]

风雨如晦，澄江静如练

大约从2009年（或者更早一些）开始，叶弥笔下出现了“白菊湾花码头镇”。

说实话，这批以此空间地点为故事背景的系列小说，初看上去“清汤寡水”，人物关系简单、情节不枝蔓。小说最后提取的内核，也是人生最基本的道理——感恩，与对人类在任何困难处境中具备自我完善能力的信任，像《另类报告》（2010）中的江吉米；对“爱”的发现与坚守，《混沌年代》（2008）中父亲之于母亲、《桃花渡》中“我”之于清定，往往是只言片语便传倾心之意，甚至一见钟情，也是简单到“古典”的爱……文学的减法，最后呈现的是这样的世界：在远离都市喧嚣的乡间，一批简单的人（他们大多粗茶淡饭，《桃花渡》中“我”给自己做的晚饭是凉拌黄瓜和西红柿炒鸡蛋，老邬“每天有一斤米、一把青菜和几根萝卜干就够了”），求证简单的人生道理。

小说写到这，其实有点危险。花码头有轻柔月光、茂盛的野菊花、一望无际的翠

30　迈克尔·伍德：《沉默之子：论当代小说》，第255页，顾钧译，三联书店，2003年8月。

绿秧田、悠然觅食的白鹭……这似乎是人们习惯的退守姿态：在城市化引发重重危机的今天，将乡土遥想为田园乌托邦。叶弥当然知道时代之变，《拈花桥》（2010）写无节制的扩张、建设对大自然的破坏；《另类报告》最后那幕暴虐的“灭鬼”行动剿灭的是人心中最后一丝良善；《花码头一夜风雪》（2009）中写到农村基层政治的腐败；《你的世界之外》（2011）更是借“冬梅”的一席话将社会与人心的逐利丧本和盘托出：“镇上的菜场里，有人用漂白粉浸茭白，用工业腐蚀剂洗鲜藕，螃蟹加了洗蟹粉。冬枣上喷了糖精，炒栗子里加上蜡，瓜果上全喷了催熟剂。菜场边上的大饼店里，油条里加了洗衣粉，馒头里加了漂白剂。烤鸭和烤鸡，用的都是地沟油……”所谓“桃花渡”，早已不是世外桃源。

这么说来，这批小说的主题可以归纳为：一群简单的人和风雨如晦的现实相抗争的寓言。生命行将终结时，老邬将土根“托孤”一般托付给了艾我素，这提醒我们：这群简单的人彼此声息相通，江吉米、老邬、艾我素（其实也包括之前的钟文清等）——他们是同一精神家族的成员。这些人简静、身居边缘，有生命内省的意识。恶浊的社会当然不会为简单的人准备好清洁的环境，于是他们的洁身自好就有了一种“从我做起”的抗争意味，而自我完善可能正是打扫天下最坚固、最可靠的基石。这些简单的人落落寡合，每为常人所不能理解。陀思妥耶夫斯基在《卡拉马佐夫兄弟》序言里揭示过这些身居边缘的人反倒“常常是整体中的核心，而他那时代的其余的人们，像被突至之风裹挟，一时不知为何全都离开了他……”[31] 在“突至之风裹挟”中迎风而立不倒伏，不改常度，造次不移，临难不夺，这样的人不妨称作“君子”——正是《诗经》里说的：“风雨如晦，鸡鸣不已。既见君子，云胡不喜？”《毛诗序》解释这首《风雨》的主旨是“乱世则思君子不改其度焉”。叶弥以花码头为背景的这批小说，也正是风雨如晦中书写的思怀君子之作。风雨凄惶，黑暗渐浓，而报晓的雄鸡却长鸣不绝，由此获得见贤思齐、身心振奋的精神能量。所谓“云胡不喜”，不仅是普通人得见君子后而起世道可挽的信心，也是每个人（或者说，由君子传递给普通人）对周围同类的执念与承诺：我们并不真

31 转引自巴赫金：《陀思妥耶夫斯基诗学问题》，第211页，白春仁、顾亚铃译，三联书店，1988年7月。

的就无能为力，每个人均具有道德上与精神上自我改进的内在能力。所以，尽管江吉米早就对花码头镇作出“这是一个充满谎言的镇子”的断言，但他依然随时警醒自己不要“失去对人类的信任”，依然郑重其事地告诉年轻的花亚：“桃子烂光了，剩下核，见了土，见了水和阳光，又能发出新芽来了。”借前人的话说，这份信心是“对于依据这大自然而创造的人世现状与历史的信心”[32]，因是在“创造中的信心”，原不免“将信将疑”，随时会被外界风雨所摧折，经常需要抵抗住黑暗与虚无而自我扶持。但也正是这份颠扑、摇曳中不绝的信心，让读者不松懈、振奋自拔。

花码头发生的，大多是一些让读者心酸的故事，但哀而不伤，自有一份阔达明亮，这与小说中存在着彼此传递精神能量的神圣家族有关。当然这些神圣家族的成员都是简单的人。这批简单的人还有一个特征—— 安静，或者用老邬的话说，“心静的人”。越是外界纷纷扰扰，越是处变不惊：

> 波涛滚滚的蓝湖正在渐渐安静，它灰色的水面眼看着就要变成蓝色。这种变化让我想起种黄瓜，当第一只黄瓜从花蒂下面伸出来时，我坐在差不多手指头一样长的黄瓜边上，坐了三个小时。我看不到黄瓜生长时的动态，但是三个小时中它确实又长了有半根手指那么长。真是令人喜悦和惊奇。我的身后是整片的秧田，翠绿的整齐的秧田里，两只长腿大白鹭悠然地寻找食物，又象在水田里照自己和影子。须臾一飞冲天，也是令人惊奇和喜悦的。
>
> 在我不经意的时候，突然就黄昏了。湖边的黄昏与我习惯中的城里的黄昏大不一样。这是一个清亮的青黄色黄昏，天地之间聚集着浓重的黄光，这种不同寻常的黄光来自于四面八方，来自于土地，土地上生长的草和树木；来自于天空中停留的云；还来自于土地和云之间的空间。它们有着黄铜一样细致而温柔的质地，也象黄铜一样沉重和波澜不惊。（《桃花渡》）

读上面这样的文字，我总会心生敬意：这位叙述者、以及叙述者背后的这位作家，

32 胡兰成：《中国的礼乐风景》，第38、39页，中国长安出版社，2013年2月。

真是静得下心来。因为心静，所以“黄瓜边上，坐了三个小时”，对自然万物潜滋暗长的生机致以“喜悦和惊奇”；因为心静，所以目光舍不得略过秧田、白鹭和天空中的停云，山野川林中任何些微的光影、气息，皆可领受，这是一个人在“静”中的格物与修行。“静”字的古义，远比我们今人想象得丰富。《说文》“段注”中这样来解释“静”字：“采色详审得其宜谓之静。考工记言画缋之事是也。分布五色，疏密有章，则虽绚烂之极，而无澳涊不鲜，是曰静。人心审度得宜，一言一事必求理义之必然，则虽繁劳之极而无纷乱，亦曰静。”我的一位朋友于是感喟：“原来旧时所谓的安静与平静，都要有绚烂和复杂作为底子才好，因为‘静’字中尚且还有一个‘争’字，它是要在世间的绚烂和复杂中奋力争来的。这当然很难，所以才有‘桃花难画，因要画得它静’的讲法，也就好比维特根斯坦面对G.E.摩尔孩子般单纯时的不以为然，因为那‘不是一个人后天为之拼争的单纯，而是出自先天的免于诱惑’。”这番意思真好。我也喜欢《论语·八佾》中“绘事后素”四个字，各种版本的注疏看过一些，似乎也无定解。我就断章取义的猜测，其中多少有遍采五色之后始归于朴素的意思吧。朋友拈出这个“静”字，原是想解释谢宣城的名句，我还是照引如下：

如果说“余霞散成绮”堪比人世间可以目睹的绚烂繁华，那么，“澄江静如练”其实只是一种存在于心底的相信，相信存在一个更为阔大圆满的宇宙，在那里，一切都不会被毁灭，一切只是从水面静静消失。

叶弥这些写花码头镇的篇章，并不是删繁就简，而是从“世间的绚烂和复杂中”奋力为自己争来一份简静，“绘事后素”，终于见得光明喜乐。风雨如晦，也曾心累神劳，但也并不就是转身闭上眼睛，而是努力修习、调整身心，安放好自己，迎向那个见己、见人、见天地的瞬间——

我看见了黄得耀眼的黄昏里，一只手摇的小渡船，上面坐着一个人。我的心中又开始荡漾着爱情的愉悦。淡淡的愉悦，然而是纯正的。……（《桃花渡》）

走近她的世界

——叶弥访谈录

叶 弥 刘 潇

2014年8月28日下午，我们三个毛头小子摸到花码头镇，找叶弥老师吃下午茶。吃茶的地点在蓝湖畔一处叫阅涛阁的茶馆。先前，我们参观了叶弥在乡下的院子，黄色的黄瓜肥硕地躺在露天的石头桌子上，猫呀狗呀穿行在我们的脚前脚后，叶弥用砖板将院子隔成一方一方田，这一方种金银花，那一方种金橘树……

一、叶弥的作品存在两面性。她自己也说，“自己的性格存在双重性”，一面是太阳，一面是月亮。太阳，叙述的是他者，或者说是他们。这些人有血有肉有梦有理想有激情，却一个个倒在了时代跟前。月亮，叙述的是我，我在我的花码头镇里，所思所念所想，或哀伤或欢喜，小小的，就如同小小的月光。电影《太阳照常升起》与小说《天鹅绒》存在某种距离感，叶弥自己说她有时喜欢小女人，有时则会追忆时代。写作内容随性而至，唯一的关切便是落笔时的心境。叶弥的“月亮”们则多是短篇，它们平静、单纯、悠远。她曾说，长篇收纳思想，短篇收纳灵感。在她的众多灵感之中，《香炉山》为我们叙事了一场短暂而“各别”的旅程。而该篇获第六届鲁迅文学奖短篇小说奖。

叶弥——“小说永远是过去时”

说起《天鹅绒》，我永远忘不了那个中年妇女的眼睛。这要从苏北谈起。我对苏北是有感情的。我的少年时期在那里度过，在那里，我第一次感受到了贫困，感受到了饥饿，有时候我回想，就是那样一个穷苦的地方，我何以对她恋恋不忘？

其中缘由大概是因为我那时还小，正是纯真的年纪，不懂什么是悲苦，不懂什么是绝望。我们只知道村口那棵树很有趣，村里那条河很好玩，孩子的眼睛会把一切精彩都放得很大，转移了饥饿与贫穷的注意力。

我写《天鹅绒》的时候，《人民文学》来约稿，我却一拖再拖，直到快要截稿时才聚精会神地坐到桌前。我的小说永远是过去时，所有的故事都是“回忆”出来的。我写《天鹅绒》的时候，就回想起在苏北农村下放时所见到的一个悲苦的女人，她是我的邻居，平时不穿袜子，也没有牙刷，只有要走亲戚的时候，才会看见她穿袜子。于是我就一边回忆一边下笔，就这么写啊写啊，直到写到第三段，我才醒悟自己要写什么。苏北下放的时候，农村里的确有许多年轻人都希望能和前来下放的城里人攀上亲，这些农村的孩子无疑对城市充满了幻想与渴望。于是，这个穷苦女人的儿子，就喜欢上城里的女人，她的丈夫也是城里人。那时，下放的男人会聚在一起玩乐，比如赌钱、喝酒什么的……就这样，小说开始有了张力，有了血和肉。《天鹅绒》就是这般，用我的“过去时”来滋润故事的点滴。

二、从《成长如蜕》到《风流图卷》，叶弥一直关注这世事的变迁。《成长如蜕》被说成是叶弥的成名作，“弟弟”在自我探寻与经济改革中迷失了自我，反应出改革开放大背景下，人性的迷茫与扭曲。

而最新的长篇小说《风流图卷》则以更为大胆的方式描绘时代的沉痛。《收获》编辑叶开说：“叶弥试图用一种温婉理想来植入那个可怕的时代，让人性在这不可靠的动荡中，经受不可靠的考验。一代人在迷惘与激情中长大，最后成为复杂的新人。”

叶弥——“病因其实是这个时代”

事实上，我觉得我们并没有做好准备来迎接经济开放，我家是我们那儿最早的万元户，我们家造“土”别墅的时候，苏州城里还鲜有私人别墅。所有的邻居都起来反对，可以说是“众怒”。若干年过去了，当年的土别墅在新的建筑前显得无比寒伧，而我们所有的人对私人积累的财富已习以为常。但问题不在这里，问题在于，从一开始，私人积累财富的过程中就伴随着种种不公平、不公正的因素。甚至还在刚开始积累财富时，敏感的中国人就已经知道了他们将会面对比以前更大的不公平。所以“我弟弟”在“富贵”面前蒙羞。他在妥协与迷失中挣扎，在本我与超我间来回穿梭，却怎么也找不到自我在哪里。

“‘钟老师’竟然比以前更多”

小说里的“钟老师”也是一个典型例子，他找不到自我的价值，在别人的价值观里迷失了自己，变得十分可怜。因而他的愤怒打在社会的墙壁上，轻如鸿毛。

如今的社会欲望泛滥，社会的不公让一些人看不到希望。“钟老师”竟然比以前更多，但以前钟老师还有能量有激情，他还有一份话语权，可以表达不满，引起普遍的关注。可是现在的“钟老师们”呢？他们已经失去了抗议的兴趣，时间过去了这么多年，全社会的拜金，使他们的不满没有得到真正的关注，也没有得到社会的深思和纠偏，更没有抚慰。时代之下，他们没有伸张的可能，隐忍着卑微着，或许已成为社会的负能量。

三、叶弥的写作动机是单纯的：快乐与自由。叔本华说，自由就是孤独，孤独就是自由。因此，叶弥自然也是孤独的。但是在与她喝茶的过程中，并没有感受到孤独感对她的影响，相反，在她眼里，孤独正是聚集能量的一种方式。《桃花渡》里，叶弥说：“从上面望下去，城市的光和影极尽奢华，到处是人类文明的痕迹。我出生在城市，在城里整整生活了二十八年，从来不知道城市到底意味着什么。就在今晚，我突然明白，城市里的文明和奢华，原来是为了消除人心的孤独。”因此叶弥从城里搬到乡下，如今有六年半了。她说她的目的很单纯，就是想让自己安静下来，聚集能量，写一些自己喜欢写的东西。

叶弥——“安静的环境能让人的内心充满力量”

我哪里也不去，我就是要把这方土地待穿了。

我的写作基于自己的经验，我写的人都是我熟悉的人物，他们的一举一动，都是现实主义的。

中国当代作家最痛苦的地方在于，就是没有与社会里的黑暗相对抗的能量。

而我所真正关注的，是自己在写作中获得的快乐有多少。是否通过写作打开了自己的内心。

作为作家，我们应该先了解自己的理想是什么。在当下，作家的责任还不在于承担多少社会的义务，因为还不具备那么大的能量，作家要做的首先是解放自己。

四、叶弥是谁。是女性的叶弥，是作家的叶弥，是苏州人的叶弥。她能将点滴记忆化作文字，让更多的人能够感受能量；作为苏州人，土地给予她无限的想象和人文的情怀，历史赋予她独到的眼界和巧妙的思维。

叶弥——“人类通过爱欲与这个世界建立关系”

文学与爱、与情密不可分，人们是通过爱欲与这个世界建立关系。人类精神与客观世界的通道其实就是爱的通道，爱会给人以想象的空间，这个空间或黑暗，或光明。作为作家，我们并不需要通过与活生生的人交往才能获得，我们通过想象也可以达到通往这条通道的入口。

叶弥——“作家的笔里，应该藏着幽灵”

我们无法赶超时间，而力量、语言和意念之间则相互制衡相互控制。作家写作就会时刻面对着这个幽灵：是随幽灵而走呢？还是有力量去驱使这个幽灵来书写我心中的意念？

普希金就属于前者，他让幽灵带领着他走到更美好的地方中去，他感谢他笔里的幽灵，他常常在写好之后，狂喜地看着自己写出来的文字说，普希金啊，你这个狗东西。

所有的作者与他的作品都有一个秘密通道，我也如此。这条通道无法用理据来指点，有的时候，我们自己所否定的，却恰恰是你的秘密通道的入口。我是苏州人，母亲出生在苏州金狮巷巡抚衙门对面的小弄堂里，她是一个爱好文学的人，她有一箱子书，我在四年级以前就把那箱子里的书都读完了，读《红楼梦》，读《西游记》，读《普希金文选》，读《文心雕龙》……但是以后出的文学作品，我很少读。我时常思考，土地，是如何影响作家的思维的。苏州作家往往会在不知不觉中守着某种文化符号，即便在当下，即便不合时宜，却仍固执己见。

苏州文化中有一种吃喝玩乐的精神，一种奢靡的精神，玩物丧志并没有错。“志”是被社会所定义出来的。苏州人在玩物的过程中反而可以找寻到自我，寻找到自由。

采访于东山阅涛阁

在江南

【苏州画家五人展】

综合报道

近日，由江苏省委宣传部、江苏省文联主办，江苏省文化发展基金会、江苏省美术家协会、江苏省文艺评论家协会承办的江苏名家系列展“在江南”——徐惠泉、陈危冰、夏回、孙宽、陈如冬五人绘画展，在江苏省文化艺术发展基金会美术馆开幕。参加开幕式的领导和嘉宾有：中国美术家协会党组成员、副秘书长杜军，江苏省委宣传部副部长梁勇，江苏省文化厅副厅长高云，江苏省文联党组成员、书记处书记郑泽云，江苏省美术家协会主席宋玉麟，江苏省美术家协会副主席、秘书长尹石，江苏省评论家协会副主席毛贵民，江苏省美术家协会副主席李向伟，南京艺术学院美术学院院长张友宪，著名评论家、中国文化与文学研究所所长孟繁华，北京师范大学文学院副院长、教授、博导张清华，吉林省作协副主席、《作家》杂志社主编宗仁发，著名学者、华东师范大学教授、博导罗岗，著名作家、江苏省作协副主席叶兆言等。

开幕式由江苏省文化发展基金会秘书长柯江主持。开幕式上，中国美协副秘书长杜军和江苏省美术家协会主席宋玉麟分别发表了热情洋溢的讲话。杜军秘书长对五位苏州画家取得的成就表示赞赏，同时希望这个展览能够带给南京的广大美术爱好者一场艺术大餐。对于五位苏州画家首次联手到南京举办展览，宋玉麟主席表示热烈欢迎，同时对五人联展的成功举办表示衷心祝贺。江苏省美协副主席徐惠泉代表本次参展画家致答谢词，感谢中国美协、江苏省美协以及江苏省文化发展基金会对这次活动的大力支持。

画展前言

在江南

在中国历史上，江南，是一块能够“诗意栖居”的土地。它不仅代表地域，更是整个中国文化的根基之一。江南太美，“偏安江左”，于是成为中国史册上一个无可奈何却又顺理成章的词汇；与此同时，江南向整个人类贡献出了数不尽数的璀璨名字。江南，是用美来对抗物质和欲望的一个寓言。

这次参展的五位画家——徐惠泉在墨彩写意方面的突出成就早有公论，而其对于中国人物画走向的深入思考，其实质，已经是一个如何在中国绘画本体内部重新激发创造力的象征性议题了。陈危冰田园山水画触及到一个当代极其重要的议题——面向故乡的可能性。而夏回极具个人特点的写意花鸟画，呈现出虽在“吴侬软语”中泡大，却没有为“吴侬软语”所淹没的异质，在“把笔墨带入当下”的尝试中表现突出。孙宽的园林画保留了让这个南方世界维持平衡与优美的所有元素，着力表达其在大自然中的精神体验。陈如冬则沿袭吴门绘画的精神品质，凭借天性以及构图的直觉，直接指向中国绘画的最高境界——“道法自然”之大雅。

这五位画家均成长与成名于江南，他们的画作，或诗意，或对抗，或深思，在一个巨变的社会与文化语境之中，他们在诉求我们自身悠远的传统，同时也希翼在万千差异之中成全各自不同的艺术理想。

——朱文颖

学术研讨会纪要

毛贵民（江苏省文艺评论家协会副主席）：

今天召开的这个“在江南——苏州画家五人展”研讨会，最大的不同，也是具有开创性的，是我们请来了文学界的各位，这是一次跨界的研讨。为什么？因为在长期的美术实践中，我们深深感到要有文学和思想的支撑。另外，我们看到美术的本质是一种表达，而在这个表达之前，画家一定会有他的思想、观念、情感，甚至有他的情绪。这个表达如果深刻，确实有话要说的，这个画家和他的美术作品质量是高的；反之，如果只是无病呻吟，画的质感就是差的。所以我们非常愿意请文学界的批评家来严格指导我们。

接下来，我就把今天的主持权交给我们的学术主持人朱文颖。

朱文颖（作家，本次画展策展人）：

作为这次展览的策展人，我对江南的情感，对这些画家以及作品的欣赏，已经全部呈现在这次展览里了。现在，我主要来介绍一下这次来自文学界的嘉宾。宗仁发先生，《作家》杂志的主编。宗老师有一句名言——“我要将《作家》办成中国的《纽约客》。”大家知道，《纽约客》是一本综合性文化刊物，是精英文化的代表，在美国影响力非常大。而《作家》也是一本极有特色的文学文化刊物，一本跨界的刊物，文学界、美术界、戏剧界的跨界，一直在连续而不间断地进行，宗主编也很希望把这次展览的画家和画作宣传出去，让全国更多的读者了解、欣赏你们的作品。

孟繁华先生，中国文化与文学研究所所长、博导，主要从事当代文学的研究和批评，也是大文化领域的跨界人。孟老师是一位很有激

情的人，我们今天还在开玩笑，说这次苏州来了五位画家，都很斯文，典型的江南才子。而全国各地来了五位评论家,则很像美院出来的艺术家。

张清华：孟哥还有一个身份，孟子的74代玄孙。

朱文颖：张清华先生来自北京师范大学，是一位具有南方情结的人，他对中国南方派写作是情有独钟的。罗岗先生，来自华东师范大学，他对“在江南”这个概念的阐述和延伸，有一个学术上的高度。作为作家，我对此也特别感兴趣，这个高度会让我们看到更宽广的、以前没有意识到的东西。

这位是家喻户晓的叶兆言先生，我通知他以后，他马上潜意识地想赶到苏州来看这个画展，刚才他又不幸被堵在了路上。

现在，我们就有请宗仁发先生发言。因为宗先生是站在一个杂志的团体的高度，他来说一下这个概念比较合适。

宗仁发（吉林省作协副主席，《作家》杂志主编）：

第一次参加这样的活动，虽然《作家》杂志和美术界、影视界等其他艺术门类有一些关联，但基点是存在的，就是一切从作家的角度出发，所以我们既是开放的，也是有一定限制的。我们也有一些讨论，基本上是作家对美术的鉴赏评论，以这个形式出现。还有一些是信息，我们希望不仅仅局限于文学的信息，能够有一些其他的公共艺术活动，包括城市文化,当年杭州有一个城市会,他们会员制的一个知识分子的文化活动,我们也做了一个介绍。类似这样的，在我们社会当中和文化有关的特别的事情，我们都有兴趣关注报道，把它介绍给我们的读者。

我想首先这次展览的定位，叫做“在江南”。我个人理解，“在江南”是一个想象的江南，确实不是一个地理的江南，而且这个想象的江南不是苏州，不是南京，不是长江以南，也不是淮河以南，是我们民族文化的一个传统的、最精华的，或者最关键的延续的所在。它是一个精神的东西。你想想江南，包括历史上吴越之地是尚武之地，不是崇文的。尤其东晋以来的变化，才导致了整个南方的习俗变化，由尚武转向了崇文。我们今天所说的江南，是从那时候开始的，一直延续下来。它也是南北文化的一个融合的产物，不仅仅是南方文化的标志。在今天这样一个全球化的背景下,江南意味着我们的传统,江南意味着是中国画文化的符号。虽然我来自北方，但是我觉得我们也同样在江南，也是江南文化的一个部分。这不是简单的南北对立划分的理解,我觉得应该这么理解“在江南”。

说到这五位画家的作品，我的感觉，朱文颖策划的定位很好，他们来自于一个地方，苏州。都和江南的精神故乡有着千丝万缕的联系，在这个联系里面，我觉得他们每个人既有共同的东西，都是江南传统的继承人，也是开拓者；同时每个人都有各自的着落点，那个着落点对他们的美术创作是很重要的。

朱文颖：宗老师的一句话我印象非常深，“我虽然是北方人，但是我也在江南”，这个就把“在江南”带到了真正有的高度，绝对不是地理上的江南，只要你心里有这个东西，就一直在江南。我可以把这个展览带到北方去了。

尹石（江苏省美术家协会副主席、秘书长）：

让我讲，有点为难，为什么呢？我也不会讲，第二个，刚才宋老师他们都讲过了，他是代表了一个艺术家的综合眼光来看这个展览和这些画，我觉得讲得非常好。我想讲的，这个展览虽然是美术家协会也参与了，宋玉林主席非常重视，亲自来讲话，特别是杜军秘书长来到这里，这是得天时。我们刚在苏州搞了一个全国的展览评选，昨天又到了宜兴，我说你就到南京拐个弯，这个天时地利人和，地正好是一个沪宁线，人又是苏州几个人，

加上朱文颖女士，作家的感召力非常大。五个人从江南来到了江南，昨天在苏州，今天来到这个江南，所以，此江南彼江南，大家都在江南。

这个题目“在江南”，不仅仅在于这些画的题材好，而且这五个人的组合，策展方面我看是非常成功、别开生面的，听到这个题目就是一个诗情画意，烟雨朦胧。南京你说江南也是，江东也是，反正南京是一个中心，是江南的一个中心，这个中心可以融会贯通，苏州人来了，是在江南，北方塞北人来了，也在江南。我觉得，这个行程非常地好。这在我们美术评论史上是前所未有的，这又是一个别开生面的展览和研讨。他们几个人，基本上大家都很熟悉，徐惠泉的青绿人物，孙宽的江南园林，我们江苏一直推举他们，他们几位在全国，特别是在一些重大的展览上都得奖了，是典型的江南画家画江南的代表。陈如冬画得也非常好，很有功底，很有思维。现在江南的画家和北方的画家、塞北的画家、西北的画家，他们有共同的地方，也有不同的，比如对事物的理解，还有就是各自不同的表现方式。北方人喜欢画雄壮、画大，南方人喜欢画小、浓缩，这是小中见大。实际上大与小是一个形式而已，大有雄伟之美，小有清秀内涵之美。江南人的思想还可以再进一步开阔一点，也可以向大的方向发展。但是，他们对绘画的态度有一些微妙的区别，往往江南人、长三角的人画画不急不慢，不温不火，见钱不眼开。他画的时候不是为了钱画的，是为了自己的情调。他们几个人笔墨功夫都是很到位的，传统功夫很到位，创新意识也很到位，最重要心态到位，这次展览也很到位，我就讲这么几句，谢谢。

朱文颖：尹石先生的发言也很到位。一位著名的美术家的文艺批评发言，非常感谢，这是一个双重的跨界。接下来，孟老，著名的富有激情的诗人评论家，请您发表意见。

孟繁华（中国文化与文学研究所所长，中国人民大学、吉林大学博导）：

来的时候，心里面非常地冒昧，京戏讲究生旦净末丑，唱自己角的时候叫做当行，否则就是反串，我们这次就是一个典型的反串。我们搞文艺批评的时候有这样一个看法，叫做“一千个读者有一千个哈姆雷特”。作为一个普通的看画的人，总有一些自己的想法。

这次的展览叫做“在江南”，非常有趣。江南是一个地理概念，但更重要是一个文化概念。另外江南作为一个文化概念，我觉得是不断建构起来的，现在的江南仍然没有成为最后的那个江南，这个江南仍然在不断地建构。比如江南有那么多的景观和人物，你们为什么选择这些题材，这本身就是建构的一部分，建构的一个形式。

看完展览以后我有一个基本的想法，五位画家，在目前来说有鲜明的文化保守主义倾向。比如我们在北京，北京有很多画家，比如说像先锋艺术、波普艺术，都有很多。和这些艺术比较起来，今天展览的这些画所表达的是一个鲜明的文化保守主义，和以前的传统联系非常紧密。这个我觉得是非常重要的。百年中国历史上，传统曾经有几次断裂，对中国文化传统的构建和理解、传承，事实上这个危害是非常之大的。五位画家对中国传统画的理解和承继，在你们的画里面有鲜明的表达。徐惠泉先生的画成就非常高，无论是画册里面，还是在展馆里面，你画的这些人物，江南的男子和女子，都是过去的人物，这本身就是一个想象。过去其实并没有消亡，一切历史都是当代史，你画的是过去，事实上你是面对现在的画的过去。今天的生活，红尘滚滚，物欲横流，但是你画

的人都有书卷气，这个书卷气和文人气，和当下披头散发、焦虑、混乱、不安，形成了鲜明的对比，这个文化保守主义与当下这个现象对比，你会感到一种温润、平静，虽然画的是过去，但是是面对当下发言，用画的形式发言。从某种意义来说，也是对当下的生活状态和心理状态的某种批判和忧虑。所以徐先生的画，我看了以后，非常感动。

陈危冰先生的画，乡村、田园，这个都是想象的田园。我们最近在讨论乡村文学的崩溃，乡村已经完全空心化，青壮劳动力都到城里去了，乡村生活已经破碎，乡村文明传承的载体就不存在了。但是陈先生笔下的田园牧歌，那种诗意，恰恰是被今天的城市生活照亮的，如果没有这个城市的生活，你一直在乡村的话，你是不会感到那个乡村的美的。和现在的城市相比，你才突然想象我以前的家乡是这样的。这和中国文学是一样的，生活在乡村的时候，写不出乡村，到城里生活以后才写出乡村。乡村对我们来说，已经渐行渐远了，能够在陈先生的笔下表达出这样一种乡村，他有他怀旧的一些成分，但是这个怀旧我觉得给我们很温暖的东西。看完以后非常感动。

夏回先生的东西有很浓重的文人气，他的画表达出的趣味也是面对当下生活发言的，在这些画里面，我们看到静谧、安静、很有趣味的东西。百年中国文人丢掉的就是文人传统、文人趣味，现在的文人太没意思了，很无聊，很无趣。

尹石：你们就是文人啊。

孟繁华：是啊，所以我是表扬夏回先生。表扬他就是表扬美术界。孙宽先生是以园林为题材，有的画得非常富丽，但是里面你可以看到中国园林生活的主人身份，也可以看出他们的情调。我们现在都是火柴盒，当重新看到传统中国生活方式的时候，我觉得能重新唤回我们对传统的记忆，和一些很美好的东西。这个是很了不起的。

陈如冬的画很有情趣，画自然和动物，都非常地灵动，文人的趣味都在里面。虽然今天文化保守主义可能是一个不太受待见的，大家觉得

不是很积极的评价，其实不是这样，中国百年来，如果没有几次文化保守主义的运动，或者说没有文化保守主义的文人，中国的现代性，像一个脱缰野马一样，我们不知道跑到什么地方去，看到这些画以后，我内心涌动一些温暖的东西。艺术都是相通的，除了诗歌以外，在散文、小说里面，对故乡，对传统，回忆、怀旧、怀念的东西越来越多。因为一个时代也好，一个人也好，越缺乏什么，越凸显什么，传统没有了，我们才凸显传统，乡村没有了，我们凸显乡村。我觉得表达的恰恰是当下生活的悖论和矛盾。过去的生活是回不去的，现代性是不归的，比如田园牧歌，很多作家去采风，说要在这个地方生活，我说你三天就往城里跑，红尘滚滚的生活你过惯了，你回不去了。所以这些只能是一个审美的对象，而不是能经历的对象。

“在江南”，和北方金戈铁马、大漠孤烟相比，这个里面的差异性就体现出来了。

朱文颖：感谢孟老师非常圆满和启发性的发言，而且他内心非常温暖，已经冒汗了。刚才叶兆言一直在说强烈要求马上发言。

叶兆言（当代著名作家，江苏省作家协会副主席）：

其实我想发言的原因很简单，因为我觉得就那么几句话，早点说比较好，搁在心里是一个负担。

我离这个会场最近，但是来得最晚，一直堵在路上没有过来。

我是一个不喜欢参加这种活动的人，我特别笨，我也是第一次来这个地方。朱文颖安排我说写一个文章，我当时就很怕的，我真的很怕写这样的文章。我曾经因为要写这个文章，想逃这个会，最后她说这个文章可以不写，我就觉得可以参加这个会。但是她说不写，我反而就写了这个文章，而且这个文章在上个星期六的《新民晚报》已经发表了，而且假想我已经到了苏州。

今天是个玩的事情，写小说的作家和画家玩。我觉得其实画家和作家不好互相关照。很少有画家说作家是我的朋友，我清楚画家内心深处的高傲，而且他们没有那份高傲，也画不出画来。有个作家曾经很无耻地说过话，说你知道为什么画家要跟我们作家玩吗，他们觉得我们作家有文化。我当时笑了，我说这个作家真是不自量力。我是一个假苏州人，我是苏州的女婿，我可以谈谈我对苏州人的印象，画家内心有一种高傲，我也知道苏州人有一个高傲，我是苏州人女婿，我深受苏州人的歧视。我们这儿运用江南这个词，刚才尹老师说南京也是江南，苏州人根本不承认你们南京是江南。他们认为我们说的是江北话。所以我太太也好，我丈母娘也好，他们对我们南京人的态度，说你们这个东西怎么能吃，这个怎么能吃。陆文夫是苏北人，他是最继承苏州文化的。我父亲老讲的，陆文夫是特别典型的苏州人，你不得不承认这有道理，但是你想想，天下百味，辣是非常重要的一味，但是陆文夫不吃辣的，我父亲抗战到过重庆，他说你要谈美食而不吃辣起码是有问题的。我觉得苏州的画家坚持苏州的高傲是有道理的，肯定是好的。同时，也要稍微想想苏州之外还有的东西，比如这次给我们作家一点点面子，同时也给我们南京一点点面子，到这儿来了。

我知道，你们内心其实并不真正理解，我是深有体会，苏州人特别有意思，我丈母娘他们一般认为，不说吴语的人就是江北人，江北再过去就是山东人，他们看山东人的概念，有点像唐朝人一样，大山东，包括东北都是山东，苏州是这么看的，很中国化的。这是苏州文化的一个传统。我不知道明朝后来，吴门画派的时候估计也是这样，他们看天下，江北面，就是山东的，唐朝人讲山东就是很大的一个山东。还有中国话，最滑头的地方是两通。中国人意思是说读了十年书，才能听得懂一席话，否则听不懂一席话。一样的道理，陶渊明讲读书不求甚解，但是前面三个字是不能丢的，好读书，对一个不好读书的人来说，读书不求甚解就扯了。中国文化玩什么，就是左手跟右手打个玩。

我就说这些，其他没什么，大家跨界，就这么玩玩。

朱文颖：叶兆言先生的话就是今天的药引子。我觉得罗岗可以接着兆言继续讲。

嵯

嶙

罗岗（华东师范大学中文系教授）：

刚才叶兆言老师讲的很重要的一点，我们老孟这样的北方人，一说江南，就觉得江南是边地，比较边缘的地方。但是兆言老师说江南什么时候成为了正统，其实这和宋代有很大的关系，南宋到晚明变成的正统，江南才是继承了中国文化的正统，才会有以江南为中国之据。包括说到苏州人以苏州看外面的眼光，是有这样一个历史原因形成的。所以这里面，如果从地理的概念来说，就是怎么理解中国的问题。一方面，比如说在清代之后，一直有一个南巡，就是到南方，一个是北狩。南巡一般是到苏州。

张有宪：因为南方有美女，北方有野兽。

罗岗：江南不是一个孤立的地方，是和中国紧密联系在一起的。但是追溯起来的话，也不是那么简单，因为我们都知道，明代的时候，我们有一个很重要的现象，就是所谓的白银资本，大量的白银通过东南沿海地区转到中国，这个白银都是从新大陆来的。为什么有大量的白银进入，因为欧洲需要中国的瓷器和丝绸，这对欧洲来讲是奢侈品，大量的出口，出口以后白银就进来了。所以在这样的情况下，东南沿海，包括江南，整个的地位非常之高，这是一个出口的地方。在这样的情况下大量的白银进入中国。只有明代才确定了银本位，国家收税要交银子。

中国有一个特点，中国是不产银的，中国只有很少的产银的地方，之所以会把银定为一个最主要的银本位的金融制度，就是和大量白银的进入有关系的。但是问题呢，大量的白银进入以后，到哪里去了，特别是明代末年，中国国内出现大量的银荒，很重要的原因是银子到北方去了。因为后金和蒙古对明代有威胁，他们设立了一个卫所制度，囤积大量军队在北方抵御后金和蒙古的入侵。军费不断地上升，这就看到一个通过白银的媒介，南方的银子进来，所以东南沿海地区形成了一个贸易

圈。大量的钱到北方去了以后，北方边境地区也成为了一个贸易的地区，就是人参，之前中国人是不吃的，就是明代以后，明代的官员和读书人特别强调人参能够提高自己的寿命，这有很大的关系，所以人参的贸易跟东北，特别是后金的崛起，以及跟清朝的屯军之间有非常密切的关系。台湾一个学者写了一本书，叫做《银线》，他的意思是说，通过白银的流动，可以把中国和世界连在一起，我们借用这个银线的说法，南方和北方其实是可以连在一起的，通过这个白银来作为媒介。特别是明代开始。而且在这两个地方，还形成了一些特别重要的军事力量，努尔哈赤、郑成功等等。这样的一种联系方式，使得我们对南方概念的理解，不是中心和边缘，或者说中原心态和边远的江南，这样的一套讲法在明清以后完全不能成立了。江南这样的重要性，是可以需要重新理解的。

之前3月份参加的一个活动和艺术是有关系的，广州策划的亚洲三年展，这个策划会的标题是“追寻亚洲”。他们请了中山大学历史系的教授刘志伟做了一个报告，他说是广州和亚洲的关系，他画了一个图，这个图非常有意思，如果是画一个中国地图，广州一定是边缘，怎么画都不是中心，但是如果这个图移到亚洲，比如移到东南亚地区，海洋中国，那么广州恰恰是处在最中心的位置，某种情况讲，广州是所谓的海洋中国和内陆中国的一个枢纽的地位。所以我们也可以重新理解江南的概念。

尹石：杜秘书长要赶火车。

杜军：参加今天的研讨会我收获很大，说是跨界，实际上几位文学家对我们的启示启发，远远高于我们自己说自己，谢谢。

朱文颖：张清华先生是习惯于大规模的几千人演讲的。你就从台北观展开始吧。

张清华（北京师范大学文学院副院长，北京师范大学国际写作中心执行主任）：

中国的诗歌，在唐诗里面，其实核心的都是在南方的，烟花三月下扬州，南方已经成为文人心目中的家园。包括南唐，晚唐到南唐，这个时期江南美学的气质，已经成了中国文化的核心部分，代表了颓废、唯美，这正是整个东方美学最精髓、最核心的部分。真的完全成为一种艺术的符号、艺术的概念。那么在绘画的领域里面，要略晚于诗歌。山水的自觉，我觉得对于整个中国的绘画来说，可能有绝对性的意义，因为我们人物画，和西洋绘画一比，我们本土的这种缺陷一目了然，我们承认不承认，在表现人物方面，包括清代画列祖列宗皇帝的画像，也是千篇一律的，表现力是很有限的。但是中国的山水是独有的，全世界独有的。

中国文化的特点就是纸上的家园，五千年的历史，寻求物质上的存在很有限，还不如到欧洲。欧洲近一千年的历史都在建筑和街道上，我们这儿可触摸的历史很少，但是我们心中，我们的语言，我们的艺术、

文化里面的传统，是任何民族的文化都没法比的。我们这方面不比西方差，比他们更厉害更牛。所以江南这样的概念一定是我们艺术要牢牢抓住的核心，这个是毫无疑问的。

第二个是丰富。我读各位的画，刚才兆言提到了吴门画派，我前不久刚去台湾，很巧的是刚好看到沈周展。我当时特别吃惊，沈周的画，从手段和技术很震撼我，我更感觉到的是他的境界。他有一幅画是献给他的老师的，他的老师七十大寿，还是八十大寿，这个画里面有生命，特别震撼。还有一个雪景图，他基本用的水墨，在一个陈旧的笔调里面呈现圣洁、高寒的白雪的景象，让你感到一种寒意。中国人的厉害在于我们把萝卜白菜画到画里，那不是西方的写生派、写实派。我在荷兰的梵高美术馆，在阿姆斯特丹也看了，荷兰画派的牛，那个葡萄晶莹剔透的感觉，比摄影还要高出很多。他就是写实，展示的就是写实。我们那个白菜，那个萝卜，那个小动物画出来，就是写意的，写意和写实之间的根本不同，中国画的精髓也在于它就是小的世俗画当中表达出情怀和生活态度，甚至有一个哲学态度，有禅意在里面。

今天参展的五位画家风格是各异的，但是放在一起是交相辉映、相映成趣的，你们也可以叫做“新吴门画派”。当然我们没有排他性。最后我讲一点，可能重复他们的意思，就是情怀，因为一个国家的艺术品，从市场角度来讲，怎么说呢，按照丹尼贝尔的话讲，艺术分为先锋艺术和中产阶级的艺术。先锋艺术是运动景观、现代主义，景观式的方式，推出新概念，先锋艺术出现的时候，对大众的趣味造成一种冲击，甚至是一种叛逆，但是通常不受待见，不受欢迎，但是过一段时间以后，这个艺术观念就会被接受，一旦被接受，就有了消费价值，就变成了中产阶级的趣味和符号。现在我们这个国家，从经济的角度，从文化的角度，确实发展到了一个阶段，这叫盛世收藏，画家、艺术家因为市场的考虑，满脑子都是金钱，从手段来讲是复制，自我复制。其实带来了商业的价值，但是却丧失了一个艺术家的灵魂，我觉得从长远的角度，你今天多卖了多少钱，但是从你一生来看，你就缩水了多少。一个有出息的艺术家应该保有在艺术上的操守、信念，应该是一种信念。不在多，也绝不市场化地复制自己，而是要画出情怀。在乡村文明，或者我们整个的农业社会的结构性的存在处于解体的时候，传统文化经验，皮之不存，毛将焉附。当我们民族穷得只剩下钱的时候，只剩下垃圾建筑和建筑垃圾的时候，那么这个民族还有什么尊严呢？江南这个概念就只剩下一个词语。我觉得在这样一个时代、一个大势当中，艺术家应该保有这种信念。

张有宪（南京艺术学院美术学院院长）：

我听了几位老师刚才讲的这些，尽管你们和绘画本身是有一点隔的，但是你们的视野更宽，应该讲对我们很有启发。我不知道几位有没有看过1946年老舍先生曾经在《上海大众报》写过一篇傅抱石的文章。老舍先生的文章主要是讲傅抱石先生办了一个展览，他为他写了一篇文章。其实更早，文章最初是写郭沫若和傅抱石的联展，郭沫若的字和傅抱石的画，《大众报》主要是把傅抱石的内容拿出来讲。我认为尽管老舍不是一个画家，但是他对中国画的理解太厉害了，让我们这些专业的人都感到佩服。他首先这样讲，他说他曾经在伦敦看一个画，感觉像刀刻的

一样，他觉得这些线就像刀切进去。然后他就拿几个画家朋友做例子，来讲他的观点。第一个例子是长安画派的旗帜人物，老舍先生说感到画面本身是协调的，仔细看他的画，总觉得他的画里面有一些东西，老舍是用文学家的语言描述，他说仿佛可以把我们带到这个地方去，见到形形色色的中国人。但一个画中国画的人，如果不追求笔力，就是一无所有。所以这就给我们提出了一个怎么坚持自己最重要的东西。为什么说老舍特别懂画，让我们感到特别佩服，他说笔力说了三个人，三个层面，说的非常有道理，他说长安画派的那位画家笔力太弱，又说了一个笔力很强的，就讲丰子恺，他认为丰子恺是画漫画的，他画出来的画面的意趣很好，主旨一下就抓住了。他说丰子恺的线是上下一样粗，说能力透纸背，不能潇洒灵动，这个也不行。他就讲到第三个，就说到了关山月，他说关山月能力很强，但是他只能放，不能免，要能内敛。我讲这些话，其实几位都是画画的，大家一定能懂的，谢谢。

陈强（中国艺术品网总经理）：

首先我对“在江南”这三个字，特别有感觉。“在江南”，感觉就像宋词的曲牌名，这个点出了五位画家的画的生命载体，我是苏州人，跟五位画家特别熟，人熟，画也熟。“在江南”意味着这五位画家在说什么，从中国绘画来说，真正达到高度的是北宋南渡过后，南渡以后，中国文人绘画在中国美术史上应该说达到了一个高峰，出了元四家、赵孟頫等。北宋，严格来说是图式画，是一种描绘，对自然的描绘，但是到南宋以后，中国的山水画进入了心灵，把自己内心表现出来。每个艺术家都非常有特点，从董元开始，他描绘江南，所以为什么董元在中国绘画历史上有那么高的地位，他揭示了江南文化的大系统，从他的山水画中间可以体会到一个画家内心的感悟，开始描绘心灵。元四家，每个人的特点非常鲜明，但是四个人的绘画都可以感觉到是苦涩。一个元代，一个外族的入侵，进入中原，摧残中国的文化，他们避难到江南，比如黄公望的《富春山居图》，整个画面都是一个苦涩感。我认为作家善于讲故事，通过他的故事表达他心理的感受，艺术家通过他的作品，在他作品中间体现他的语言。所以我认为，他们五位画家，身在江南，而且是在江南的苏州，生活在这块土壤，他们表达的语言是一种对这块土地的依恋。“在江南”的这个主题，非常贴切，也真正的体现了他们五位画家所表达的内心感受。

从文人绘画来说，在江南这块土壤上，是来源于它的社会背景和大的文化系统，是构建在一个画家对这个文化的接受度上。每个艺术家对这个文化的接受度的不同，导致了他所呈现的绘画语言的不同，呈现感受的不同。当今，在中国的画坛上，好几年以前，所谓新文人绘画，闹腾了一段时间，现在有点消减。新文人绘画到底构建在什么层面，当然这里面牵涉到很多方方面面。从我个人感受来说，一个画家到最后他构建的还是在他自我意识上，这个意识其实是表达他自我的一种心灵的语言。从绘画的角度来说，从个体来说，他只对自己负责，艺术家非常独立，从我个人感觉来说，他可以不对任何人负责，他可以只对自己的心灵负责。至于别人怎么理解，怎么感受，是别人的事。张老师在台北看到的沈周，沈周画过一套非常著名的画——《东庄》，东庄现在的原址在老的苏州大学，沈周画了四年时间，这个原作我看了。当初他为什么画这个，而且特地画好以后，让吴宽带到北京，其实，他是要告诉吴宽，你在京城做官，别忘了你的心在江南。这里面有一个归隐的意思在里面。你的家园在苏州，你的心灵在这块土地上。当你做官失意的时候，可以回归到自己的这片土地，这是你心灵的家园。我认为这是一个文人的意识，作为一个艺术家，他在表达自己的过程中，他肯定或多或少地在表达自己内心的感受。这种感受也只能通过他的作品，来传达他的意识。别人怎么理解，他也不会去解释。就像沈周把那套作品交给吴宽的时候，告诉他这是什么意思，但是吴宽拿到这个作品，他心里非常清楚沈周的用意。

我非常欣慰，五位画家画出了自己内心的感受，画出了自己内心的文化系统。

华迅（资深媒体人）：

可能其他画家和其他策展人也会用“在江南”这个题目，但是朱文颖策展会从另外一个意义上挖掘江南的精神内涵到底是什么样的东西。我觉得江南就是一块飞地，在中国历史上是一块飞地，文人的一块飞地。自从秦朝以后，有很多文人是不认可秦朝统一以后的这条系统的，他们的才能需要找到一个出口。江南这样一个地方，地理条件也好，物质条件也好，其实给这些文人、艺术家提供了一个很重要的空间，这个空间可以让他们找到一种具有诗意的生活方式，对抗大一统的社会运行方式。所以，很多的画家、艺术家，特别是画家，在江南这块土地上，是非常突出的。

其实我觉得，江南还有另外一层意思，江南里面有一个很重要的内核——抵抗，我们对江南有一个刻板化的认识，觉得它诗情画意、烟雨朦胧，优美、诗意。但是我

觉得这种抵抗是无处不在的，如果我们回顾历史，三次南迁，为什么都选择了这个地方。比如说张士诚是苏州的，整个城市的人是帮助张士诚抵抗的，包括到了太平天国，李秀成也是在苏州的，苏州人也是强烈抵抗的，那时候还没有现代国家的概念。它是一个族群的概念，非我族类必须抵抗。这种抵抗的精神，在我们今天重新理解江南这个精神内核的时候，这个东西要很好地体现出来。涉及各位的作品，每个人的作品中都有这样的东西体现出来，当然，美术作品和文学作品不一样，它还不可能那么直接，尽管是这样一个间接的方法，可以体现每个个体、每个画家很强烈的个人感受。我们可以从最典型的画家当中体现出来。比如说徐渭、八大，他们笔墨呈现出来的不合作、抵抗，完全可以清楚地看到。一个艺术家肯定是要在他那个当下的时候，感受到的东西是要体现在他的画和笔墨当中的，能够体现出来的才是好画家。

在五位画家当中，陈如冬的绘画自成一个系统。你看他画的时候，你会觉得他很本色、很本质，和他内心的契合度很高，正是这一点，就很容易打动人的内心，如冬这样的画家很稀缺，很本质的坚持，这是另外一种意义上的抵抗。陈危冰的乡村，我不完全怀念乡村，但是又怀念乡村，其实我们的乡村在工业化的进程中被破坏了，破坏的不仅仅是风光，而是一套运作系统，这个系统没有了，我们再回到那个家乡，已经没有了。那套系统是传统的文化当中非常重要的一个基础，这套基础如果没有了，即使风光还是依旧，当然风光也不可能依旧了，内核没有了。怎么样在画当中，这种的流失和破坏能够给你带来心灵上的震撼，能在画面上反映出来，而不仅仅是一个最表层的风光层面，这个里面可能是我们将来在继续画江南当中可以突破的。

朱文颖：惠泉你先代表五位画家说两句吧。

徐惠泉（江苏省美协副主席，参展画家）：

这个研讨会从头到尾都听了，对我很有启发。其中最本质的东西，是听了几位老师的发言，使我们对“在江南”这个命题，有了更深的理解。我们这个五人展，已经完全超出了我们的初衷，是在向纵深发展，这是我们展览的意义。“在江南”这个题目，在讲的时候有一种玩的心态，现在来说，通过这次展览，感到有担当了，这可能讲得稍微重了一点，但是有一点，使我，至少我本人，在苏州这样一个地方做学术，做我们的绘画，我感觉到做得下去，有意义，这个是很重要的。因为在苏州这样一个地方，我们总是在摇摆，我们是坚守在苏州这个地方，还是往北京跑，往什么地方跑。我一直提一个观点，在当今这个社会，这种地域性的画家，怎么样发展，这是一个课题。除了我们能不能坚守以外，还涉及一个社会学的问题。我认为我们既然选择了这个地域，而且我们在苏州还不算太糟糕，我们不妨还坚守在这个地方，喝喝茶。我们五个人，喝喝茶，弄个小酒，我们坚持画画，这对我本人来说，是最大的收获。所以最后还要说一句，谢谢大家，谢谢大家的鼓励，使我能够走下去，看到一个更好的希望。

就说这么多。

朱文颖：惠泉有一点非常可贵，他已经是很有成就的画家，仍然一直在寻求突破和成长，包括他现在为人处世越来越呈现宽厚和大的气象。通过这次策展，我和画家有了更多的接触，我说为什么大家最后都会谈到情怀，无论什么艺术，技巧是一个基本的东西，是最低的门槛，但是最后一定会落实到情怀。情怀是看你能走到多远多高的根本，这个东西是逃不掉的。

陈危冰（参展画家）：我画田园山水，实际上就是源于沈周。我小时候在农村生活过，时间不长，但是印象很深。然而这个题材在以前的中国画里面，作为一种专门的存在是没有的，可以借鉴的也很少，我就写生。这方面孙君良老师对我帮助很大，他说你不要走来走去，你就在江苏，在东山、西山，你不要光画田园，你可以画水乡、村庄，都可以画。我画到现在，很多人说你为什么不画人，因为这里面牵涉到第二个问题，实际上我画的风格是很唯美的，我对土地有一种顶礼膜拜。其实土地是我们人类生存的根本，到了现在，我们的家园被破坏得不像样了，我更要把这个画得美，唤起大家的回忆和敬重。

夏回（参展画家）：今天参加这个活动很开心，我们画家相对平时直觉的东西更多一些，感性的东西更多一些，大家一谈以后，把我们一些零碎的东西串起来了，可以引起一些思考，很有意思。我自己对江南的理解更多是抽象的概念，更多是一种人生态度，人生观的东西，我是从这方面切入得多一些。我觉得相对于北方这个概念，其实是两种人生观，两种生活态度，刚才说到抵抗这些东西，我觉得从我的角度来说，都有点重了。在江南，真情实感，放下，把好多东西放下。自己玩进去很重要，我就说这些，谢谢大家。

孙宽（参展画家）：我是在画院，身在苏州我很幸运，我画园林，因为我对园林很有感情。如果现在去苏州园林，没有多少人能真正体会到园林的好，人太多太闹，但是以前的园林是很静的。以前大家都说苏州园林是苏州的后花园，是文人的后花园，是很纯净很唯美的，是可以避世的东西。在我心里，园林一直是一种寄托，一个梦。

陈如冬（参展画家）：我是体制外的一个画家，平时我的画室是在昆曲博物馆，有评弹、昆曲、庭院。我的创作状态比他们更宽松、更自由一些。苏州文化的细节，我触碰得比较多一点。我们对苏州骨子里面有一种依恋，因为感觉到能在苏州做一个画家是一件乐事。而现在通过生活的细节，可以滋养很多艺术的东西。

朱文颖：大家都谈得非常好，非常感谢。

朱文颖画评

墨色之上的斑斓

——关于徐惠泉墨彩人物画的重新定义

朱文颖

（一）

在中国传统绘画中，人物画具有一些意味深长的特点。

南唐顾闳中所绘《韩熙载夜宴图》。仔细去看这幅体现中国古代人物画最高成就的长卷，画面中，有些地方并没有清晰画出墙壁、门窗、屋顶，也没有烛台、灯盏之类来显示光影和明暗关系。人物在充满空白的场景中悉听琵琶，击鼓观舞，更衣暂歇，直至曲终人散……犹如中国古典戏剧，一桌一椅一屏风，就是整个客观存在的寓言。于物质世界，做的是减法，人物造型的浮雕感也是平面化的——那是一种中国人特有的观察方法——最写实的地方也给人一种虚幻感。仍然像中国的传统戏剧，当男性角色提起戏装的前半幅衣服，这个简单的动作却可以随意引伸为三层意义：行路前心情急切的准备；无可奈何，心烦意乱；以及与相关人物地位的差别——即将下跪。

这些图卷中，人物用手势或者眼神夸张地活动，或者干脆静止，却总是给人一种奇怪的感觉：他们在想着什么，等待着什么,而且在这种冥想和等待中，时间和空间对他们不造成丝毫的困扰。

中国的山水画中也有人物，即使他们表现出细微的情绪哀乐，但总的来说，他们并不朝向看客与观众，而是面对永恒的道极。他们也在想着什么，等待着什么，但人物面部永远不会出现冲突或者挣扎的表情，他们总是淡然而适宜的，至多只是探身看一看这个幽深莫测的世界。

在东方背景和古典传统中，人的能动性是不存在的，或者说是不被强调的。所以在一个最根本的意义上，力量来自留白之处，来自画面之外，一切都同恒河水顺流而下，一切又具有某种神秘性——即使是在工细灵动、设色雅致的工笔人物画中，这种无法言说的神秘感仍然顽强地存在着。

以上这些，也正是我要叙述的画家徐惠泉，之所以在人物画创作中取得杰出成就、同时又面临诸多困惑与挑战的基点所在。

（二）

有一次聊天，徐惠泉和我谈起并强

调这样一个观点：在中国绘画中，人物画是最有可能向前推动的。

观点的源头或许起源于徐悲鸿。当年徐悲鸿留法归国后，曾公开撰文对中国画做出评价。他认为中国画最好的是花鸟画，其次为山水画，人物画最差。中国画的两大致命伤在于：第一造型不准；第二，明清以后临摹至上，使中国画与现实的联系变得愈发僵化寡淡。所以，徐悲鸿当年竭力推崇引进西画的写实方法和素描写生的造型训练，并称之为对于国画的“写实改造”。

然而，这是一次以失败告终的悲壮实验，至少从艺术上来说。因为中国画具有极为特殊的精神内涵。在本质上，中国画是一首诗。不管是用什么笔墨方式来表达的，好的中国画必须能归结为一首诗。虚实相生，阴阳之道，里面终究要有混沌的东西。而徐悲鸿进行的其实是一次技术层面上的改造，就像把那些虚化的墙壁、门窗、屋顶一个个安装上去，房子完整了，味道却全然没有了。

实验固然失败，但观点的源头却不无道理。或许，徐惠泉对于人物画可能性空间的信念也正在于此——怎样在“形”与“意”之间找到一个契合点，既把形象画准，又不能太油画化，还要在根本上保留东方精神的神秘性？

在探索的过程中，徐惠泉做了一件非常重要、也是根本性的事情。不论是潜在的艺术直觉，还是可贵的有意尝试，在徐惠泉的艺术构成中，自始至终没有丢弃笔墨的表现性。水墨的用笔和气象，是他人物画中有意无意的一个“无底之底”。那些斑斓的色彩，是墨色之上的

枝叶和涟漪。水墨是东方之境，色彩则是现实在虚境中的倒影。很长时间以来，徐惠泉的人物画被定义为彩墨人物画，这或许是一个误会。不如称之为墨彩人物画更加合适吧。

(三)

在人物画中，对于造型和线条截然不同的处理，是东西方绘画的重要区别所在。

中国画讲究线条，虚虚的一根线，命若琴弦，里面藏着乾坤万千。造型则是建立在线条基础上的。中国画重视笔墨，同时更讲究“笔性”，讲究线条的质量、美感，讲究线、形的透里默契，刃剖自如。

中国古人画肖像的时候，脸也有立体感，但不画体面，剔除光影，只画“结构”，这被称之为“洗脸”。在这个基础上，进而要求生动性，学会夸张和变形。

而在西方绘画中，空间感是一个非常重要的概念。或许，根本意义上对于“力”的理解构成了这种区别。中国画消解人为的力，因为归根到底，天人终究要合一；而西方绘画强调人为的力，雕塑家罗丹甚至高喊：“牢记罢，只有体积，没有线条！”就像去看一张拉斐尔画的肖像，画正面的人时，他把胸部曲折地推远了，于是形成一个非常微妙的第三元空间。

对于一个把人物画作为自己创作目标，并且力求突破的画家，在人物造型和线条处理方面，徐惠泉显然有自己独特的想法。他重视线的构成，如果说徐惠泉已经用笔墨铺陈出一个“无底之底”，那么，他笔下极具张力的线条则布下了一张“天罗地网”，线是纯粹的，也是繁复的；看起来很简单，细看则又是令人迷惘的；有序里显现无序，无序中又能找到万物归一的逻辑。他笔下的画面总体是平的，但在有些画里，人物脸部的留白又在提示另一种可能：光影其实是存在的。

(四)

徐惠泉是一位勤于思索的画家，这同样在他的色彩运用上体现了出来。他用重彩，但显然他不想成为一个普通意义上的工笔重彩画家，就像他始终没有轻视笔墨一样，他让笔下的色彩染上了一种奇妙的写意感。重彩竟然也能是微

妙的，它们并不完全落到实处。不仅如此，光影的感觉在色彩中再次被强调。这种不落实的墨彩最重要的意义在于：它巧妙地到达另一种虚境。而只有在虚境里,才能真正呈现中国画本质的意义。徐惠泉做到了。

然而，在线条、造型以及色彩之后，另一个问题油然而生。因为世界上恐怕没有一件艺术品，是单靠着线条的均衡、美丽的色彩而能打动人心的。如果，十二三世纪时，那些花玻璃深蓝天鹅绒的感觉、柔和的紫光和热烈的绯红能感动我们，其实是因为这些色调是传达当时人们对于天国的想望与神秘的默想。如果宝蓝色的波斯古瓶是可爱的珍品，那是因为它们多变的颜色，把我们催眠，引我们到一个不可思议的神仙境界中去。

一切的美都应该是有意义的。

于是要论到题材。

徐惠泉说过这样的话："我画既熟悉有又点陌生的人物，她们有窈窕的身材、姣好的容貌，但她们命运多舛，因此姣好的容貌总带着丝丝的忧愁，空气中飘散着淡淡的幽香，远处有隐隐的钟声传来。"

这样属于南方的语境，或许才是徐惠泉不断寻找新的艺术语言，来进行崭新表达的底色所在吧。

（五）

徐惠泉梳理过一次中国人物画发展的脉络与走向。在时间概念上，寺观和石窟壁画可以看作中国人物画在宗教艺术的高峰，远甚于欧洲中世纪的基督教绘画的艺术水准；中国人物画的真正衰落是在北宋以后，以王维、苏东坡开创的文人画崛起，进入了以山水花鸟为主的中国画另一阶段。其中，色彩观也转向文人趣味，将水墨作为主色，将“淡雅”视为一种文人趣味，而将山水花鸟画中的青绿等鲜艳色调视为匠气的“趣味”。人物画前进的步伐几乎完全停滞，而此时的西方，人物绘画则一步步清晰地解决了人物肌理、光和色彩，直至立体主义。

我知道徐惠泉最终的理想在于“打通”，但难处仍然在于“打通”，而是否能够“打通”则是评价一个画家段位的重要指标。就像人们对于徐悲鸿的评价“刚刚及格”，他的短处之一，就在于他对于西方现代美术表现形式的排斥。刘海粟至少还接受了印象派，但走得最远的是林风眠，林对于艺术的探索已经扩展到毕加索、马蒂斯等人，他一直尝试在做的，是在中国绘画传统中寻找现代主义的形式资源，并将其改造成中国式的现代主义。

“画无中西之分，只有好坏之别”，这几乎是一个最高的艺术理想了。

所以说，在这样的思想基础上，有些细部的问题已经成为了伪命题。就像徐惠泉对于中国人物画走向的深入思考，把它的意义外延进一步进行拓展，其实质，已经是一个如何在中国绘画的本体内部重新激发创造力的象征性议题了。徐惠泉的墨彩人物画，以及它走向的可能性，于此基础上，充满了一种更为深广的意义与价值。

2014 年 4 月

回不去的故乡

——陈危冰田园山水画的图像价值

朱文颖

在陈危冰的工作室里，一个细节突然确认了我早先对他的模糊判断。

陈危冰告诉我，最近他在做一个系列的事情——重画旧作。他分别拿出两张画。画面中都有着陈危冰田园画一贯的元素：树木、舟船、茅舍、草垛、鸡鸭、篱笆，但仔细去看，新旧作品之间，那些元素被有意地加以改造、变形、强化或者放大了。那是两张同样的画，陈危冰执着地不断回到原点——那个曾经真实存在、同时又是经他重新组合拼装过的故乡；那又是两张完全不同的画，我注意到画面上陈危冰细微的犹疑：他要展现两个故乡。他要展现两个因为时空的变化而有所变化、但毫不动摇一直深陷在他记忆里的故乡。他真正想说的话是：故乡变了；但故乡没有变，它一直在我心里。

无疑，在这里，陈危冰遇到了他的难题。

他站在一张画了大半的画作面前，告诉我，在画这张画时，他遇到了困难。

仍然是一张田园山水画，多年前的旧作，景物是和谐的，风过河荡，鸡鸭同乐，几栋旧屋安逸地隐现在中景的部位。

新作部分，景物有了细微的变化，树长高了，鸡鸭则跑远了一些。陈危冰告诉我，他想在中景部分用现代建筑替代那几栋旧屋，但是在做这个尝试的时候，他画不下去了，觉得什么地方不对，非常不舒服。于是，在这里他停了下来。

我对这种停顿是感兴趣的。我知道，陈危冰独特的江南田园山水画系列已经具有了重要的意义，但我的看法是，如果陈危冰一直非常顺畅地画下去，他将失去具有更重要意义的可能性。而恰好，在这里，他略作停顿，思考了一些问题。

陈危冰告诉我，他无法把现代建筑加入画面的原因：它们不美、不和谐，它们是生硬冰冷的，他无法把它们加入到他的田园山水画的体系里去。它们是他者。

我觉得陈危冰感觉到了、或者意识到了某个问题：画家本性里的唯美站了出来，反抗现代性的入侵。这是我们时代的真实处境。但画家必须用自己的方

法给予回应，做出反应。

我的建议是：要破。坚决地破。我知道陈危冰有着非常美好的童年记忆，我甚至觉得此人很多时候童心未泯，爱憎分明。这些，都是土地的性格、故乡的性格。然而，真正的意义在于，在展现了我们永远不能忘却的土地的性格、故乡的性格之后，更重要的，作为一个有想法的画家，他必须进入第二个阶段：用真正的现代性去反抗现代性。

我们身处的，站在我们背后的，是一个回不去的故乡。

我认为，只有这样的方式，才能真正实现陈危冰田园山水画的图像价值。在这里，陈危冰触及到的是一个当代极其重要的议题。之所以我们觉得还有活下去的价值，就在于生活中还有许多不变的、恒定的、最基本的东西，一种精神向度，一种面向故乡的可能性。我们有怎样的未来，在很大程度上决定于我们对过往文明、对心灵故乡的态度。无论是一座城市还是一个村庄，如果它的过去总是被连根拔掉或者肆无忌惮地篡改，那么它也会丢掉它整个的未来。

画家陈危冰，正站在一个重要的节点上，他将继续用画作为我们讲述他那“无法回去”却又“永不消逝”的故乡。

2014年4月

黑白虚空之间

——夏回之意义

朱文颖

（一）

在夏回的一款个性签名上，写着这样八个字：一半水墨，一半喝茶。

这是一个非常南方化的签名，形影孤单的八个字，以我对夏回的理解，一度觉得里面还少了点什么。这是一个疑问，存在于那里。然而，这“个性”是夏回本人选择并最终决定的，我认为自然有它的道理。

夏回在画坛的出现，有一点是得到大家公论的：夏回不太像一个传统意义上的江南画家。比如说，他给自己的画起这样的名字：“鱼可以上天，鸟可以落地”或者“南瓜、白菜，不破不立”。这样的视角，肯定不是中国传统水墨画的视角。中国传统水墨要表达的是这样的意思：鱼很小很小，在没有边际的空白里游荡，我屈从于这样的空白，我脑子里什么都不想，但是我的心灵跟天地同流。再怎么样，不会让鱼飞到天上去。所以，从这一点上，我觉得夏回的内心及艺术是具备对抗性的。

但这样的对抗性好像又不是完全没有先例。据说有一天苏东坡用红墨画竹子，他的一个朋友看到，说你怎么画红竹子呢？苏东坡答了句：世上有黑竹子吗？因此说这样的对抗性一直是存在的，只是有人见了，有人视而不见，也是和天性合或不合的缘故罢了。

这样的对抗性，体现在夏回的画面构成上，很早就已经摆脱了对于形迹的追求。他厌恶技术、渴求本质到了相当的程度。他希望画面飞起来，虽然我一度以为他若能稍稍收一点，会更好。但我理解这样的想法，这想法来自于夏回天性的某一部分，作为艺术家，千方百计地保留住天性与本质，即便留出些缺憾都是无妨的。

与此同时，对于完美的事物或者画面，夏回表现出相当的警惕。“优秀是伟大的敌人，”他说，“画得真好，但没一张好画。”我想我明白夏回想要表达的意思。“好”和真正的艺术是没有关系的，甚至是背离的。有时候，恰恰要把画面弄得不是那么完美，有些异样，有点丑。艺术不在悦目这一面，真相接近于丑。就像如果你去探访意大利的公墓，一定注意到那些艺匠，他们是如此幼稚地去装饰坟墓，竭力要在雕像上面，模仿绣件、花边与发辫。这些东西或许是准确的，但绝非真实的，因为它们并不激动心灵。

为了激动心灵，有时夏回会放纵他的笔墨。这也仍然是好事。文艺相通，

就像我的一位诗人朋友说的：我说不拒绝当一个“烂诗人”，是相对于“好诗人”说的。我不在乎那些“好诗人”的小家碧玉般的良好趣味、永远不能抵达创造秘密的良好教养、窄小的开合度、正好够用的才华、正好可以被读者接受的高度、持续太久的自我满足之感、一边酒肉穿肠过一边佛祖心中留地潇洒走一回。我们并不缺少“好诗人”。我们的学者们到今天依然热衷于从那些被遗忘了的诗人中打捞出“好诗人”——我无比同意这样的观点。这样的观点，其实也正是一条鱼企图飞上天的观点。既然天人都可以合一，那么，鱼为什么就不可以飞到天上去呢？艺术是不讲求逻辑的，艺术摒弃一切逻辑，才能到达它的本源。就像莫奈早年画睡莲，晚年也画睡莲。早年的睡莲或许更美，更接近于具象睡莲的本身。到了晚年，莫奈视力越来越差几乎失明。在世界处于半明半暗的状态中，奇迹出现了。莫奈晚年的睡莲更像睡莲的灵魂。它们更抽象，更本质，哪里是莲瓣，哪里是莲叶，哪里是水面，哪里是倒影，一切都不分明，一切都不需分明。这是最现代最抽象的西方绘画，也是最梦幻最忧伤的东方绘画。只有在最自由和对抗的状态中，艺术家才能将自己的意愿凌驾于自然之上。这个时候，鱼飞到了天上，鸟落到了地上，世界被重新组合构造。

世界一片混沌，具有万种可能。

（二）

我总觉得夏回的某种姿态和对抗性更接近于西方艺术。一问果然，早年的夏回画过油画，但并不多，一共二十多张。接着夏回又强调，其实最早还是画水墨，“因为我对现实失望，所以水墨的寂寥打动了我”。

几番言语，我理出了夏回绘画经历的以下过程：先是水墨，因为水墨的寂寥打动了他；再是油画，因为对现实的失望不仅仅产生寂寥，与此同时，对抗性也出现了；最终，“总觉得油画充满野心、事业、物质，这些我很排斥……”于是，夏回再度回归水墨——“我喜欢江南的真情实感”。

这是一段有趣的历程。我突然明白了一直存在的一个疑问：为什么夏回对他自己的概括是“一半水墨，一半喝茶”。

如果说，对抗与寂寥是夏回的两个底色，那么，我认为更深以及最深的那个仍然是——寂寥。

这是属于江南的底色，竹影摇窗，春雨潇潇，独怜幽草……骨子里，夏回仍然是个清淡的悲观主义者。他的对抗性是从悲观主义的根基上生长起来的，并没有那种蹈海而死、没有具体诉求的黑色暴烈。夏回终究是疏离的，在精神性的某一点上，他甚至有着洁癖。所以他会喜欢巴黎浪荡子常玉，因为常玉的理想是：一个人应该是自己并且干净。而且，“在某种程度上，常玉拒绝长大——你很难评判，他是太笨拙还是太天真”。夏回喜欢简单的东西，江南对于夏回的意义，或许在于灵魂出窍般的轻灵，基于此，他抛弃了画面更具物质性的油画。油画终究是斑驳的、复杂的，需要更沉重的内心去承担，需要更毁灭性地重新建构自己。

夏回不是不能够，不是达不到，而是天性，仍然是天性，在这里，他最终选择了水墨的随心。有趣的是，在做出这种选择的时候，他的对抗仍然站在那里，那是夏回曾经对江南这个词语做出的定义：江南也可以是一种态度，就是从古至今敢于使自己被边缘化的立场。

基于此，夏回在对抗与寂寥之间的游移暂时有了答案。但很显然，这并不

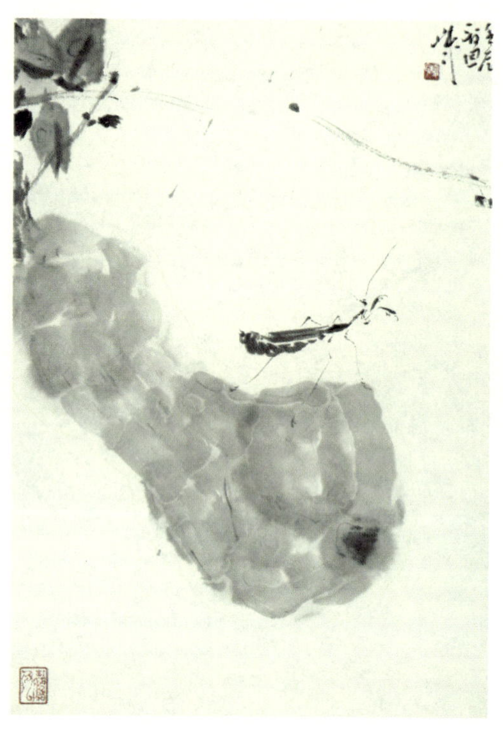

是最终的答案。夏回仍然不断在其间游移，在他笔下成为墨色、水意，成为空白以及细若游丝的线与线的连接。

在水墨的黑白空间里，世界仍然一片混沌，具有万种可能。

（三）

夏回说过这样一句话，我深以为然——可以一眼看穿你的生活，我在说笔和墨。

所以我认为夏回是一位极具生命感的画家。尤其在优雅的南方，这是极为可贵的品质。在南方画家中，夏回多少有点异数的感觉，这是好事。为什么会出现这样一位极具个人特点的画家，如果深思，会对整个生态产生触动。我们经常习惯于一些没有上下文的事情，一个人、一件事孤零零地悬空于此，这是惰性所至，然而于艺术家未必不是好事。

然而，只是有一点是我极感兴趣、也是想同时提醒夏回的：在现世和虚空、对抗和寂寥之间，是否仅仅用夏回所说“水墨需要等待和长远”就能圆满解决？凡是充满活力的东西都是令人不

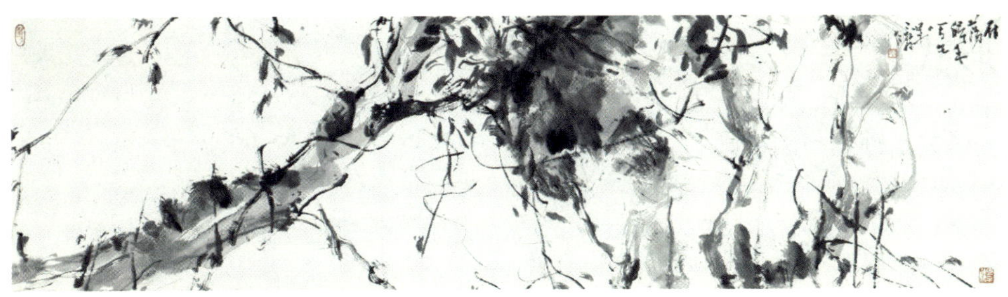

安的——也是不完美的。这就是生命的质地。而夏回是否在用“等待和长远”来希冀完美?

一位诗人说过这样的话:可以写无产阶级的诗,写地主阶级的诗,也可以写资产阶级的诗,但是不能写小资产阶级的诗。

我想,夏回应该能完全懂得其中的意义。

2014年4月

形式之美

——关于孙宽与园林画

朱文颖

孙宽的画和人一样，都极雅。

如同一个小小创世纪，在画面上，孙宽保留了让这个南方世界维持平衡与优美的所有元素。石几上一瓶古艳的梅花，梅花插在古铜瓶里，瓶上点点锈绿；竹叶是静止的，芭蕉也不用来听雨——急雨带来凄凉的心境，会打破云淡风轻的平衡。

为了创造的这个庭院世界没有任何漏洞，孙宽也排斥人。这个庭院以及庭院的角落是空置的，是来自某个偷窥者的视角。我在其中看到过一只驻足的仙鹤，站在水波之上的石板桥上。它未必在看，并且奇怪地和孙宽的那个世界保持着一定的距离。

孙宽绝不允许俗物出现在他的画面里。

我想象过，可能出现其中的三两个人物。

《浮生六记》里的芸娘和她的丈夫。

芸娘喜欢用麻油加些白糖拌卤腐，还喜欢用卤瓜捣烂拌卤腐——芸，以及她的丈夫，“他们追求美，追求恬淡与自适的生活”。两位平常的雅人，在世上没有特殊的建树，他们与世无争。

孙宽的园林世界适合芸娘夫妇早年居住——他们后来多少是悲剧的，虽然

悲剧来自一个仍有美感的原因——爱美的天性与现实之间的冲突。但在孙宽的画里，不允许悲剧的发生。

还有一个人是张爱玲。

张爱玲有这样一首诗：

曲折的流年，
深深的庭院，
空房里晒着太阳，
已经成为古代的太阳了。
我要一直跑进去，大喊：
“我在这儿！我在这儿呀！”

她一直在喊，但是，没人应她。

这首诗出现在胡兰成谈《张爱玲与左派》的文章里，大概是张爱玲当年写给胡的情诗。但在张的文集里并未收入。这是一首荒凉的诗，我并不认为荒凉这个底色与孙宽的世界有过于直接的关系，但在孙宽的某些画里，一个细节偷偷出卖了孙宽园林世界的另一个层面。

孙宽有一部分画用或浓或淡的金色打底，不再是那么人淡如菊，略有些恣肆澎湃，仿佛紧接着会有戏剧性情节或者沧桑故事发生。瓷瓶碎落一地，一双泪眼隐藏在竹帘后面，“只要想起一生中后悔的事，梅花便落满了南山”……

但是且慢，在危险与安稳的平衡点上，孙宽伸出一双手，止住了那个转折点。

只有那些闪烁的金色不动声色地出卖了他。它们慢慢淡下来，再淡下来，渐渐隐灭。有一小朵白色梅花落了下来，掉在深色桌面上，构成更加平衡完整的一个画面。

孙宽的画里没有破绽，当破绽即将出现或者可能出现的时候，孙宽及时把它消解成不着墨迹的优雅。它甚至有着极为深厚的出处：在历史上和天性中，中国本来就是个诗性的国度，人们在薄雾满天中恍恍惚惚地生活着，注重美感，又安于天命。人生就如同“夏日之夜，有如苦竹，竹细节密，顷刻之间，随即天明”，对于人生，中国的古人不以救赎化解，而是终生无止的绵绵咏叹、沉思与默念。

我总觉得，孙宽的画里有一种隐隐的克制，甚至仿佛一个长者，隐在画面背后，知道所有的戏剧高潮都是盲目的，临到终了，终究会发现命运早已为他安排了下场。

孙宽的画里用天性的善和东方的智慧筑成围墙，抵达一个命运无法插手的地方。

有时候我还是忍不住会想象，孙宽笔下的庭院产生一些奇异的变化。酷热至产生幻觉的夏日午后；一声惊雷与斜天而过的闪电，顷刻改变了和顺平婉的园景；一场沉甸甸的大雪令一切踪迹难觅……

但同时我又想到了现代建筑大师路易·康的一句话。他说：“把建筑的出现视为人性的表达，是极为重要的，因为我们活着是为了表达。”——是呵，那些亭榭假山，那些被长廊花窗分隔的空间，那些四季应时的花草树木……它

们，跌宕起伏，被安置在一个无比和谐的空间里，究竟想要表达什么？

路易·康认为建筑是可度量的物质和不可度量的结合。他用“静谧”代表不可度量的事物，而用“光明”代表可度量的事物。路易·康认为建筑存在于静谧与光明之间的门槛处。他认为伟大的建筑开始于对不可度量的领悟，然后把可度量的当做工具去建造它，当建筑物完成，它带领我们回到当初对不可度量的领悟中……

那么孙宽笔下的南方园林世界，最终目的就是带领我们回到最最原初的东方虚境。一切终究要回去，孙宽直截了当呈现了我们梦里的图境。在有意识或者无意识中，那个偷窥的眼光其实来自我们古老的历史，我们每个人都在复杂的中国境遇中呼喊——

还是回到张爱玲的那首诗：

曲折的流年，
深深的庭院，
空房里晒着太阳，
已经成为古代的太阳了。
我要一直跑进去，大喊：
“我在这儿！我在这儿呀！”

这个意境，在孙宽的画里表现出来的，是阳光透过繁复的南方建筑洒入庭院、回廊，温厚但不焦灼，宁静却无荒凉。

万事万物都在应他。

2014 年 4 月

娓娓道来的南方

——关于陈如冬的一种猜想

朱文颖

陈如冬笔下的动物常常是孤独的。这倒并不是指他们的数量，甚至暂时性的精神状态,它指向一个更本质的所在。它们像是出家之人、隐士，知道在这个世界上，根本意义上的生活只要有九样东西就可以了：

一件夏天穿的衣服、一件冬天穿的衣服、一双鞋子、一个讨饭的碗、一顶蚊帐、一本祈祷书、一把雨伞、一个睡觉的垫子、一副眼镜（如果需要）。

这些动物们带足了所有的器物，游荡在仙乡和云山之中。我一度认为，虎类在其中的出现是一个美丽的误会，与这个场景相契合的动物应该是鹿、马，以及偶尔几只带有睡意、造型略有变异的猴子。

这些动物大都很安静，取消了运动的造型，马不奔跑，鸟不飞翔。画面是

稳定和平衡的,甚至感觉不到风的存在。天蓝到没有一丝云，但有大量的雾，这种不同于霾的物质，它的出现只是为了让现实在画面中退避得更远。陈如冬不喜欢粗砺的现实，在潜意识里，他用自己的方式，取消所有令他不安的东西。

基于此，我认为，在陈如冬最好的动物画里，动物其实也是被取消的。在陈如冬创造的这个古典世界残存，或许永不能重现的梦境里，鹿、马以及即将睡去的猴子，和一棵树、一片山林其实并没有太大的区别。它们本身就是中国山水画的一部分。

你很难看到陈如冬笔下那些动物的眼神。它们一般望向远方，或许低头遍嗅芳草。它们的意志力被唯美的画面隐藏起来。因为灵魂一旦滋生，画面的动感会被外力打破。就像陈如冬说的：“我喜欢坐在这里，一杯茶，两只鸟笼，窗外海棠，微风轻拂其间。”陈如冬画里的微风，只为增添画面的质感与肌理。是涟漪，很快合拢，但世界已于悄然之间改变。陈如冬喜欢把灵魂隐藏在均速分布的画面上。无悲无喜，至多有些稍稍的凄美，陈如冬凭借天性以及构图的直觉，直接指向中国绘画的最高境界——“道法自然”之大雅。

“雅”，可以说是中国古典艺术的上帝。雅即诗意。诗意是东方世界里不可言说的一部分——有时候，我执意希望陈如冬能够言说，能够赋予他的画以另一种富有质感的意义。

他常常显得有点茫然，“就是这样，我喜欢慢慢地画，也没有什么刻意的想法，一个人，线条和色彩慢慢地生长出来……”坚硬的观念，于他，相当勉为

其难。

但我因此也有所顿悟：这个世界上，很多东西其实是天生的。原来就在那里，按照它本身的模样与心境。上世纪50年代的李可染、傅抱石，都曾经在欧洲画过风景，用的是中国的传统水墨形式。然而，画出来以后，总觉得什么地方不太对，怎么样都不太对。这件事情后来被用来作为一种佐证：水墨画的题材，其实绝大部分古人都已经界定好，不是拿起毛笔、宣纸，什么都可以画。材料与画面内容所传达的特定感受，它们之间有着极为微妙的关系——这里说的是画面与材料的天性，至于画家，他画什么，终究能画什么，落到俗处，其实也是根据画家的灵魂质地决定的。

人，必须跟随自己的天性走，尤其是艺术家。所以，陈如冬其实做了一件非常正确的事情：把自己的灵魂隐藏在均速分布的画面上。

中国古代有四个字极其准确地概括了这种宿命：顺天承命。

20世纪的中国艺术家面临着一种尴尬，在油画、刮刀、调色盘以及新观念一起进入中国以后，“雅”和“诗意”同时陷入了一种尴尬。西方的表现主义最终的抵达之处是“观念”，就像展览馆其实是教堂后面的一处延伸物——而传统中国的艺术世界是在家的，“小桌呼朋三面坐，留将一面与梅花”，就是人与天地最细小也最宏大的相处方式了。从这个意义上来说，传统的中国山水画很早就到达了一个极致。突破甚至是相当困难的，因为终究有着违逆本性的嫌疑。

我注意到，这几年陈如冬的画风也有细微的变化，他确实在变，强化了空间和墨团,但仍然不是那么夸张而恣肆。还有更重要而微妙的一点，在画面里，那些曾经密集出现的动物，渐渐小了，在数量与感情上,它们变得越来越孤独。

有时候我想，陈如冬或许也有某种变化的焦虑，希望跟上这个不可琢磨的时代。但有一句话真的是异常准确：世界是圆的，而不是一条无休无止的直线。如果你总是前进，你最后会来到出发的地方；如果你后退，你会遇到那些前进的人们……就像每个人终将迎接不同的命运，画，可以去震撼，去破坏，也可以在里面安心地过日子，慢慢地说出一个同样独一无二的故事。

我一直记得这样一首诗，《只有大海苍茫如幕》：

春天中我们在渤海上
说着诗 往事和其中的含意
云向北去 船往南开
有一条出现于落日的左侧
谁指了一下
转身去看时
只有大海满面黄昏
苍茫如幕

或许，这就是中国山水画终极的意义。人在山水间，人在天地中。人的意义可能是巨大的，可能是渺小的，但最终是没有的。

2014年4月

在江南：作家与艺术家的一次携手

——朱文颖、徐惠泉访谈录

朱文颖

中国“70后”代表作家之一，现居苏州，其作品被中国评论界誉为“江南那古老、绚烂、精致、纤细的文化气脉在她身上获得了新的延展”。

徐惠泉

1961年出生，江苏省苏州市人。中国美术家协会会员，中国画学会理事，中国工笔画学会常务理事，江苏省美术家协会副主席，江苏省中国画学会副会长，苏州市文联副主席，国家一级美术师。作品入选首届全国中国画展，全国工笔画展，第八届、十一届全国美展等重要展览。曾获第二届“枫叶奖”多伦多国际水墨画创作大赛金奖，第四届全国工笔画展铜奖等。先后在北京、南京、台湾、香港、加拿大多伦多、美国纽约、日本东京、泰国曼谷等地举办展览。代表作品收入《中国当代美术全集》、《中国现代人物画全集》、《中国工笔画全集》等。

艺术是相通的，文学的经验和视野一定可以带入更为宽广的艺术领域

记者：朱文颖好！你这个美女作家一不留神就是一个华丽转身，如今做起一个大平台的策划人了。这一次隆重推出苏州的“五虎上将”，赴金陵亮相，是为我们苏州的美术界做了一件大好事。还是先说说你本人吧？

朱文颖：谢谢。其实也算不上是什么转身吧。平常，我就有一些画家朋友，他们的一些重要展出，有空的话我都会到场的。而讲到作家策展，其实在国内已经不算是新闻。做得比较成功的，就我所知，至少有诗人朱朱和小说家夏季风。他们都是我熟悉的朋友。朱朱在诗歌界享有盛名，后来参与策划展览，或许是出于诗人的气质，朱朱策划的展览总是有意无意地透出对现实敏锐的视角和宽广的文人情怀，2011 年被评选为“年度成长策展人”。夏季风原来是先锋作家和诗人，2006 年后开始涉足当代艺术评论，并以所经历和熟知的文学思潮来观照当代艺术的流变，介入并致力于推动中国当代艺术的发展，他同时具有较强的国际策展能力和经验。与他们相比，我完全是个新人和试水者，但至少，他们给了我一个启示：艺术是相通的，文学的经验和视野一定可以带入更为宽广的艺术领域。将来，如果在我的个人介绍中，在“作家”后面可以再添上“策展人”和“艺术评论家”，我会觉得，这是对我作家身份的补充和扩展，而不是削减。西方有很多大导演本身就是极棒的作家，或者剧作家，他们的知识结构和呈现能力是庞杂的，在各个面和点上互相补充和激发。在这次为“在江南——苏州画家五人展”做的前期准备和五篇画评的创作中，我补充了一些艺术史论的知识，这种阅读和思考肯定会继续延续下去，我相信，这会渐渐增强作为一个策展人的专业知识，也是对一个作家综合能力以及艺术素养的补充。同时，我还要感谢江苏省文化艺术发展基金会给了我这个平台，我相信，这出自于对“作家策展”理念的相同理解，以及一个文化机构的包容情怀。

记者：是的，你与绘画艺术渊源深厚，人也热心快肠，艺术感觉机敏，能做出一番大作为也未可知。

朱文颖：其实早在 2002 年，在苏州盛极一时的“格多美术馆”中，我就

担任过“艺术总监”一职，其间认识了很多全国知名的艺术家和画家朋友。这段经历甚至在我的小说创作中也有体现，比如我的小说《良宵》就是写的“格多美术馆”一次展览前后发生的真实故事；而中篇小说《万历年间的无梁殿》，其中出现的“堕落时代”画廊，其原型就是当年的“格多美术馆”。

一条介于专业和艺术感觉之间的路径

记者：这在我们苏州也许可算着是有光荣传统的吧，早年的《满意不满意》虚构了一个观前街的得月楼，结果外地游客来到苏州，满世界找得月楼酒店，成了一些文艺理论家的“意境化为历史”的成功案例，高校的写作课都是要讲的。即，艺术不但来源于生活，同时，艺术还会反作用于生活。后来，不但建起了得月楼菜馆，还干脆又来了一部电影《小小得月楼》。期待你的策展和创作双丰收。谈谈本次的“在江南——苏州画家五人展”吧，怎么“首演”就抓这个题材？

朱文颖：我是苏州人，自然对这方土地和和人文情有独钟。“江南”一直是中国地域与文化的一个寓言，在今天这个飞速发展变动的时代，它更加具有独特的意义。我甚至想把“在江南”做成一个连续的品牌。这是我第一次策展，同时带给我非常愉快和难忘的经历。这五位画家都有各自非常鲜明的特点，与此同时，他们对于“作家策展”都极感兴趣，希望这次展览能做出“作家策展”的特点。这就给了我很大的空间，当然，其中也包含着压力。关于展览细节和画评创作，我们进行了很多次沟通，观念和思想的碰撞是有趣并且极有意义的。还是要感谢我多年的文学积累和准备，这让我并不太困难就进入了他们创作的本体，并且试图找到诠释它们的独特方式。专业的画评家、艺评家往往从学术术语出发，这是专业的、可推敲的，但多年的文学训练告诉我，艺术的本质在于突然间的“直指人心”，我希望找到一条中间路径来对于他们的画作进行阅读和解释。也就是说，一条介于专业和艺术感觉之间的路径。这种跨界的体验是美妙的，因为我并不是真正的专业人士，但陌生的阅读或许带来新鲜的感受，当画家们告诉我，在某一点上我看到了他们自己也没想到的东西时，我觉得一切的辛苦都是值得的。

画家徐惠泉有很多作家朋友，去年我们苏州作家协会召开“苏州作家研讨会”时，我注意到他旁听了整整一天。这让我印象深刻。徐惠泉成名很早，影响也大，但他一直在思考如何突破，如何向其他艺术门类汲取养分，这是不简单的，我特别看重这种渴求突破的状态，因为我知道，在艺术中，这是一切新的可能性的开始。在艺术和个人气质上，陈如冬和孙宽有相近的东西，在一个综合状态上，他们和南方的本体贴得很近，但和这个巨变并时常要求“爆破”的时代又有点隔。有时，我会隐约感觉到他们的犹疑。但我的看法是明确的：人，必须跟随自己的天性走，尤其是艺术家，艺术家绝对不能做与自己天性相背的事情。保持“雅”和“诗意”，保持一个温和的、隐隐有些忧伤的我们骨子里的南方，他们能做到极致并留下独特的文化意义。而画家陈危冰的创作题材恰好是近年来文学界的热点之一，中国高速的疯狂的城市化，我们每个人身后都站着一个“回不去的故乡”。画家夏回前不久刚与其老师吴冠南在苏州美术馆办了联展，在江南画家中，夏回多少有点异数的感觉，这是好事，可以作为个案深入研究，因为为什么会出现这样一位极具个人特点的画家，如果深思，会对整个生态产生触动。夏回有一个观点：重要的是世界观，而不是方法论。但技巧到底重要不重要？这恰恰是一个近年来我一直在思考的小说创作上的问题。每个人得出的答案可能会不同，但这种思考的碰撞是重要的。

记者：人的精力是有限的，朋友们的担心，其实是舍不得你太累了，更怕多出一个策划人而就此少了一个美女作家。

朱文颖：我完全不觉得这会影响到我的写作，甚至，我认为这件事本身带动了我的写作状态。它让我思维更加活跃，视野更为宽广。这对于一个搞创作的人来说，比什么都要重要。当然，对同样的一件事情，每个人肯定会有不同的看法，这很正常，每种看法都来自独特的生命体验，都值得尊重。把自己的想法和愿望强加于人是无礼的。然而艺术是自我的，必须绝对自我，艺术的本质是碰知音，而不是拉赞助。

上月的《作家》杂志刚发表了我的最新小说《虹》，下月山东文艺出版社将出版我的最新小说集《凝视玛丽娜》，这是一套丛书中的一本，是中国70后作家的最新集体亮相，6月在沈阳还会有一个关于这套丛书的研讨会。另外，我一直想写一篇小说，叫《雪夜，观沈周画展》，而一个新长篇也在创作准备中。

作家和艺术家的携手，形成大文化的概念，这样能使我们换个角度看我们的作品

记者：惠泉副主席好！这次的五人展，个个挑出的都是精品，就你的理解，怎么看待这次五人的合展?

徐惠泉：近年，省委宣传部特别重视推出我省中青年美术人才，重视中青年美术家的培养和发展，作为一个项目推出55岁以下的优秀美术家，当然是大文化的美术家，有画家还有其他的艺术家。专门设立了一个文化基金会，在南京有一个美术馆。这个基金会自去年下半年成立以来，做了有影响的展览和画册，但原来都是局限于南京市的美术家，现在，他们放宽眼界，要推出全省范围内的美术家，我们苏州的这次展是南京以外的第一展，可见他们对苏州的重视。关于入选人才的考虑，首先是年龄，有一个具体的指标，即中青年，同时的确优秀，还要兼顾到体制内和体制外，以及各门类的画种。这次我们苏州市推出的中国画，就考虑到了中国画不同的类型，山水的啊，花鸟的啊，人物的啊，尽可能门类齐全，经过反复的商量，艺委会推出我们合乎要求的五个画家，赴宁展览。

记者：这次画展的主题，叫“在江南”，你们都是专门新赶出来的参展作品吗?

徐惠泉：有新作，但多数不是专门赶出来的，而是平时一贯都这样在追求和探讨的。这次展览的主题也是很有意思的，“在江南”，这次的五位艺术家都不但是在江南发展的，而且本身都是江南人，土生土长的江南人，在苏州成长，在苏州发展。所以，这个主题一是有地域的概念。二是我们的艺术追求和坚守也在里面，坚守吴门画派的传承和发展，五个画家都有自己的特点，比如我自己吧，从水墨到彩墨再到墨彩的发展过程，是传承了吴门画派的沈周和文徵明、仇英等等的特点，忠实水墨的传统，当然人物画的发展进入了一个新的阶段，与传统不完全一样，反映生活，在传承中更多地吸收了当代艺术，这是我的风格。其他的几位也都是特点鲜明的，如陈危冰是从前辈沈周的画风中画

水乡、画田园的基础上加入现代元素来发展。夏回的作品有他的鲜明特点，他中间有过一段时间专门从事当代艺术，对平面的构成很喜欢，融入到水墨里，所以看他的画，比较有新意。孙宽的父亲是著名的水墨园林画家孙君良，他在父亲的基础上，我认为又有了自己独到的特点，因为他与父亲有年龄的差异和所处的时代不同，所受的教育也不同，当代的东西更多一点，同样一座园林，孙宽看来与他父亲是不一样的，这个在画中都有有趣的体现。陈如冬我认为他更多的是坚守一种吴门画派的优秀传统，他把握江南的文化气韵相当好。总之吧，我们这五个人都是有着各自不同的特点的。

记者：感觉这次的整个运作过程，与我们平时的画展相比显出了新意。

徐惠泉：新意至少有两点，一是策展方面引进新的机制。美术馆确定的策展人制度，本次的策展人朱文颖是作家，她也热爱美术，她的介入有什么好处呢？她会带动一批作家来关注，这也是本次展览的第二大新意了，作家的加盟。眼下是一个文化融合的时代。文化发展到今天，无论是文学创作还是艺术创作，在新的多媒体时代，这种融合是很重要的。她的介入，使作家和艺术家能携手，形成大文化的概念，这样能使我们换个角度看我们的作品。同时，我们的作品开幕后还会有研讨会，除了邀请画家和美术评论家，我们还会邀请作家参与，如叶兆言等。我认为引入作家的思维眼光看问题，对于整个美术的发展，对于我们画家如何在坚守传统中走出来，走上更高的发展平台，是非常有好处的。我将本次展览的信息通过微信发出去后，反应很好，他们对我们五个画家熟悉，认为这个画展肯定好看，苏州画家的共同特点是好看，同时，他们认为“在江南”这个命题好，很多本土的艺术家都到北京等更大的地方去发展，会失去不少本土有价值的东西。吴冠中老先生就说过“风筝不断线”的理论，说得非常好，它说明了传统与创新的关系，我非常同意这个观点，我们要有传统这根线拉着，就能够放得高同时又不迷失方向，有些风筝飞得太高了可能会“缺氧”的。所以，在江南的坚守和发展就显得很有价值。

本次参展的五人，夏回和陈如冬是体制外的画家，我们的原则是，不论体制内外，都应该凭作品说话。

苏州首届金圣叹文艺评论奖

颁奖座谈会发言

研究工作应该有自己的独立品格

周 良

曲艺艺术界定为一个独立的艺术门类，已经是中华人民共和国成立以后的事。苏州评话、苏州弹词作为曲种的研究，也是新中国成立以后开始的。1958 年，“大跃进”的时候，我刚接触苏州评弹不久，曾参加发起写《苏州评弹史》，要“放卫星”。那是浮夸风，根本不具备条件。当时，说到曲艺，总是上溯汉唐，不能连贯成史。苏州评弹业内，很多人说，以王周士为创始人，这是不确切的。艺术品种，是逐渐发展形成的，不可能由一个人造成。王周士已经总结艺术经验，苏州评弹已经相当成熟了。从“放卫星”失败开始，以此为训，开始重视搜集史料，花十年时间（不包括“文革”中浪费的时间）编成《苏州评弹旧闻钞》，总算有了点发言权。而后写成的《苏州评弹史话》，是不成体系的，只是有话就说，形成了后来写评弹史的若干观点，如认为苏州评话、弹词这两个曲种，逐渐形成于明末清初，苏州评弹的历史上，男女演员，一直是并存的。

到上世纪 90 年代，和一批长期从事评弹资料搜集研究工作的同志，盘点新中国成立后资料搜集研究工作的成果，经集体商讨，分工总结编写，由我总其成，写成《苏州评弹史稿》。因为对新中国成立后评弹工作的总结、估计，尚在商讨之中，所以没有充分展开，求大同。又是十年，在《史稿》的基础上，补充资料，展开研究，主要是充实对新中国成立后评弹发展的总结，批判“左”的文艺思想，以历史为鉴，总结经验教训。这就是我写的这本《苏州评话、弹词史》。

新中国成立以后的苏州评弹研究工作，虽然取得了一些成绩，但比之已经有三四百年历史，艺术积累深厚的艺术实践自身，是非常落后的。尤其在苏州评弹衰落的今天，连苏州评话、苏州弹词是两个曲种还是一个曲种都有了异议。虽然，苏州评话、弹词都形成于苏州，用苏州方言，但是否应该称苏州评话、苏州弹词、苏州评弹，也有了异议。可见物质功利对研究工作的制约作用，大矣哉！

研究工作应该有自己的独立品格，才能体现学术自由。研究工作者，要建立正确的功利观，才能提高学术水平。

苏州评话、苏州弹词都有自己的“质的规定性”（陈云同志的话，见《陈云同志关于评弹的谈话和通信》，下同），有自己的艺术特征和规律。“评弹要像评弹”，要让评弹按自身的特征和规律发展，才能保护、发展评弹。因发展中，一些不符合要求的倾向，研究者得出苏州评弹是“戏剧”的结论，那就在助长评弹的异化。

评弹的领导部门，要按艺术的特征和规律办事。

领奖随感

顾鹤冲

写文艺评论，对于我来说是纯业余之事。有时看到大家讨论某个问题，自己有不同的想法，非讲出来不能舒心，便写成了文字。无意于任何功利，只是有感而发罢了。

受潘天寿先生影响，我喜爱指画。在苦练的同时，对指画的发展历史、独特的技法及美学价值、历代指画大家的风格特点、指画在当代的发展作一番深入的研究。写下数万字的文章，被一些报刊转载刊用。而作这些研究，本意只是为了提高自己的绘画水平。

现在的美术家们大多对理论不感兴趣，书画进入了市场，大家忙于作画，更没有时间去做点研究工作。要知道，弘扬与发展中国传统绘画，若对它的历史与特点没有很深刻的理解，一切都只能是空话！

祝“金圣叹文艺评论奖”越办越红火

朱全福

由苏州市文联和苏州市文艺评论家协会主办的首届金圣叹文艺评论奖的评奖活动已圆满地落下了帷幕，本人荣幸地获得了一等奖（文学），这是专家和评委对我的厚爱、激励和鞭策。2014年1月13日下午，我应邀出席了在市文联文采园举办的首届“金圣叹奖”的颁奖座谈会。会场上群贤毕至，少长咸集，大家畅所欲言，畅谈了各自从事文艺评论的体会和感想，对我有很大的启发和感悟。

首先，通过本次评奖让我看到了一个可喜的现象，这就是苏州的文艺评论拥有一支高素质的人才队伍，且年龄结构合理，星火传承相望。他们中有年逾古稀的长者，孜孜以求，笔耕不辍；有继往开来的中年人，奋勇开拓，锐意进取；有充满朝气的新生代，奋发有为，思想敏锐。这是促进苏州文艺评论繁荣和可持续发展的基础和保障。本次评奖还体现出苏州的文艺评论百花齐放的良好局面，这从获奖的层面就能一目了然地察觉。本次获奖的范围涵盖了曲艺、美术、书法、戏剧、文学、影视、舞蹈等各类评论，可以说门类齐全，几乎涵盖了文艺评论的所有方面，这也从一个侧面说明文学艺术是相通的，各个艺术门类既有特殊性，又有共通性，可以相互借鉴，取长补短，触类旁通。

其次，从我本人的研究体会来说，苏州历来就是人才荟萃之地，尤其在明清时代苏州经济繁荣，文化昌盛，引领着当时的时代风气。弘治、正德年间江南才士以“吴中四才子”中的祝允明、唐寅、文徵明、徐祯卿为代表，掀起了一股个性解放的思潮，对此后全国范围的个性解放思潮的兴起和澎湃起到了引领风气之先的作用。冯梦龙更是明代通俗小说及通俗文艺的杰出作家及倡导者，他对小说、戏曲、民歌、笑话等通俗文学的创作、搜集、整理、编辑，为我国古代文学的发展作出了卓越的贡献。他编撰的“三言”即《喻世明言》、《警世通言》、《醒世恒言》，与凌濛初的《初刻拍案惊奇》、《二刻拍案惊奇》合称“三言二拍”，是中国古代白话短篇小说最高艺术成就的代表。评论界虽然对“吴中四才子”、冯梦龙作了大量的研究，但系统性和整体性的评论还有待加强，尤其是对他们在文学理论、文艺思想方面的研究还没有给予深入细致的梳理和总结，这与他们在中国文艺史的地位是不相称的。我希望相关部分成立专门的研究会，集中各方面力量，做好对他们的研究工作，拿出高质量的研究成果，比如撰写《冯梦龙评传》、《吴中四才子评传》等，促进苏州的文艺评论上一个更高的台阶，迎来更加繁荣的局面。

最后，祝“金圣叹文艺评论奖”越办越红火，越办越兴旺。

我的姑苏学者梦

——“金圣叹杯”文艺评论奖感言

秋　石

文学评论集《我为鲁迅茅盾辩护》获得了苏州市首届“金圣叹杯”文艺评论奖，另一部作品，历时十年反复考证、撰写的长篇纪实《呼兰河的女儿——献给百年萧红》，同时获得苏州市首届“叶圣陶杯”文学奖。作为自幼在苏州古城长大，最终又回到这片灵秀之地的我，心中自是感慨多多。

记忆并非都是渐行渐远的。

遥忆 54 年前，1960 年的阳春三月，我在新民桥小学学习的最后一个学期，某一日的语文课上，老师向我们展示了一帧鲁迅身着一袭长袍悠闲自得坐在荒草丛中水泥大坟包上的照片，说道：这是我们中国首屈一指的大文豪……于是，我有感而发地写了篇题为《鲁迅不怕鬼，我也不怕鬼》的不足千字的文章，并立下誓愿，一个狂妄至极的誓愿：长大后当一名作家，鲁迅式的！之后的三年（实乃两年半，初一上学期因病辍学）在桃花坞的市四中上初中，作文屡屡被教语文的沈文风老师拿来作范文。但三年后我却阴错阳错地上了化工中专，更不曾想“文革”中会因文罹祸被迫赴遥远的北大荒……然而，祸兮福所倚！1979年8月17日，在风景如画、丁香弥漫的哈尔滨，我以一种突兀的、不打不相识的方式，与鲁迅学生、毛泽东铮友、老作家萧军结成忘年交，继而又与另一鲁迅学生、翻译家、编辑家黄源先生，以及其他30余位左翼文艺前辈、延安文艺战士相交相叙。至1993年初夏回归姑苏大地后，才真正地、全身心地上走了从文进而从事鲁迅研究的学术道路。及至最终，已拥有在包括《求是》杂志、《人民日报》、《中国作家》与作家出版社等省级以上报刊（出版社）发表（出版）近500万字的作品（多以鲁迅研究、左翼文学研究为主），圆了54年前的姑苏儿时，以及一介草根历经35载的拼博实现的作家梦、学者梦……

聊以自豪的是，获得苏州市首届“金圣叹杯”文艺评论奖与首届“叶圣陶怀”文学奖，均与鲁迅有关（萧红是鲁迅生前甚为器重、钟爱的女弟子，也是我的师母）。无疑，这是一个良好的开端，一个新的里程碑：及至今年1—2月，我已在复旦大学史料学刊、广东省文化批评杂志《粤海风》等发表了8万余字作品，预计全年将有30万字以上相关鲁迅、左翼文学研究的作品发表与结集出版。

金圣叹的“死”与金圣叹的“生”

——有感于苏州文联的“金圣叹”奖

王不宁

350多年前，金圣叹为独立人格而死。

我曾经不止一次地说：文人应该具有独立的人格和思想。一个开明和进步的时代，应该为文人提供保持这种独立的空间和土壤。

350多年后的今天，我们重新翻出这个名字，不仅仅因为他是苏州人，更重要的，他代表了脊梁和傲骨。

在犬儒横行的当今，怀念这个名字的同时，我们其实是在追悼，也是在呼唤一种精神。不仅仅是为民请命，而且也是为天下的“书生”树立起一种做人的格范。

在此意义上，金圣叹是钙，治疗的是这个时代的“软骨症”。

……

350多年后，金圣叹为独立人格复生。

加强苏州本土文学艺术批评的力量

曾一果

这次参加苏州市金圣叹文艺评论奖，我很荣幸获得了二等奖，特别感谢组委会和评委会。参加颁奖典礼时，也听了不少获奖者的感言，大家都觉得这个奖项的设立蛮好，对苏州文学艺术的发展具有重要作用。苏州文学艺术自古发达，舞文弄墨的人很多，这里又是昆曲、评弹之乡，可以说是文化繁荣昌盛之地。但是，苏州文学艺术虽然十分发达，文艺评论的队伍，特别是针对苏州本土文艺的评论队伍其实还不是很强。这就需要进一步加强苏州本土文学艺术批评的力量，我个人有如下几点不成熟的看法：

第一，我觉得应该加强对各种艺术种类中青年评论家的培养。苏州文艺门类众多，有文学、绘画、书法、音乐、昆曲、评弹、舞蹈、摄影等不同艺术种类。在这些艺术种类中，都涌现了不少代表性的人物，但是相应的评论队伍却是缺乏的，特别是在绘画、书法、音乐、摄影、评弹和昆曲等方面，缺乏出色的评论家，对一些代表人物作品进行深入解读、评论和阐释。

第二，我觉得应该通过文化沙龙、小型学术研讨和专题讲座等形式，对一些艺术门类开展多种形式的学术讨论，也可以将不同类型的评论家聚集在一起，共同讨论某一种艺术现象。例如开辟一个专门的公共空间，定期或者不定期地举办一些研讨活动，可以增进评论家和艺术家们之间的相互了解，也可以通过对话、讨论碰撞出一些火花。

第三，加强文艺评论家学会与高等院校、政府部门以及报纸媒体之间的互动，可以借助学校、政府和媒体的力量，加强对苏州本土文艺的评论和宣传。

与人为善讲真话

陈 铭

我从事美术评论，以国画、书法为主，侧重当今书画艺术。这次获奖的《时代呼唤写意精神》，批评第十一届全国美展中国画展中相当一批作品表露出的制作倾向。一些画家为了入选全国美展，争取获奖，不惜功夫地慢勾细染，磨以时日，绘一幅画要耗时数月，已成了公开的秘密。批评这种现象，呼唤中国画的写意精神，不乏现实针对性。将评论定位于当下书画，决不可忽视对古代书画的研究。多年来，我先后撰写了对魏晋时期顾恺之《洛神赋图》、宋代张择端《清明上河图》、明代文徵明《浒溪草堂图》等古代大师经典之作的解读文稿 60 余篇，深感颇有裨益。

眼下美术评论很难出真正的评论家，将评论与名利挂钩是重要原因。有些评论名家为画册写篇短序，收取的辛苦费让人咋舌。收了不菲的钱，当然尽讲好话，甚至任意拔高，他的心里是否这样想，只有他自己知道。我觉得批评家应该做到两点，堪称两个基本点：首先必须认真读书，并持之以恒。不但要读专业书，还要读相关的书，开阔思路，拓宽视野，提高思想境界和学识水平，紧跟时代步伐。同时，树立正确的价值观，真诚面对被评对象，与人为善讲真话。凡是指出不足并加以分析，即使对方一时接受不了，只要批在点子上，评得有道理，日久可见人心矣。

少浮躁　多探索　轻名利　重学养

陈道义

苏州自古文盛，尤其是明清以来及现当代在文学、书画篆刻等艺术方面所取得的显著成就，皆值得大书一笔。然而，如何认识这些成就，继而深刻挖掘其潜在的正能量，当为文艺评论工作者之重任和职责。这次市文联设立、市文艺评论家协会具体实施举办的首届“金圣叹奖”，给地方文艺界带来一股劲吹之风，也是鼓励广大文艺工作者高度文化自觉的号角，它有利于推进苏州文艺的创新和繁荣，对进一步加强苏州文艺评论队伍和阵地的建设、弘扬苏州优秀传统文化都有一定的引领作用。我本人作为“二等奖”获得者之一，确实深受鼓舞。特别是参加了颁奖座谈会，听取了老中青代表即兴发言后，我内心深处颇有触动，感觉文艺评论不仅仅是写一篇文章而已，而且要有一种责任感，要树立正确的审美观和崇高的文化品位，要少浮躁，多探索；要轻名利，重学养；关键要敢于讲真话，理性分析当下部分趋于“大众化”的文艺思潮和文艺现象，这样才能使作品有说服力、影响力和公信力。

苏州文艺素以尚雅求精而著称。下一届的“金圣叹奖”在征稿和评奖后续工作的信息传播等方面可以更广泛一些；其次，评委对部分具有代表性的获奖论著可写一二百字的评语，以便锦上添花。当然，苏州广大文艺工作者在“评奖”的乐土上能有一个宽松的、纯净而优雅的、又有激励机制的文艺生态环境是最为重要的，这也是大家共同努力的方向。

伊人如月水一方

许钰民

吴地乐舞，浸染着吴地优质文化所孕育出的充满诗性般唯美的审美意趣，数千年历史风云的变化和经济、文化的变异，都抹不去它吴地独领风骚的文化特质、艺术品格和审美个性。吴地乐舞如同它的文化一样，曾在中国历史文化中，绽放出绚丽夺目的风采。拙文《〈白纻舞〉与吴文化之考论》就是撷取了吴文化成型期的魏晋时代所盛行的吴舞——《白纻舞》，从舞材、舞容、吴语等元素加以考证，从文化学、民俗学和语言学的角度，确证其为魏晋时代吴地乐舞中，一枝独秀地从民俗舞演变为宫廷乐舞的精品，才有后人称为北有“霓裳”，南有“白纻”的美誉。

生于吴地这块“温润如玉”之土的我是幸运的，因为以水的灵性、飘逸风骨和纤巧精妙的审美思趣所铸就的吴地诗性文化，一直为历代文坛名宿所推崇，以至于这种诗性文化的追寻也成为吴地文化精神的重要内核。我又庆幸于母校北京舞蹈学院的培养。这一舞蹈最高学府，使我对中国舞蹈有着系统而全面的了解，才有我今天回望故土吴地乐舞独特研究的视角。然而，我更庆幸于今日的时代对文化大繁荣、大发展的全力倾注和高度关注，才有我拙文获奖的平台。

《白纻舞》的研究只是吴地乐舞研究的开端，在悠悠吴文化的绵延之河中，吴地乐舞历来都不是讳莫如深的话题，它与诗歌、绘画、吴曲并举，成为其彰显吴文化精神的审美睹物。春秋——吴文化的成型期，便有了吴宫“响屧廊”西施的“屐舞”。魏晋——吴文化的发展期，一支《白纻舞》从吴地泥土中生发（此舞的伴词是用吴方言诵唱的），惊艳西晋宫殿，风靡大江南北，以至于在中国文坛上产生出一种对诗外情景描述的专门格式——《白纻词》，这一流芳五六百年的吴舞就其舞材——纻麻，舞容——长袖，舞态——“纤腰女羽女羽不胜衣”（三道弯），奠定了江南舞蹈的审美基调。明清——吴文化的定型期，元宋民俗乐舞的滥觞，明清民俗乐舞的繁荣发展。从这几个吴乐舞发展的历史节点，更可形成对吴地乐舞全个历史概貌的了解和观照。我很庆幸通过本次论文获奖，对吴地乐舞的研究起着推动效应，增强我对吴地乐舞全方位研究的信心和动力。

重构自我认知的文字世界

胡笑梅

百闻不如一见，在座各位，不论是思想境界、学术修养，还是文字功底，都是我仰慕已久的老师和前辈。

当初申报该奖项时，完全出于一种“初生牛犊不怕虎”的心态，如今获奖，环顾左右，内心却惶惶然。一方面是满怀的感动、感慨和感谢，因为我自知才疏学浅，道行不深，但是苏州市文联、苏州市文艺评论家协会却对像我这样有着文学梦想的青年人，给予充分的鼓励和肯定；一方面比起各位老师对于文学艺术数十年如一日的刻苦钻研和勤奋坚持，我很汗颜，因为对于文学评论，我只是初学者，虽然 2012 年出版了一本文学评论集《楼梯上的三重奏》，2013 年出版了一本诗歌评论集《梅花怒放的盛宴》，那是我前几年阅读和思考的小结，收录作品的作者也大多是南北文坛崭露头角，或者是还没有很大名气的青年才俊。但我坚信凭着他们的才情和聪颖，锲而不舍，永不言弃，离成功之门就会更近一步，而我也会因有这样的文友、因为评论过他们的作品而自豪。在我看来，文学评论界普遍存在这样的现象，人们习惯于聚焦大家名家，事无巨细地挖掘、研究，评论他们的作品铺天盖地、俯拾皆是，很少有人关注一些“小”作家。其实我想，每一个大家名家，出道之前都是无名小卒，所以，我呼吁今后文学评论者可以多给一些“新锐”作家一点关注和推介，让文学天地里真正能够百花齐放，毕竟一枝独秀不是春啊。

当然，人同此心，心同此理，我也希望，有更多的前辈和老师可以指导、批评我的文学评论，让我可以在文学评论的路途中，少走弯路，更快地成长、成熟起来。近两年，随着阅读的深入，我越读越紧张，越写越害怕，越写越茫然，长远来看，我不知道自己选择的评论对象、评论视角、评论路径是否有意义有价值，我期待方家的批评斧正。今天这样一个午后，当我仔细聆听并幸运分享诸位前辈关于文学评论的故事和经历，我突然有了一种醍醐灌顶、豁然开朗的明晰，我明白自己下阶段学习、阅读和文学评论的奋斗目标—— 夯实理论根基，系统文学阅读，关注文学思潮，创新语言风格。好读书、多读书、读好书，公正、客观、中肯、科学地批评，绝不毫无原则地“捧杀”，也绝不随心所欲地“棒杀”，充分发挥文学评论的价值和作用，努力以独到的文学评论推动文学创作的繁荣，以新颖的文学创作促进文学评论的昌盛。

在繁忙的教学之余，读书、思考、评论，是我无比享受并乐此不疲的生活状态。我之所以热爱阅读，“不是为了发难或反驳，也不是为了相信和视为理所当然，也不是为了找话说和交谈，而是为了掂量和考虑”（培根），切磋和提高；我之所以喜欢评论，因为通过每一次的文学审美，可以重构自我认知的文字世界，不断完善自我，提升灵魂。记得塔尔丰拉比说过：“你不一定非要完成工作，但你也不能随心所欲停止。”我想，只有把文学评论作为一生的事业，才能在这条路上走得更稳妥、更久远。

文学时空

秦瘦鸥与《秋海棠》

范伯群

秦瘦鸥（1908—1993），江苏嘉定（今上海市）人，原名秦浩，秦瘦鸥是他的笔名，上海商科大学毕业。他初上文坛时，以翻译而得名。1933年，他翻译了德龄的《御香缥缈录》。他在1983年回忆道："在猎奇心理的驱使下，我即着手翻译，并通过文坛前辈周瘦鹃先生的推荐，于1934年4月中旬起，在当时上海《申报》的《春秋》副刊逐日连载。"[1]当时的《申报》是国内数一数二的大报，要在《申报》上连载小说，非要是名作家的著译不可，而秦瘦鸥的文名在当时还达不到这样一个档次，因此周瘦鹃作为《春秋》副刊的主笔，大力推荐是起了较为关键作用的，再加上《申报》总主笔陈景韩（冷血）也读过了秦瘦鸥的部分译稿，在编辑部会议上也支持周瘦鹃的推荐。"最初刊登时，编辑部同人还有人认为秦瘦鸥不是小说名家，贸然刊出这一篇长稿，有损《申报》报格。不料连登了二十天以上，读者的反应良好，纷纷到报馆来补报，发行部、广告部都向报馆当局反映，最好能从每天刊载一千字，扩展到一千五百字左右，从此秦瘦鸥三字，一举成名。"[2]秦瘦鸥的译述工作是做得很严肃的。他发觉作者德龄对晚清历史知之甚少，加之长期侨居国外，她用英文写作给外国人看看尚可混得过去，可是给国内读者看就通不过了，"于是我就临渴掘井，搜来了赵尔巽等编撰的《清史稿》、黄鸿寿所著的《清史纪事本末》、胡思敬的《国闻备乘》、费行简的《慈禧传信录》、金梁的《四朝轶文》等一二十种旧书，匆匆进行了校阅……

才使我有可能给德龄的原著，多少做了一些缀补和弥缝的工作。但我的加工毕竟改变不了《御香缥缈录》的原貌，说得更正确一些，我只是尽其所能，帮助德龄圆谎而已；甚至反而加强了这部书的欺骗性，使读者越发真假莫辨，心中无数……这类真伪参半的历史杂著的大量发行，必不可免地产生了一些不好的副作用。尤其是对于青年人，他们既没有足够的识别力，又得不到正确的辅导，难免玉石不分，造成思想混乱。大学历史系的学生在写论文时，竟有引用《御香缥缈录》等书中的记叙作为依据而写毕业论文的，使我知道后极感不安。”[3] 从这席译述者的自叙中，既看到他的译述工作是下了功夫的，但同时在译述完毕的半个世纪之后，还认真地回顾、剖析，甚至作自我检点，态度也是严肃而恳切的。正如秦瘦鸥所说，他当时的确是从“猎奇”的视角看中了这部历史杂著，至于其他可能产生效果，估量是不够的。这倒使我们想起鲁迅在 1936 年写的一篇《“这也是生活……”》中对当时《申报》刊登《御香缥缈录》，“把清朝的宫廷讲得津津有味”[4] 是不以为然的。虽然鲁迅只是在文中旁涉，而没有进一步做正面的评价。

《御香缥缈录》的译述使秦瘦鸥“一举成名”，而《秋海棠》的创作更使秦瘦鸥在中国现代文学史上也有了很光彩的一席。他在创作长篇小说《秋海棠》时，态度也是很严肃的，“在我着手写《秋海棠》以前，至少已花了两三年的工夫从事于搜集材料，计划结构。”他原先是准备给《大公报》发表的，“可是八一三的事跟着就爆发了，《大公报》和其他各报都临时加出号外，取消副刊，多登战时消息，于是《秋海棠》的事便搁了下来，不久《大公报》也整个儿的搬走了。可是我并不因此灰心，在后来的三四年里，更继续又把这个故事加以修正，并且不断向朋友请教。及至民国 29 年底，周瘦鹃先生来叫我给《申报》写长篇小说，这中间真不知道已给我惊动了多少朋友，甚至还找到不相识的人的门上去，例如老伶工瑞德宝先生，名小生叶盛兰先生，以及黄金、更新两大戏院后台的各位先生，都曾由于我的请求而借给了我不少资料。”[5] 作者辛勤的耕耘，结出了相应的硕果。

当《秋海棠》于 1941 年 2 月至 12 月在《申报·春秋》上连载时，它所引起的轰动，不禁使人们联想起 30 年代张恨水的《啼笑因缘》在《新闻报·快活林》上连载的盛况。这两部长篇所引起的连锁反应惊人地相似。《啼笑因缘》除了立即出版单行本外，还被移植为其他的剧种，又被搬上银幕。《秋海棠》亦然：1942 年 7 月，由金城图书公司发行单行本；8 月，经中国联合电影公司导演马徐维邦决定将其改编为电影，于 1943 年 12 月 23 日在上海首映；1942 年 12 月至 1943 年 5 月，由原作者与顾仲彝共同改编为舞台剧本，由费穆、佐临联合导演，参加演出的演员有石挥、乔治、英子、沈敏、张伐、穆宏、严雯、白文等，可谓阵容强大，历时凡 4 月有半，共演出 150 余场。在这些连锁反应中，如果一定要说有什么差异，那么《秋海棠》在摄制影片时，没有像《啼笑因缘》那样，还纠缠着一场讼案。这场官司，直打得“南北哄传”、“既啼又笑”。《秋海棠》虽然没有遭遇这种令人啼笑皆非之诉讼，但也道途坎坷，例如，在小说出版和话剧上演时，上海已非“孤岛时期”，敌伪的书报检查与剧本审查一再横加干涉。小说中有关抗日的词语荡然无存，甚至还不许台词中出现“军阀”二字。作品情节所受的肢解与损伤，可见一斑。

很有意思的是《啼笑因缘》与《秋海棠》这两部长篇小说的格局大体相近。所谓格局相近是指它们基本上都属于“军阀、戏子、姨太太”题材，但他们又绝非津津乐道于风流韵事，而是从揭露封建军阀的荒淫暴虐，反对强权霸道为其骨架。沈凤喜被刘将军逼疯，秋海棠被袁大帅毁容，不仅反映了封建军阀的跋扈横行，而且从另一个侧面表现了艺人在旧社会所受的欺凌与屈辱。同时，两者在叙述被侮辱与被损害者时，都为他们设计了具有侠义心肠的友人的扶助。《啼笑因缘》有关氏父女，《秋海棠》有赵玉昆与袁绍文。这显示出作者们的同情是在弱者的一边。但它们的模式虽有类型化的问题，可是各各有自己独立的构思和时代的特色，因此，读者并不因为同属“军阀、戏子、姨太太”题材，而令人觉得有雷同之感。在 20 年代末至 30 年代初，在通俗文学界中有些人已经意识到非要追随时代前进不可。张恨水在写《啼笑因缘》时，已经有了这方面的明确的意识。到了 40 年代，这个要求更加为若干作家所看重。于是秦瘦鸥就不仅要着力去揭露封建军阀，而且从强烈的主观愿望出发，要加重抗日爱国主题的分量。

《秋海棠》是经过作家长期酝酿与不断更新其构思的产物。根据秦瘦鸥的自述，1937 年 4 月构成全书大意时，他仅不过是“以过去十余年内自己所看到，听到，以及熟知的（甲）军阀荒淫史，（乙）评剧伶人的私生活为题材……”[6] 但待到 1941

年1月，正式动笔为《春秋》写连载小说时，“由于时代的转换与当前环境的剧变，发觉原结构不合处甚多，乃开始做局部的修改”，“决定以（甲）暴露民国十六年以前，北洋军阀蛮横无理，残害平民的罪行；（乙）用佛教中‘诸行无常’的看法，写出评剧伶人由盛而衰，由少而老的悲哀为全书的主题。”但在《春秋》连载时，“作者就从环境上得到觉悟，无论如何不该让这一部所谓‘长篇创作’跟时代离得太远，因此，决定再在原有的主题之外，加上那一种专为激励并慰勉沦陷区同胞的意义进去。那就是把秋海棠写成整个中华民族性格底影子——拉不断斩不断的韧性……”[7]这种在构思和写作的过程中，不断修改情节和深化主题的做法，在过去的通俗文学作家中是的确少见的。但也会带来另一个问题，那就是作者在不断深化主题的过程中，他的情节的新调度与深化了的新主题是否对榫合辙的问题。看来秦瘦鸥对这个问题的解决还是较为理想的。

作为一个有抱负的伶人，作者在伶人的艺名上构想了一个极为重要的情节，主人公摈弃了科班中师傅为他所取的艺名吴玉琴，他想到祖国的地图像一张秋海棠的叶子，故将艺名改为秋海棠。他懂得“日本等侵略国家，便像专吃海棠叶的毛虫，有的已在叶的边上咬去了一块，有的还在叶的中央吞啮着，假如再不能将这些毛虫驱开，这片海棠叶就给他们啮尽了……”[8]他还画了张颇为工致的画：一片海棠叶和几条毛虫，并且还在角上写了“触目惊心”四个字，配上镜架，挂了起来。至于在“拉不断斩不断的韧性”方面，作者也透露了自己的构思意图：他让秋海棠身受“军阀的刺刀的宰割，破坏了他的秀美的容颜，切断了他的歌衫舞袖的生活，使他在极度苦难之中，走回农村去作一种我们中国人最应该做，而且又是最伟大的工作——耕田”，“一面含垢忍辱的抚养他仅有的爱女梅宝——我们的第二代，使她终于重见天日，回到她母亲的怀抱中去，而丑恶的一面，则终于自趋毁灭——秋海棠的自杀”[9]。秋海棠在受到袁宝藩残害之后，身居乡间，生活十分艰苦，而且每况愈下，直至自己下田劳作，这当然是忍辱负重的韧性表现之一种。他要按照罗湘绮的模式去抚养梅宝成为一朵出污泥而不染的雅洁的荷花，他愿为此而含辛茹苦。但作者让秋海棠将梅宝送到了罗湘绮的身边后，就让他那种拉不断斩不断的韧性，化为一种对“美”的不屈的追求，为了这种追求的永难实现，已经毁坏的容颜不可能再有恢复和弥合的可能，于是他坚执地用一种“不全则无”的信条来了结自己——自杀！其实这是对“美”缺乏全局把握的一种误解。秋海棠的“姣好”的容颜曾是他的外在的美，这曾令邪恶的袁宝藩垂涎三尺，也使许多观众为之倾慕，也许这也是罗湘绮对他的第一印象产生好感。但是，罗湘绮对他的爱决不是盲目的。作者曾解释道：“他们在旧社会里，同是身受歧视与侮辱的被压迫者。胸中蓄积着无限的悲痛和仇恨，由同声相应、同气相求而一见钟情，也不算太突兀吧？”因此，经历了三九严寒的考验后的秋海棠其实更显露了其内在的美质。但作为名旦的秋海棠将自己的“容”看成高于一切的“美”，或许他想留给罗湘绮的是一个“完美无缺”的秋海棠，让昔日的秋海棠的形象与印象永存在至爱的人的心中，一点也不受干扰地活在罗湘绮的心中——在他逝去之后，让罗湘绮在悲哀中更欣赏他的永恒的美。但用这样的“解脱”的方法，难道是最好的吗，是唯一的吗？

在1956年重印这部小说时，作者曾作了一些修改。可是正如秦瘦鸥在1980年再版时的“后记”中所说的：“我自己对本书的修改问题也是作过多次考虑的，甚至头脑里还有过很激烈的思想斗争，但最近还是放弃了大修大改的打算……这部小说是早已定了型的，作为某一特定的历史环境中的特定的精神产品来看，也是烙印分明的，很难加以改变。”我们认为，作者的态度是实事求是的。如果硬要拔高，无异于在旧衣服上打上新的补丁。

对秋海棠的死这一聚焦上，作者是经过慎重的考虑的。《秋海棠》对男主人公的死有过3种写法，不妨称为是它的3种版本。

《秋海棠》最早在《申报》副刊《春秋》上连载，从1941年元旦“开场”到1942年2月3日“收梢”共332节段。可称为第1版本。1942年7月上海金城图书公司出版单行本，将《申报》连载的17章，增至18章。《申报》上的《归宿》扩大为《也是一段叫关》和《归宿》两个章节，可称为第2版本。1944年桂林版和1980年江西版，均大体与第2版本无异。1957年，上海文化出版社重印《秋海棠》时，作者曾作了小修补。如章节题目有变动，《归宿》改成《戏还在唱下去》等。在人物方面，对袁绍文与罗裕华这两个次要角色，做了某些调度。可称为第3版本。

值得指出的是这3个主要版本的最大不同处是作品的结尾，也即是秋海棠的死因。质言之，第1版本是病故，第2版本是自杀，第3版本是累死。

《申报》连载时，作者在最后结尾写道：

湘绮直着双眼，在韩家父女和罗家母子的惊喊声中，勉强伸出右手去，在秋海棠的前额上抚摸了一下，更来不及哭出来，便也像梅宝一样的失去了知觉。

需要有一个永久归宿的人，已在他们没有赶到之前，得到他的归宿了，所遗憾的仅仅是他没有来得及再看到那张十几年来，天天伴着他的照相上的人。

四十六年尘梦，秋海棠！（全书完）

第1版中的母女相认写得比较简单，相认后即驰车探病，可是，秋海棠已一瞑不视了。这是非常生活化的结局，也是非常“老实”的结局，作者就是要制造这样一个悲剧性的结局，他不肯给秋海棠多留几分钟，尽管在母女没有相认之前，已经让他挣扎着活了十几年。这样的结局是一种作者的营造，也可说是生活的真实。

不到半年，秦瘦鸥在出版单行本时，已改变初衷，形成了比较艺术的第2版本，内容是秋海棠的陨楼自杀。作者是有自己的构思意图的，那就是他写尽了秋海棠的“韧性”与“美质”之后，当他确知爱女找到了湘绮之后，他所培育的“美的化身”有了归宿，而他自己却不愿将一个丑的外形、丑的躯壳献给罗湘绮。他毅然“自趋毁灭”。作者也许认为，“自杀”也是他的“美质”的一个侧面。所以话剧《秋海棠》上演时，著名演员石挥“在红氍毹上表演秋海棠临终的情状，记得他已受了重伤，却还能侃侃地说出‘血和泪’、‘人生的美’一番话来……”[10] 这里除了悲剧的意味之外，作者似乎还想阐发人生的哲理。对比第1版本的“生活化结局”，不妨称第2版本为“艺术化的结局”。1957年的第3版本，作者将结尾改成秋海棠累死在舞台上，这是演戏的舞台，也是人生的舞台。

“湘绮，瞧瞧我这张脸！”

……

"不……孩子，我要告诉你妈……就在这张丑脸上……"秋海棠自知生命已到了尽头，急须把自己要说的话说出来。"有……有着许多……东西，……军阀的枪杆，季……兆……雄的刺刀，……生……活……活的……的折磨……"说到这里，秋海棠的呼吸越来越急促了。

……

"湘绮，好好照顾梅宝！"

作者让秋海棠控诉和托孤，可称为"政治化的结局"。这3种结局有一个共同点，那就是秋海棠必须去死。"死"是作者为他预定的必然归宿。秦瘦鸥认为："因为人生本是一幕大悲剧，惨痛的遭遇几乎在每一个人的生活史上都有，而骨肉重圆、珠还合浦等一类的喜事，却只能偶然在春梦中做到，所以连梅宝的得以重见罗湘绮已经也太Dramatic，如何能让秋海棠死里逃生的做起封翁来呢？"如此看来，作者是只能Dramatic一步，让母女相会，但按照他对生活的见解，他是不肯再走第二步的——让夫妻团圆。所以他让母女赶到小旅馆的前一刻，"令"秋海棠病逝，或让母女赶到小旅馆的前一刻，"推"秋海棠陨楼。在作者看来，"生离死别"四个字，能解决一半就已经很"宽宏"的了。于是，他让生离的母女会面，又让生离的夫妻死别。会面会使读者叹赏，死别又使读者惋惜。作者一再调度读者的感情。他认为走"一步"恰到好处，走"两步"索然无味。这是他的美学见解，也是他的美学追求。也应该得到读者的尊重。

周瘦鹃当时是《申报·春秋》的编辑，《秋海棠》的所以能"出笼"，就是因为他先看了秦瘦鸥所寄来的3个故事梗概，被他选中了其中的一个，那就是日后大红大紫的《秋海棠》的毛坯。《秋海棠》的成功中也有周瘦鹃的一份功劳——他有一双能识别有前途的小说的毛坯的慧眼，又通过他的发稿的"实权"，使毛坯成为艺术的精品。但是，他带了家人一起欣赏话剧《秋海棠》后，他的孩子们不忍这样悲惨的结局，希望他"救活"秋海棠。周瘦鹃真的救活了秋海棠，让他跳楼未死，经过一番曲折真的做起封翁来了。那就是《新秋海棠》，但是，即使是《秋海棠》的培育者写的，秦瘦鸥也不肯保持沉默。直到80年代他还在说："早年也有别人给《秋海棠》写过续集，但都失败了。我认为第一是他们不熟悉这类题材，第二是他们硬要把秋海棠救活过来，再当主角，这一情节缺乏真实感，所以读者接受不了。”[11]

---

1 秦瘦鸥：《〈御香缥缈录〉及其作者》，载（香港）《大成》第11期，第49页，1983年3月1日。

2 陈存仁：《秦瘦鸥的两部清官小说》，载（香港）《大成》第18期，第20页，1957年5月1日。

3 秦瘦鸥：《〈御香缥缈录〉及其作者》，载（香港）《大成》第11期，第49页，1983年3月1日。

4 鲁迅：《“这也是生活……”》，载《鲁迅全集》第6卷，第487页，人民文学出版社，1963年。

5 秦瘦鸥：《〈秋海棠〉的题外之文》，载《小说月报》第28期，第31页，1943年1月1日出版。秦瘦鸥：《〈梅宝〉从连载到单行本》，载《小说纵横谈》，第199页，1982年12月花城版。

6 秦瘦鸥：《〈秋海棠〉的移植》，载《秋海棠》，第1页，百新书店，1945年。

7 秦瘦鸥：《〈秋海棠〉的移植》，载《秋海棠》，第1—3页，百新书店，1945年。

8 因上海金城版中有关抗日的词句均被删去，本文中引用的《秋海棠》原文都以1944年桂林版为准。

9 秦瘦鸥：《〈秋海棠〉的移植》，载《秋海棠》，第3页，百新书店，1945年。

10 周瘦鹃：《新秋海棠·弁言》，《紫罗兰［后期］》创刊号，第189—190页，1943年4月1日 。

11 秦瘦鸥：《〈梅宝〉从连载到单行本》，载《小说纵横谈》，第199页，1982年12月花城版。

张恨水《啼笑因缘》创作上的“生活真实”和艺术上的炉火纯青

汤哲声

《啼笑因缘》是张恨水影响最大的小说，也是张恨水在上海重要的报纸上发表的第一部长篇小说。能在上海发表小说一直是张恨水的心愿。早年他曾投稿《小说月报》却未能发表，上海也是现代通俗文学的大本营，在上海发表小说不仅是完成自己的夙愿，也是取得全国影响的重要途径。此时的张恨水虽然已经发表《春明外史》、《金粉世家》等小说，在北方成为了最受欢迎的作家，可是由于交通不便，加上军阀混战不断，在上海张恨水并没有多少名气。

机会来了。1929年5月，阎锡山邀请上海的新闻代表团访问北京，上海《新闻报》副刊总编严独鹤也在受邀之列。在北京，严独鹤听到了张恨水之名之盛，看到了他的文笔，就通过朋友钱芥尘认识了张恨水。严当场邀请张恨水为《新闻报》副刊写一部长篇小说，张恨水当然是当场答应。后来严回到上海，又来信催稿，还提出了两个条件，一是不能太长，上海人不喜欢太长的长篇小说，没有耐心；二是要多加一点“噱头”，南方人喜欢看。

应该说张恨水对这篇小说创作相当的重视。答应下来以后，他就一直苦思冥想地寻找素材。想了几天就是想不出来，于是他就到天桥转转，路过钟楼的时候，在台阶上他看见一个面目憔悴的中年男子在弹三弦，一个不起眼的姑娘在那里打着鼓唱，听众也不多。看见这样的场景，张恨水很有感慨，生活艰难啊。回到家中在床上辗转反侧睡不着，他想起了一件事情，1925年的时候有一次朋友门觉夫约他和好友张友鸾到四平海升园听高翠兰唱大鼓戏。没几天听说，高翠兰就被军阀田旅长抢走了。当时张恨水就猜测，高翠兰可能是自愿的。果然，不幸被他言中了。不久，田旅长和高翠兰的笑咪咪的照片被登了出来。由于这是被“抢”的，高翠兰父母不愿意就这样失去一棵摇钱树，双方讨价还价，没有能谈成，就与田旅长打起官司。田旅长被判一年，高翠兰被父母领回。可是高翠兰并不高兴，再也不愿意上书场，整日在家哭哭啼啼。他对这个题材很满意，但怎么写呢？他想到了他的小说《天上人间》的结构。在《天上人间》中他让一个大学教授与两个女人谈恋爱，这两个女人一个是富豪的女儿，一个是缝补工的女儿，这样的故事情节一方面是大众喜欢看的三角恋爱，另一方面也写出了不同社会阶层的现实生活。他又想到了严独鹤叫他在小说加“噱头”。他看到当时的上海小说界，武侠小说大行其道，于是他决定在小说中再增加一组侠客形象。故事情节想好了，他就想小说名称了，他想到名字不能太雅，太雅没人看，又不愿太俗，太俗不合他的风格，也不是有些知识水平的上海读者所接受的。他想起了刚刚结束的《春明外史》最后的两句诗“欲除烦恼须成佛，各有因缘莫羡人”。他给小说取名《啼笑因缘》。整个故事情节想好了，他与一些好友交谈，大家都说好。于是张恨水写好了写作提纲，从1930年3月他开始了《啼笑因缘》的写作。

小说的第一批稿子寄给了严独鹤。严并没有马上发表，一放就是几个月。《啼笑因缘》终于发表，一开始也没有多少人注意，随着情节的发展，一股《啼笑因缘》的旋风开始吹刮起来。《新闻报》的销量直线上升，商人抢登《啼笑因缘》版的广告，读者中出现了一批“啼笑因缘迷”。

张恨水知道上海是新文学的中心，因此他很明确地要求自己“跟上新时代”。小说中写了军阀的强暴，写了平民的遭殃。但是他又不是概念化地写人物，而是真实地描述他们的形象。最为精彩的是沈凤喜形象的塑造。沈凤喜出身贫寒，纯真、羞涩，但是这个人的性格中有一个毛病，比较爱虚荣，爱攀比。这个毛病使得她喜欢钱。她的叔叔沈三弦，是个心计很坏的典型的小市民，他把沈凤喜推给军阀刘将军做小老婆。沈凤喜与刘将军第一次见面就打牌。牌桌上有很多的门道，今天这四个人坐下来打牌，其实中心人物只有一个，就是沈凤喜。其他三个人都有数的，今天要输钱给你。于是，第一次打牌的沈凤喜糊里糊涂地赢了四百个大洋。沈凤喜一生都没有见过这么多钱。小说是这样写：赢了多少钱，她不知道，因为当着很多人的面她不便点钱。一回家了，她把门一关，赶快喊妈妈快出来，干什么呢？点钱。沈凤喜兴奋地点过钱后把钱包了起来，放在自己躺在床上能看见的地方，睡觉之前看一看，醒来以后再看一看。这么个情节，说明一个性格，沈凤喜太爱钱了。这对后来的情节发展打下了一个重要的伏笔。沈凤喜屈服于刘将军，一方面是刘将军的压迫。她被刘将军抓到公寓里面来，就不让她走；另一方面也有沈凤喜性格的缺点。小说的情节是这样演绎的：樊家树走的时候，将沈凤喜托付给他一个朋友，就是关秀姑的父亲关寿峰。沈凤喜被刘将军关起来，关寿峰组织了一群人去救她。关寿峰趴在屋檐上，看下面，就是沈凤喜一个人在那里，按照原来的计划，可以把她救出来，但是他没有救，为什么？他准备救的时候，门开了，刘将军进来了。不要以为刘将军进来就是施暴，他并没有，而是往地下一跪。如果仅仅是跪，可能对沈凤喜来说都没有用处，因为沈凤喜心里面她确实还有樊家树的影子。她一看这个刘将军不单单跪在那儿，手上还举了一个账簿子，那个账簿里很多支票，上面有二十万。她眼睛就盯着这个账簿上的二十万元钱，然后轻轻地一笑说，将军还跪在这里干什么呢？然后把账簿子拿了过来。你自己已经愿意了，看到这个地方，关寿峰走了，礼仪已尽，不可能救你了。 这部小说的情节发展到这里开始由纯情转向惨情，推动情节这样变化，沈凤喜的性格起了很重要的作用。即使是军阀刘树德，他也没有脸谱化地写。刘树德的残暴、霸道、狡猾，这当然是作者精心描述的一面。可是仔细分析这个人物的所作所为，你还是能发现其中还有一些“人之常情”。他把沈凤喜看作是一个漂亮女人，是漂亮女人他就应该得到，他不允许自己的女人与别的男人有暧昧的关系，他把沈凤喜打疯了，是因为沈凤喜偷偷地与旧情人相会，自己的女人与她的旧情人相会，大概是绝大多数男人所不愿意的；沈凤喜疯了后，他也有后悔之意，将她送到花钱最贵的医院去治疗。虽然这些表现对他来说只是一瞬间的闪念，他很快就忘记了沈凤喜，去找别的女人去了。但是对当时的作家们来说，能够捕捉到这么一瞬间的人性味，很不容易。张恨水为什么能这么写，这就是张恨水创作小说素材的特色了。他的小说创作几乎全部来自于生活。他为什么不愿意就高翠兰的真实故事写《啼笑因缘》呢？因为他知道这不符合时代潮流，而且军阀强占民女的事情的确时常发生，当时就发生军阀张宗昌在北京街头抢一位老官僚的两个女儿的事件。但是他又不会从观念上去编写什么故事。生活给张恨水很多生活素材，也制约着张恨水的小说真实地写作。

其次，是精彩的人物描写。《春明外史》、《金粉世家》都是一百多万字，1930年写作的《啼笑因缘》只有二十万字不到，但是这部小说却是张恨水的成熟之作。其成熟的标志是小说中的人物描写。传统的通俗小说写人物有个习惯的方法：生活起居注式地人物介绍。例如说，门一开进来一个人。通俗文学作家一般都这么写：某人、某者、某也，头上戴什么帽子，身上穿什么衣服，脚下穿什么鞋子，从什么地方来，到什么地方去，面面俱到，十分详细。这种写法很吃力，但是很不讨好，茅盾先生在批判鸳鸯蝴蝶派时曾经说过一句话，他说，这是写小说么？这叫生活起居注。这种生活起居注式的人物描写在《春明外史》中还有，到了《啼笑因缘》面貌大变。

我们这里看《啼笑因缘》的四个人物的出场：

见他穿了一件蓝湖绉夹袍，在大襟上挂了一个自来水笔的笔插。白净的面孔，架了一副玳瑁边圆框眼镜，头上的头发虽然分齐，却又卷起有些蓬乱，这分明是个贵族式的大学生。

这是樊家树，袍子是知识分子的象征，自来水笔是洋学生的象征，头发梳得很分齐，但是有点蓬乱，有点贵族气息，蓬蓬松松很潇洒。再看：

这时出来一位姑娘，约莫有十八九岁，挽了辫子在后面梳着一字横髻，前面只有一些很短的刘海，一张圆圆的脸儿，穿了一身的青布衣服，衬着手脸倒还白净，头发上拖了一根红线，手上拿了一块白十字布，走将出来。

这是关秀姑。梳着一字横髻、刘海、红绳子，处处都透露出关秀姑是山东人，是来自于农村的一个小姑娘。我们再看：

> 说话时，来了一个十六七岁的姑娘，面孔略尖，却是白里泛出红来，显得清秀，梳着复发，长齐眉边，由稀稀的发网里，露出白皮肤来。身上穿旧蓝竹布长衫，倒也干净齐整。说着，就站在那妇人身后，反过手去，拿了自己的辫梢到前面来，只是把手去抚弄。家树先见她唱大鼓的那种神气，就觉不错，现在又见她含情脉脉，不带点些儿轻狂，风尘中有这样的人物，却是不可多得。

白里泛出红来，显得清秀，穿旧蓝竹布长衫，倒也干净齐整、拿着辫梢含情脉脉地躲在一个妇人的后面来偷偷地看着樊家树。这是一个单纯清秀的小家碧玉的形象，这是写沈凤喜。再看：

> 这个时候，有一个十七八岁的女子，穿了葱绿绸的西洋舞衣，两只胳膊和雪白的前胸后背，都露了许多在外面。以为这人美丽是美丽，放荡也就太放荡了……

不用多说，这是何丽娜。再也不是从头到脚地写人物，而是抓住最传神、最能体现人物形象特征的那些地方勾勒几笔。按照鲁迅的话说，这是白描手法。此时的张恨水人物描写已经相当娴熟了。

小说发表后，电影、话剧、评弹、鼓词、说书等各种曲艺纷纷改编《啼笑因缘》。当然也闹出很多纠纷，其中最著名的是两家电影公司还为了小说改编电影的权利打起了官司。这是怎么回事呢？

1931年明星影片公司买到了《啼笑因缘》的版权，由严独鹤为编剧，准备拍有声电影六部，并且在报上发表启事，不准他人侵犯版权。可是当时上海的广东大舞台正在改编同名京剧，明星影片公司就通过律师发出警告，不准上演。可是人家已经快改完了，即将上演，只好请黄金荣出面调解，京剧改名为《成笑因缘》上演了。这个时候，与明星影片公司一直处于竞争状态的大华电影社气不过，就与黄金荣勾结，走后门从政府的内政部得到了《啼笑因缘》的版权，然后又用高薪的方法挖明星影片公司的主要演员。明星公司没有办法就赶进度，想先放映，占领市场。终于在 1932 年 6 月，开始放映第一集了。当时剧院里座无虚席，正要放映的时候，大华电影社不知用什么手段从法院弄来一个“通令”，不允许放映。明星影片公司措手不及，只好交了三万元罚金，影片到下午五点才开始放映。电影放映之后就很火，大华电影社很不舒服，黄金荣从幕后转到了台前，说大华电影社拍的电影是他要拍的，并且要大华电影社到南京内政部去告状。明星影片公司惊吓了起来，只好请与黄金荣地位相当的杜月笙出面，并按照杜的指示，请章士钊做法律顾问。最后是黄、杜调解，敲了明星影片公司十万元的巨款，双方才算“和解”。这就是民国时期轰动一时的“啼笑官司”。

“奇了怪”：今却是换了马甲

——读范小青新作《屌丝的花季》

张　进

直到一口气读完《屌丝的花季》，尚未及掩卷时，全体紧绷着的理智神经不由得迅速松弛，审美的意绪就乘虚而入充满私想，且因脱缰放马而一任驰骋。

缘此，情海中似有几丝诡异的桨杆便橹荡起文学的扁舟，一叶飘进了——女主人公贾春梅内心起伏着波光微澜的情感天地。于是，经过一番不算粗枝大叶的巡游探觅，笔者有趣地发现：作品中有一种被贾春梅唤作是“奇了怪”的新鲜玩意儿，因了这新鲜玩意儿的——活泼地南下北上，调皮地东碰西撞，随之，便似乎不一而足地产生出具备了其自身独别质地的气场来，在此，不妨谓之以名为——“以怪诞为例”的一种美学建构。

是的，《屌丝的花季》“以怪诞为例”的这一种“奇了怪”的特定文学型塑，已然成就了烙刻下范小青中短篇小说风格标记的“独一个”审美意象。

对于范小青的小说作品，实在话，相比起她那些因为创作背景过分地靠近生活形态而为人们所熟悉、然兴味不甚佳妙的长篇小说，笔者反倒是一向地更愿意去选择读她所用心创作的间离丁纯粹社会生活、以“陌生化”且“有意味”见长的中短篇精品。

这个论题的展开本当以《屌丝的花季》为例。

一

“奇了怪”，特为于主人公贾春梅言称的，这一句——日常化了——貌似无意而出的口头禅秀，隐喻着人物情境下——以“虚设亦合理”为审美前提——所生发着的一系列怪诞的逻辑基点。

很显然，笔者通过本文的如下论述似乎完全有理由相信：哪怕是数目再多的读者，对于范小青——或曾经是她的粉丝喜爱者也好，或一径就是不喜欢她小说的也罢，只要你愿意静下心来通读过她新近创作的《屌丝的花季》，那么你由于“作为参与者的身份”，大致确也是回避不了她这篇小说已达致着的审美别趣了的。

在《屌丝的花季》中，范小青以“奇了怪”——这朵盛开于作品主人公贾春梅“脱口秀”式、意味四放的奇葩怪花，比较强势地设造出了以“虚设亦合理”为先决的审美前提。虽作品无心其以奇——却奇于文本收官之际“合理的意蕴”有时总是悬伏在荒诞不经的人物情境中，而作者有心其以怪——就怪在叙述出发之时“逻辑的基点”往往只是系扣于貌似正经的意象虚设中。基于上述，笔者试图言简意赅地破题，或许，被“奇了怪”所覆盖下种种的美学意象和行为逻辑，这一切，正是源自于范小青那个有别于他人他作他思他构的——“虚设亦合理”的审美前提——因了此，它，审美地怪诞着；因了此，它，合理地逻辑着；故而，也因了此，它，才有了审美别趣的格局。

对于现实生活来说，范小青在她的创作中——看似是冷漠零度的无谓，实则有热情峻切的关注。互联网是一个无比巨大而真实的虚拟世界。虚拟如互联网，真实亦如互联网，这大概是人类社会有史以来一个无出其右的“二律背反”的超巨级的存在，应该说，这种21世纪最广泛的“虚拟实在”部分地或主导地给予了范小青《屌丝的花季》及《人群中有没有王元木》等新派“手机基因”小说——创作的灵感和理性的依据。同时，也应该说，这是范小青近期小说创作的一道重要关节，她尤其深切地审视建立在“手机和互联网联姻”基础上的“马甲之变”，从而以此关注现实的异化、关注心理的焦虑、关注人性的跌宕，反映于其作品形象世界中，便是时常交织互动着——怪诞与非逻辑——由作者特意地“虚设亦合理”的这对孪生兄弟的身影。

认真品观《屌丝的花季》，不难看出：女主人公贾春梅之所以能作为怪诞无稽的个体存在，范小青的创作灵感就是依据了“手机网络世界”的虚拟伦理，而贾春梅在小说中的现实错置，究其根源也是拜托于起自这条“看不见的战线”的虚设后台。正如高行健在30多年前所言：“如果说怪诞是对完美的一种追求，非逻辑则也是对理性的一种追求。”在这里，作为屌丝贾春梅的怪诞逻辑恰恰始于她对完美爱情的强烈追求，及至她走向了初衷的反面，恰恰又是出自对能否得到心目中的完美爱情所招致的焦虑和恐惧，而范小青挚以“将怪诞进行到底”的题旨，形象地施用了——“怪诞的基本手法是极度的夸张”之举；同时，由于作品确实做到了“把想象当作存在”之非逻辑法则的要求，因而，以“手机网络世界”的虚拟伦理与虚设后台双重逻辑基点交集生成的合理性存在，便即让作者无所顾忌地惨淡经营起了“将现实错位对置”的合理意象。

请看：经由人物情境之审美意象催生而出的“马甲之变”是如何次第变化、阶梯登台的。

首先，“婚前恐惧症”作为贾春梅心理逻辑的想象，哪怕是最怪诞无稽的，却注定是极其真实的存在，可出于对安全感的本能需求使得人往往在恐惧面前需要“面具的保护”；接着，现实中令人啼笑皆非的连环套故事就必然地发生了，于是贾春梅的“真逃婚”反而演变成了季一斌的“被赖婚”，这时的贾春梅戴上了“弄真成假”的人格面具；然后，在接下来一系列的“虚拟情节”中，特别突出的是——贾春梅的“手机微博故事”，这样子，再一步步走下来、一环环紧扣着的“非逻辑演绎”，终将紧箍咒似的“奇了怪”经文打造转化成为——量身定做给屌丝贾春梅及其屌丝群的一副符号化了的“屌丝马甲”。

无论是心理逻辑的真实困惑、现实生活的错置异化，还是自我人格的无端扭曲、大众社会的人际挤压，范小青手中的这副“奇了怪”的“屌丝马甲”几乎都多多少少坐实了屌丝贾春梅及其屌丝群的某种生存图景——

“奇了怪”的“被马甲”的心理状态，如：贾春梅说不清道不明的婚前恐惧症，却是自己绝不愿意“患上”的非正常症候；

“奇了怪”的“被马甲”的现实生态，如：贾春梅近乎“指鹿为马”让人哭笑不得的身心异化，也却是与主人公的人生轨迹相背离着的；

“奇了怪”的“被马甲”的生活情态，如：贾春梅周遭诸多“无厘头”式的人事错置，却更不是主人公能以自己的意志为转移的。

总之，范小青笔下由了心理设定——人格面具——屌丝马甲，而有机炼成的这样一条相当长度的小说逻辑链，正是通过人物性格逻辑、事态发展逻辑、社会现实逻辑等的多重排列组合与力矩交相作用来完成的，内中折射出来的“怪诞与非逻辑”意旨不过是沉浸在小说美学构造深处最隐秘不宣的哲学积淀而已。

二

“奇了怪”，主导开叙述结构进化路数的，这一种——面具化了——实则有意而为的护身灵符，昭示着当下语境里——以“怪诞而正经”为内在路径——所经营起的一大干错置的意象演绎。

“以怪诞为例”，范小青，把“奇了怪”的审美意象——直接当作了建构整个作品叙述框架的创作道具，甚或可以直言不讳地说白了——“它”，就是范小青给《屌丝的花季》这篇作品穿在了身上的符号马甲。换言之，它，即是为屌丝贾春梅专司打造的一件“面具化”、“人格化”乃至“群像化”的屌丝马甲；它，被作者忽忽悠悠地悉心摆弄着，且老成圆熟地精致把玩着，其中不乏各种“变脸”手段的跃动——大胆奇诡状的想象，巧搭积木般的构思，蔽去理性思维的反悖，唯以真假互通的莫须有，等等，诸如此类，它们为作品叙述结构的进展、推演、结收，提供了类似“通灵宝玉”的护身灵符。

然而，万变不离其宗的却是，范小青寻沿着“怪诞而正经”的创作路径，围绕着“有意味的形式”的审美追求，把重想象而不轻存在的实存性意味、重形式而不轻内涵的艺术性意味、重怪诞而不轻理性的义蕴性意味，一以贯之地贯彻到了作品的创意经营中去，进而，可以赋得“寓庄于谐”而未事改换真面的审美心曲，因为作者在作品中始终不离不弃、正儿八经地遵循着对精神品格和义理意蕴的深度渴求。

由此，贯穿全篇的叙述演绎重叠在“怪诞而正经”的意象设造中的，正是先行而又错置了当下语境里的种种“奇了怪”的故事。至于作品中一个又一个被“奇了怪”的屌丝马甲所经营错置的情节故事，同时，却又被建立起作品语境中“奇了怪”这道护身灵符所反向解构的意义自设。因而，怪诞的形式营造与正经的内容意义既互逆互反了又相辅相成着，因而，一大干建构错置的意象演绎与一系列正派故事的意义表达既两相对立着又合而统一了，因而，貌似闹剧的奇异外壳便与切合正剧的合理内蕴——相纠结着，相依存着，相互文着。

下面，有必要专门来观照一番，看一看作者是怎样在实施着“建构错置中的意象演绎暨正经故事里的意义表达”的。

可以看到，以“反讽与机趣”而“浸润着智慧”见长的小说家范小青，在《屌丝的花季》叙述结构进化过程中，固然不会一意去搞单向维度、一成不变的故事情节，也独不会乏味去做机械式地直奔主题的意义表达，而是采用全方位、多向度、有意味地穿插渗透的进行时方式，把持住了“奇了怪”题旨下，“怪诞而正经”意象演绎的充分挥洒，可谓：在生动的细节描写中——既有错置的正位，也有错置的异位，又有错置的反位，而在总体的结构安排中——还有对人物性情的错置、对情节演绎的错置、对意象设定的错置，等等。

具体而言，上述错置的故事细节都各自散落在了不同的人事关系和叙述演进之中。

当着《屌丝的花季》最为“奇了怪”的突兀结尾，通过水到渠成的叙述演进，在故事一家伙露出冰山之角与庐山真面，且将贾春梅“真逃婚”与季一斌“被赖婚”的“反悖式真相”揭晓大白于天下之后，小说中最关键的处在“第一大地位”之情节演绎与意象设定所共同蕴含着的具有加倍效应的集中错置，便已然呈现出它自己最富决定意义的结构性特质，因为正就是由它在管领着整个作品叙述建构的营造和故事意义的伏线。而紧附于其间的“真假江秋燕之辨”，亦便强化和加剧了那种大错置中的特别生动有致的小情境、小意味、小别趣。

小说中行云流水一般的“屌丝语言”，酣畅淋漓，极具风情。一方面颇具个性机趣地体现了作者对于叙述语言运用自如的深湛功力，一方面又十分巧妙地扩展和宽延了这种叙述语言中所备含着的内在而丰富的结构张力。

如果细细地辨味，自会发现：这种规定着作品基调的叙述语言既富有很浓重的“屌丝味”，它又好像“十分屌丝”地出现了性别错置的“串味”，主人公贾春梅明明是个“女屌丝”，可叙述调子却分明属于“男屌丝”，作者为何要“如此屌丝”地错置了小说的叙述调子呢？窃以为，这一非同寻常的审美创意，完全是为了作品“怪诞而正经”的叙述结构所服务的。而且，这种“屌丝味”叙述调子的“戛然而止”，正好恰恰就在贾春梅、季一斌“结婚故事真相”曝光之时。这就不难解释作者为何要在整个作品中营造起“一大干错置的意象演绎”了。与此同时，体现在贾春梅一人身上——

“奇了怪”之女性女相与男腔男调的有意错置，又在男女性别相差相去中包涵了人物性情之差之别之有趣的细节关涉。

再看，老蒋、小蒋之间的错置分别表现为——“父子关系”的异位、“上下级关系”的反位，还有小蒋的“装病”与“死了”、真假江秋燕之争则一直表现为——正位的错置，所有这些故事细节描写或叫做“机关暗道”的安排，都从不同方面体现了由“怪诞而正经”的审美路径而派生出来的种种语境含义。

三

“奇了怪”，引领着故事情节发展脉络的，这一副——人格化了——借以直达现实的屌丝马甲，证明着实际生态中——以“意象即现实”为观照旨归——所出现了的一连串无奈的真切情状。

如果说“存在即合理”这个命题成立，那么《屌丝的花季》中因了众多怪诞意象与种种现实情状相与整合的理性根据，便使作品审美观照层面上“意象即现实”的艺术旨归，也同时达致了现实关怀之真切的结果。

反过来，可举余华《第七天》为例。即便余华本人在《第七天》中施展了“死人返活”而“化腐朽为神奇”般的疑似“下界魔法”，然则，这种无法掩饰真实目的的低劣噱头的所指，也就是余华所精心着眼的荒谬、怪诞的现实生态，并不因了此类噱头本身未具几许独到的创意而就会导致其成了虚妄无聊的幻灭，便进而会显得因其所指之“去噱头化”而照实获得某种被虚化了的结局，也即非荒谬、非怪诞的真态。据上所述，同理亦可反证，范小青《屌丝的花季》由作品内核限定暨叙述外化形态之浑然一体的——“奇了怪”——所演绎生成的“虚拟性意象”与“合理性现实”的“反悖性”共生并存，又恰好显示了作品审美逻辑的贯彻和意境升华的轨迹——即：打从“虚设亦合理”的审美前提出发，经由“怪诞而正经”的内在路径，最后的目的在于，达致“意象即现实”的观照旨归。

客观地说，正是预欲通过“反悖性”叙述张力的扩充，才使得作者所运用的那些非逻辑思维的手法、所先设的非现实主义的题旨，产生出了一定当量的逻辑力和相当真切的现实感。

首先，这种“反悖性”，就来自于“把想象当作存在”之大胆放肆的怪诞想象。它，就算不见得便是了唯心主义的片面主观论，倒似乎也算得上是一种有板有眼、不卑不亢的浪漫气质。如，贾春梅在结尾部分没有任何“唯物主义理由”可资解释的那段极度诡异而“失真”了的——“有意识的失忆”，恰巧最为真实地反映了——当下社会中，贾春梅这些成群结队的屌丝们，对于因缺乏安全感而恐惧真实生存所归属着他们这帮人群的屌丝心态，反而对于虚拟想象却偏偏地独有情钟以至于极致到了“依赖失忆”的程度。这样的“反悖性”，不啻略备浪漫性质的讽刺解嘲，更是超越单纯现实的有力批判。

其次，这种“反悖性”，又来自于“极度的夸张手法”之巧搭积木的奇构怪思。它，尤其在贾春梅“重新找到事实真相”前的所有“巧思妙想”中，“反悖性”地显得——很真实、很可信、很符合逻辑，因为，它已经刻意地蔽去“一切合理因子”存在的可能性。如，贾春梅“逃婚”暨季一斌“被赖婚”后，“逃婚”了的贾春梅自然已经处于“被冷冻的失忆状态”而应是“无所作为”的，但“被赖婚”的季一斌完全有可能也应该“有所作为”之一切“非奇构怪思”的合乎逻辑的实际情况，譬如说季一斌不顾一切地寻找，再譬如说季一斌寻人启事的发布，又譬如说季一斌无奈之下的报警，所有这些诸如此类的等等，却好似已在人间被蒸发得无影无踪，而遭到了“销声匿迹”、“无端失灭”的缺位终审。这样的“反悖性”，诚然，自有着中篇小说结构与篇幅的形式限定，同时，更有着作品内容“意象即现实”的逻辑规定。

此外，这种“反悖性”，也在“意象即现实”真态的指引下，以“虚设亦合理”与“怪诞而正经”互为一致的审美旨归，既怪诞地表现了真假互通的莫须有（贾春梅“逃婚”暨季一斌“被赖婚”即是）和虚实有别的莫须无（上述被蔽去的“合理因子”即是），也杂俎了多幅符合现实社会主流导向的正能量图景。如：小蒋的知识下乡、扎根农村，季一斌与西地村的营销合作、服务农业，民调队老大为小蒋、季一斌真情所动的放弃仕途、回归农科。这样的“反悖性”，说明“人类的血总是热的”，证实“人性的善确是美的”。

当然，行文至最后，笔者仍然要继续贯彻自己向来所一贯秉奉之瑕不掩瑜的审美取向。

因此，笔者相信自己有足够的底气和智商，用来一一地察觉范小青在《屌丝的花季》中所留存的失误，例如：因落笔突兀而不甚合乎情理的结尾，带来了必然会造成——整个作品结构上的不平衡——的结果；因制造悬念而线索设伏不当的粗疏，导致了或则是质之——将怪诞进行到底的不足信——的疑惑；贾春梅的女性角色身份，“我”（笔者以为，倘许用“俺”替代这个“我”，或许，更能显示作品叙述基调与“奇了怪”意象的人格化载体——贾春梅之间的性别同构）与叙述调子的“性别不搭”，也促使作品整体的创作水平多少会得被此打了几分小小的折扣。然则，吊诡的是，许是由于该作品“奇了怪”之审美意象通体浑一地达到了成功表现，笔者便似了那个《红楼梦》中的“乡下刘姥姥”而不得不被范小青“牵着了牛鼻子”亦步亦趋、步步不落地进入了一个“奇了怪”的“屌丝大观园”。

与时间对峙

——关于小海和他的诗歌

朱红梅

小海和他的诗歌，给人偏安一隅的感觉。偏安一隅不是地域层面的意思，而是指他长久以来，始终与诗歌维持着一种低调却稳定的关系：这种关系不因为时空的流转而断裂；外界人事的影响，也仿佛抽刀断水；多年来，小海还是在写诗，并且只是写诗——作为一个上世纪60年代出生的诗人，诗歌不仅仅是小海理解现实的一种方式，也成为生存意义的一种；他无法放弃诗歌，同时又对诗歌文本以外的某些热闹和喧哗保持警惕，显得拘谨而又骄傲。

一

他的诗歌创作始于上世纪80年代。那个时代激情燃烧，青年们大声呐喊，奋笔疾书，用诗歌来颠覆黑夜，代替睡眠。青年诗人小海常常在深夜伏案，写下一行行滚烫的诗句。这种情境在当下以回忆录的文字表述出来，显得陌生和遥远。可是，代入那个特殊的人文情境里：一个颇有天赋的文学少年，凭借着才华挣脱物质和精神都相对贫乏的农村生活的羁绊，进入才俊聚集的南大中文系。那情形很容易让人联想到“海阔凭鱼跃，天高任鸟飞”之类的句子。所以，新鲜、热烈、勤奋、血脉贲张，都是应有之义。

民刊《他们》就诞生于80年代，小海作为刊物的重要作者，也成为“他们”派的中坚分子。自1983年3月创刊到1995年纸质刊物终结，《他们》共刊印了九期。尽管“他们”的核心人物韩东说，“《他们》不是一个文学流派，仅是一种写作可能”；在《他们》来来去去的作者们，也不尽然是诗人，还有马原、苏童这样的小说家；甚至韩东后来也一手写诗，一手写小说，成为知名小说家；但是，《他们》从第五期开始演变为纯粹的诗刊，《他们》的作者群对于诗歌有着共同的了解和兴趣，以及某种相近的审美趣味……这些都使得“他们”作为一个“诗派”更为文坛所瞩目。

那时还相继出现了海上诗群、莽汉主义、非非主义等诗歌派系，他们和“他们”一起，构成了“第三代诗人”的主体。不同于建国初期那一批带有强烈政治意识形态取向的诗人；也不同于80年代初鼓吹个性张扬，同时关注社会的朦胧诗派；“第三代”处于一个更为自由，也更多茫然的时代：政治的钳制与阴影正慢慢从普通人的生活里消退，价值取向逐渐趋于多元。百废待兴这个词，的确代表着希望和可能，但同时也预示着失措和危险。

新一代要发出自己的声音，营造自我的诗歌城堡，在他们不可遏止的建设激情中，天然地孕育着破坏与突围的内在冲动。“第三代诗人”从《今天》和北岛所代表的“朦胧诗派”汲取了资源和养料，也成为了反抗“今天”的急先锋。年轻的诗人不再迷恋“史诗”、责任感、英雄主义这种过于庄重和繁复的东西，他们想把诗歌和现实、和自己拉得更近一点。这种急于发声，找到新出路的愿望如此迫切，在风起云涌的80年代，青年诗人们投身于诗歌的洪流，通过书信及交往获得认同感，写诗、办刊、游历……成为一大批文学青年参与批判与重塑文学理想的重要途径与方式。

小海甚至曾经因为频繁的文学活动而面临被退学的危险。在“他们”的成员中，除韩东之外，小海是唯一一个有作品贯穿《他们》始终的诗人。这似乎也预示了他对于诗歌创作一种异乎寻常的热情和耐力。到后来，他的热情逐渐专注于文本本身，对于诗歌界某些诗歌之外的事件，不再表现出更多的兴趣。

在“他们”作家群里，诗人们都是朋友，可一旦置身有关诗歌的讨论，就会拉开互相批评与指责的架势。“他们”的独特意义或许正在于，不是从整体上提供一个可资讨论的诗歌现象，也不是高举起一面诗歌观念或理论的大旗，而是每个人都致力于去实践和完善一种诗歌写作的可能性。他们不仅可以提出个人的主张，还可以从文本的角度，对自己的主张进行实验和论证。从这点上来说，“他们”就正如韩东所说的，是个沙龙和基地，而不是牢牢抱成团，党同伐异的“文学运动团体”。

小海是最早就出入这个文学沙龙的诗人之一，他的创作是“马拉松式”的，始于80年代，经过90年代，一直跑进新世纪。他的首部诗集《必须弯腰拔草到午后》出版于2003年，此后，《村庄与田园》(2006)、《大秦帝国》(2010)、《北凌河》(2010)等诗集相继面世。最新的一部，就是2013年出版的《影子之歌》。这部集子其实还是“未完待续篇”，过去几年间，小海陆陆续续地写就，并整理出来，还有一些篇章，仍然有待整理。一个存有大量的“私货”，并有着雕琢的耐心的成熟诗人，总是值得期待的。

梳理小海的诗歌创作经历，会有一种“过期”的担忧——曾有过的一些艰难和沉寂时刻，几乎成了他诗歌生涯的终结。

2010年出版的诗集《大秦帝国》一书后，附着一张小海的诗歌创作年表。在这张年表里，小海回顾了自己的诗歌经历。从发表诗歌，创办刊物，参与诗会及相关活动，到结识大量的诗友和艺术圈朋友……有关诗歌的一切，事无巨细，基本呈现在了这张年表中。从1978到2010年，这近乎漫长的30余年里，最简单的两条记录发生于1993和1994年间：

1993年初，调至苏州市政府办公室工作，创作量锐减。

1994年夏末，女儿出生。此后，创作了一批送给孩子的诗。

新近出版的《影子之歌》一书所附的“创作年表”与《大秦帝国》中的版本相比，有了大幅的删改。一些具体的时间和事件，小海都尽量做到表述准确。这些改动暴露了他对于自己诗歌履历的谨慎与重视。

小海也曾在访谈中说，自己写得最少的时候，是1990年前后。种种迹象显示，存在着一种可能，诗人小海将会和“他们”中的一些人一样，放弃诗歌写作，向着曾经的诗歌沙龙时代转过身去，去过一种平庸而日常的世俗生活。

经历了80年代风起云涌的“新启蒙”的洗礼，却不得不面对90年代公认乏味的思想状况，这是属于不同代际，却经历了同样时代变迁的中国知识分子必须面对的困境。学者荣剑在《“50后”的自我批判》一文中写道：平庸的1990年代和激荡的1980年代，的确构成了鲜明的对比。1980年代高扬启蒙旗帜，提倡批判精神，解放思想，实践改革，在1990年代荡然无存。

诗人们在面对时代的断裂和巨变之际，还要面对艰难的个人抉择，理想与现实、诗歌与职业……日常的平静表象下，诗人的灵魂却四处奔突。小海也曾一度游移，计划辞去公职而专事创作，当然，最终他采取了一种妥协和折中的方式：诗歌的归诗歌，

日常的归日常，他将创作和生活维持在了一个平衡和胶着的状态。这种复杂而纠结的人生权衡，折射出了我们个体的心灵与所处时代、外部世界的冲突和牵制，也道出了部分真相：很多时候，不是诗歌改变了生活，而是生活在起作用，是它在生成诗歌。

事实可能正如日本诗人谷川俊太郎所说的："年轻时我曾认为，语言是藏在我内心深处的东西，通过写作让它们呈现出来，诗就这样形成了。但是随着年龄的增长，我觉得自己并不是一个内心很丰富的人，由此导致的变化是：我觉得真正的语言并不在我的内心，而在我之外的世界，在更广阔的宇宙之中。"[1]

小海一定也经历过类似的顿悟时刻，在与诗歌的关系难以为继的关头，他选择了另一种姿态：走出诗歌沙龙，在融入社会、融入日常的过程中，让自身和创作都获得未有过的宽度和深度。也因此，独立于诗歌文本之外，小海的创作经历本身，开始具

1　唐晓渡：《与沉默对刺——当代诗歌对话访谈录》，第 77 页，北京大学出版社，2007 年。

有了一种鲜见的标本意义。诗人的坚持，期间的犹疑和内心冲突等等，行为本身已经有着诗歌精神的闪现：就是那种经历了迷惘、苦痛、忐忑和妥协之后，重新寻得自身与外界平衡的过程：放弃一些，也坚持一些，和世界在犬牙交错中融合，不拒绝现实，也不舍弃珍贵自我。

二

小海说："一个对自己有要求的诗人总是想着颠覆自己、寻求突破，尝试各种可能性。80年代，我的诗歌有一个自然吟唱的基调，90年代主要创作村庄、田园、北凌河这样的系列组诗，进入新世纪我不想沿袭老路，放弃了标签式的主题与创作路径，因为我有了一些诗与思的积累，比如仅仅就个人阅读兴趣而言，就从早年主要偏重文学艺术而转向了历史与哲学，加上工作的变动，个人生活阅历的增加，生命的体验与经验更加真切，这就带来了创作实践上的变化。这个转变是个渐进的、自然而然的过程，而不是临时的决定或者说一次灵感突袭。"

评论界对于他的关注，向来多集中于其90年代的"怀乡"之作，他一再提起的"村庄和田园"，为他贴上了"怀乡抒情诗人"的标签。这一称谓并不等而下之，关键在于，这种对于批评家来说似乎一劳永逸的提法，使得小海的诗歌创作显得模式化、扁平化了：它抹杀了诗人创作中多向度的探索及努力，忽视了长期以来他题材、风格上的复杂选择和微妙变化。

往往如此，诗人的创作收获与外界赋予的关注度总是不对称的。这点从韩东的自述中可以佐证："当年《有关大雁塔》发表以后，我的诗歌写作似乎再无意义。尽管我自认为诗越写越好，别人却不买账。由此我知道所谓'代表作'的有力和可怕。"[2]

小海也陷在同样的评价怪圈里，人们习惯于将他归入"田园抒情诗人"的序列里，理解和阐述小海的诗歌创作也习惯于从"乡村"和"怀旧"开始。怀旧派、幻想派，这顶温情的文学华盖，成为了一种无奈的遮蔽。

2　韩东：《我的柏拉图·我的中篇小说（序）》，第1页，陕西师范大学出版社，2000年。

柏桦盛赞小海的《村庄组诗》，甚至不惜引用叶芝的诗来表达赞美：“一切都变了，一种可怕的美已经诞生。”他声称，在阅读小海的诗歌《弹棉花小店之歌》时，“享受到了只有在阅读契诃夫那些短篇小说时才能享受到的淡淡的忧伤与快乐”。[3]

马原曾经在小说《冈底斯的诱惑》中借用了小海创作于1981年的诗歌《村子》的部分内容，对其“天才的火花”、“纯净、准确、到位”的诗歌语言无比激赏。但他又颇有远见地断定，“小海不是百分之百的田园诗人”，理由是，“上帝不会让真正的诗人短视”。[4]的确，一个始终以诗歌为旗的60年代生诗人，时代和社会赋予他庞大的材料和资源，让他具备了无限生长的可能性。“村庄”可以是他的支撑和拯救，却不会是他的终点。

小海说过，在上世纪80年代，身处“他们”之中，他是感到压力的。对于这种压力，

3　柏桦：《左边——毛泽东时代的抒情诗人》，第256页，江苏文艺出版社，2009年。

4　马原：《阅读小海》，原载《当代作家评论》，2002年第6期。

他语焉不详。似乎可以从他对“第三代”诗人的理解中窥见端倪：第三代诗人除了与外部抗争外，还有内部的磨砺、消耗、批评和纷争，在彼此的砥砺甚至纷争中确立自我的过程，形成了差异性和不同风格。这是第三代诗人成长的内生力，所谓“和而不同”。[5]

而作家李陀在回忆80年代文人朋友之间的相处时，则将其形容为一种“很烫人”的关系：“……因为形成这种友情的一条重要纽带，是我前边说的那种继往开来的激情，还有着激情带来的非常活跃的思想生活。那不是一般的活跃，里面充满了激烈的冲突和争论，同时彼此间又相互激励；谁要是不长进，朋友就对你有压力——一种滚烫滚烫的压力，由不得你不努力。”[6]

这似乎生动还原了彼时的文学“乌托邦”情境和文人们的理想情怀。的确，“他们”之间“烫人的关系”或是相互砥砺，对于小海早期的诗歌创作形成了包围与合力：其中有点拨、有共振，自然也摆脱不了影响和干预。

似乎从80年代以来，他的创作逐渐摆脱了“他们”的群体性外力的控制——不需要再对那种“烫人的关系”做出应激的反应；同时，也开始从曾经浸淫期间的西方现代派诗歌中逐渐抽离。这个曾自况是“喝着狼奶”成长的诗人，开始了叛逃和自主的个人的诗歌跋涉。

摸索的第一步，是他找到了“村庄”这一个“借口”。人到中年的诗人栖居于城市，村庄和田园固然是回不去了，可是少年时代的生活是根植于记忆中的，什么也带不走。虽然俯下身不一定即刻能从泥土里汲取养料，但乡土却给迷茫中的诗人以踏实和及物感。进入90年代，小海需要一些可以支撑和依靠的东西，来克服继续写作的困难。他自然而然地回到了记忆里，也是想象中的故乡。自《必须弯腰拔草到午后》开始，到《村庄》、《田园》、《北凌河》，他对于乡土的抒情和吟唱，那些关于田园与乡村的记忆、经验，甚至是想象，在唱着主角。明晰朴素的语言，流畅的节奏，这些像是自然生成的乐谱，构成了小海的村庄田园主旋律。但是，他对于自己诗歌的

5　小海：《也谈八十年代诗歌精神》，《星星》，2010年第9期。

6　查建英主编：《八十年代：访谈录》，第270页，北京，生活•读书•新知三联书店，2006。

期待远远不止于此。

从“村庄”到《大秦帝国》，从乡土到历史，以及诗歌的传统和民族性，这些问题越来越多地被思考与涉及。小海的诗歌不再停留于早期透明、纯净的状态里，拘泥于表达天赋才情的层面，而是在经验与思考的相互作用下，不断地溶解、沉淀、析出……不停止地追求和运动，让小海始终处于一种对于诗歌理想追求的紧张之中。《大秦帝国》是小海对于诗歌形式的实验，或者说是游戏。同样的材料，做成了诗剧版和人物志版，新瓶装旧酒，对此，小海颇有点炫技的过瘾与自得。

长诗《影子之歌》是小海的野心之作。“影子”一词本身的多义和含糊，文本表达屡屡胀破新诗固有的表现形式，这些都使得读者不能指望通过阅读去通盘了解和领悟小海的“影子王国”，而只能尝试从个人的角度，从各种影子的变体中，从各种能指里，获得一己之感悟。从这个意义上说，一个真正的诗人永远都是一个匿名者，他就隐藏在自己的诗歌里，等不同的读者来打开那道对应的禁闭之门，然后，一个个对应的“自我”纷纷现身。

在小海的创作生涯里，“影子”自始至终，似有若无，是他无法忽略的创作母题：

刚刚开始学写诗的时候，
光明、黑暗，白昼、夜晚
这两组词汇几乎是出现频率最高的，
阴影、影子是时常要蹦出的主题词。
我给陈敬容先生寄去了
厚厚一沓子的“光明和阴影之歌”，
一个月后，先生回信到了：
“——习作璧还——你只写出了两行……”

“为了不让乌鸦们飞出来，
大地上布满黑色的绞架”

如今，小海在取得了对于意象和诗艺某种程度上的把握之后，开始了对于“影子”的整体诠释与挖掘。基于自信，铺陈出了长诗的体量。尽管小海津津乐道于“影子”的全息意义，但也不免给阅读带来某些疑虑：影子之歌究竟是长诗，还是短诗的结合？如果“读其中一节也能代表全部”，那长诗的铺陈是否有违精炼、节制、去芜取精的诗歌精神？才情和语词的狂欢与盛宴在多大程度上成为必要？

三

曾经的先锋派小说家格非说，有人问我为什么不能再写《褐色鸟群》那样的作品，要说明白其实颇费周折。大致有两个原因：一是由于社会的急速变化，在上世纪 80 年代支撑着先锋小说创作的政治背景和文化机制已经消失了；二是除了精英，我希望普通读者也能理解我的作品。

格非此时彻底推翻了 80 年代时候的自己，那时的精英意识和启蒙诉求，以及由此带来的对于普罗大众怀有的一种心理优越感，如今看来都是一种有局限的认知。

这也是很多经历了上世纪 80 年代的写作者的心路历程。就诗人而言，无论是西方现代派还是传统格律诗，他们都是学习者。他们也并不是处于西方和东方之间，而是距离两者都相差甚远。小海称自己的少年成长史，“都打上了简单化的时代观念烙印，闭塞、贫瘠的文化氛围和符号性的公共记忆”。[7] 他自觉意识到了个人文化构成的残缺与贫弱，试图给自己的创作构筑一个逐渐自足的资源与体系。对于个人以及第三代诗歌创作的关注与反省，正是他保持着持续的创作动能的理由之一。

正是通过 90 年代的艰难摸索，经由村庄和田园小径，小海这个曾经的先锋诗人，终于与诗歌的民族传统达成了和解。

首先是“田园系列”里的乡村和童年记忆，再是《大秦帝国》里的历史与传说，只到这无所不在、无所不能的诗歌的“脚手架”——凝结了无数中国社会的表象与特征，喧哗与骚动的“影子”，小海一步步地摆脱了旧日的怀乡和抒情，开始向自己日

7 何平、小海：《使自己真正成为这个国家的诗人》，《当代作家评论》，2011 年第 5 期。

渐丰饶的个人阅历和博大的中国经验实行了“软着陆”。

少时坐在父亲的自行车上，游走于乡间小道，父亲念的那首《春晓》，成为最早被小海理解并产生了美妙感觉的一首唐诗。这种星火般的体验慢慢在小海体内蔓延成燎原之势。他开始认为，身为诗人，需要有“自己在自己家中”写诗的自在和气度，应该使自己“真正成为这个国家的诗人”。

早在1998年，在与陈蔚的对话中，他就曾经断言，“我们现在是缺少中国气派和本土气息。要写出真正中国的东西。像洛尔迦写西班牙，弗罗斯特写美国，叶赛宁成为俄国大地上的抒情器官……”

2009年，在发表于《广西文学》的一组有关诗歌语言的访谈中，小海试图对“中国诗人”这一概念做出进一步阐释：“诗人倾尽一生的努力和心血，要用语言触及所有虚妄和现实的世界，去消除‘在语言和诗由以产生的情感之间总会有的紧张和对立’，建立起语言和命名对象天然的亲和力，获得词与物之间言辞意义上的和谐对应关系，这是我作为一个中国诗人的理想。比如我本人创作的《村庄》、《田园》、《北凌河》等系列组诗，就是在这方面的一些具体尝试。”

无论是创作的取材和形式，抑或是有关诗歌的理论表述，小海的“民族化”倾向很明显。他一再强调的“中国气派”、本土气息等等颇具气势和感染力的词语，在他的近作中也的确得到了不同程度的体现。但是，基于诗人对这种提法的阐述还不够清晰、概念化，很难说其具体文本已与诗歌主张之间建立了稳定的对应关系。《大秦帝国》与《影子之歌》表面上都有着长诗的形制，但是细读《影子之歌》，无论是从结构，还是叙事性的角度来说，都不具备史诗的典型特征。小海自己也说，“（《影子之歌》）结构是松散的又是紧致的，可以从任何一个地方开始循环去读……可以读其中一节也能代表全部，它们是彼此映照的，甚至细节可以代表整体，是有全息意义的。”这足以说明，诗人无意于模仿和复制传统的写作形式，他只是企图在某种坚实的土壤，丰厚的传统之上，生发出一个“动态的、创造性的、开放的体验系统”。

民族与传统，是所有现代诗人背叛、舍弃过，最终又回过头来，不得不慎重对待的历史资源。诗人北岛在谈及民族传统的问题时说：“……这些年在海外对传统的确有了新的体悟。传统就像血缘的召唤一样，是你在人生某一刻才会突然领悟到的。传统博大精深与个人的势单力薄，就像大风与孤帆一样，只有懂得风向的帆才能远行。而问题在于传统就像风的形成那样复杂，往往是可望不可即，可感不可知的。中国古典诗歌对意象与境界的重视，最终成为我们的财富。我在海外朗诵时，有时会觉得李白、杜甫、李煜就站在我后面……我们要是有能耐，就应加入并丰富这一传统，否则我们就是败家子。”[8]

北岛漂泊海外的经历对他的诗歌美学产生了微妙的影响。对于西方精神和民族传统，他都怀有一种复杂的情绪。异国的生活经历让他对“理想国”的憧憬部分地幻灭，身份的焦虑使其回转身，对于传统诗歌与文化的认同感与日俱增。诗人的身份焦虑与审美风尚产生了奇特的化学反应。

而小海对于传统的眷恋，对于成为一个“中国式诗人”的向往，与北岛不无差异，但又有着相似的地方。作为一个长期在写作，始终保持在场身份的诗人，他背对90年代诗坛“知识分子”与“民间”写作之间的对立与纷争，与“诗歌运动”保持了相当的距离；在对语词与情感，词与物的融洽关系的专注下，在对诗艺与哲思的推敲琢磨中触类旁通，窥见了传统诗歌从外在范式到内里节奏，独到的成熟与精妙。而中国诗歌漫长的进化史和绚烂成果无不给诗人一种笃定的心态与底气，据此获得了某种心灵上的平静与坦然，并重新展开一场对于传统认同而不雷同，致力于丰富她，而不是复制她的诗歌跋涉。

诗人克尔凯郭尔说过：“一个人只要努力工作，就可以生出他的父亲！”朦胧诗人杨炼也说：“如果没有创造性，我们就没有传统只有过去。”显而易见，回到传统，接纳传统，只是一个起点，对于小海来说，要构筑自己精致的诗歌堡垒，锤炼精到的诗学理念，还需要持续的思考与创造。所幸，小海说：“通过影子，我们学会了理解一切，可以活下去。”活着，并写下去，小海和他的诗歌依旧是值得期待的。

---

8 查建英主编：《八十年代：访谈录》，第74页，北京，生活•读书•新知三联书店，2006。

《学桴·发刊词》校注

黄均达

汉文教习　黄振元

东吴学堂成立者逾五年，西士谋刊行月报，以表学堂之内容与当代学界交换知识，嘱教员某，名以《学桴》，而系其词曰：

揽神州之苍茫，敏人间其何世，群虎眈视，涎兹禁脔，一狮欠申，杲其坠魂，劫枰待收，舞台难下，非所谓过渡时代乎。[①]

过渡二字名词，含义甚广，几与天演相出入，凡属于空间而为分线者，属于时间而为现在者，皆过渡也。过渡者，即谓为天演界之现在分线可也。

涅菩辣斯凝为大块，一微分子之分合，一单细胞之孳育，组织以阿耨尔基，成此森罗万象于其上，物界之过渡如是；真如性海，湛然无波，而积因成果，从根生尘，遂有感觉，有知觉，有知识、情绪、意志种种心素；虽如环无端，而细考之，一刹那间，皆有新陈代谢之象，心界之过渡又如是。[②]

试观政治界，曰酋长政体，曰家族政体，曰市府政体，曰邦域政体，此以形式论也；而其精神上有君治、有共治、有民治之区别。消长乘除，若寒暑之迭更，潮汐之相代者，过渡也。

继观宗教界，为多神，为一神，为凡神，泰古之世，惟顶蚫礼黾而已。渐进而为丹青土木，至于燔柴扫地，似高尚矣；今且排除一切科仪形式，而以信仰代牲醪，以性灵为壇宇，盖由过渡而臻此也。[③]

即以学界言，形而上者，有天然哲学，有精神哲学，有神秘哲学，有实验哲学；形而下者，有普通科学，有经验科学，有应用科学，有统合科学；真理日明，人格日上，教育资料日富，要之皆自过渡来也。

而报界之过渡亦可得言，其始莫不受政府之禁锢，渐进而享有言论自由，出版自由之权。今则政府且保护之，提倡之，资助之矣。而社会对于报界之感情，初则视同败楮，斥为嚚言，继而风气渐开，影响渐广，几以报章为政教风俗之原动力，中外朝野之活历史矣。④

而中国之政治界、宗教界及学界、报界之过渡何如者？政界则由封建而郡县，由闭关而通市，近且欲革除数千年来专制之粃政，不但求野、求彝，以达其宝柜金牛之目的。宗教界则自人神杂糅，墨梵混同，缁黄峙南北之宗，章缝树性学之敌，以至利氏东渡，踪近折芦，二百年来，午贯纵横，利于硝弹，善法之堂，浸遍禹甸，而爱智之士，且有倡五洲宗教同源之论者。学界则鹦鹉、蠹鱼之末派，变而治蟹行之奇文，采芹食苹之靡风，起而就树人之新范。报界则货殖宗旨，易而爱国保种俳优伎俩；进为药论箴言，民智擢其萌芽，清议视为龟筴。厮养舆台，亦人手一纸，抵掌谈时事，虽曰进化之公例当如是，而其疲于津梁者，已不知几度矣。⑤

东吴学堂之设焉，当西历十九纪二十纪之交，新政将兴而未兴，科举垂废而未废，社会志趣如飓涡中罗经靡定所向；而此学堂独挟其输人之文明、元有之国粹，岿然出现于锦帆泾上。前乎此者，非无斩棘之劳，而程度逊之；后乎此者，诚有积薪之势，

1903 年东吴大学教习合影
（前排左二黄摩西）

而权舆推之。盖经营惨淡，不啻三盈三虚，而始有此英俊满堂，士夫交诵，快然布告通国而无恧之一日，此则又学堂之过渡也。[⑥]

虽然过渡二字，幸词也，而亦危词也。

即以美洲言，阁龙探险以还，一过渡而为撒克逊人避秦之桃源，又过渡而十三州独立旗飞，自由钟响；又过渡而合南北为一家，又过渡而县古巴，藉布哇，囊括菲律宾，雄心未已，一手握两大瀛之管钥，欲一跃而过之，其所谓华盛顿主义，变为孟罗主义，孟罗主义变为麦荆来主义者，大有风利不得泊之势，过渡如此，始足豪矣。[⑦]

哈姆闪谟之种族当时非不炽昌也，一过渡而禽狝草薙绝迹地球上，仅与古代化石之大鸟大兽，供读史者之想象而已。埃及、印度、犹太、波兰名国也，一过渡而父母他人，旧历史之光荣渐堕，河山易主，新舆图之标识难明，噫罗刹风狷，蛟龙水阔，听空侯之谣，不知其雪涕之何从也。

幸则为甲，危则为乙丙丁等，非遭际之有殊也，当过渡时代，必有预备过渡，维持过渡者，则幸与危之结果，亦视其过渡之器具何如耳。[⑧]

学桴者，预备过渡时代器具之一部分也。

而何不以兵桴、以商桴，而何不以政治桴、宗教桴，而独有取于学者？盖兵商政教皆备于学，则学者载种种桴之桴也，而又可谓合种种桴而所成之桴也。

桴意云何？束木以济也，大曰筏，小曰桴，桴之体甚拙，桴之用又甚狭，欲以此抵制十九纪后之风潮，交通数万里外之文物，得无不知量乎！

抑又闻之下于桴者，或砅或揭，或杭苇，或缚罂而囊革，进于桴，则为舴艋，为艨艟，为甲板，为汽机电机各铁舰，则桴之为用，亦过渡器具中之过渡也，虽不能与黄龙、青雀、铁甲、金丁争万斛千里之长，而较诸徒涉俛济者，庶有一当焉。[⑨]

乘桴浮海，先圣之志也，而以无所取材，慨然中止，材当作材木解，盖无相当之材，而姑以断菑朽梗滥充之，则必有胶解之忧，虽勇于进取如仲氏子，且未许轻试焉，则欲尽过渡时代之义务者，慎勿以桴而忽之。[⑩]

且就桴言桴，有数长焉，制造简单，不耗工力，虽微共般，操斤立就，一也；轻而易举，不忧胶滞，三尺童子可任操纵，二也；风涛之灾，每属于伟器，艰巨之任，不责之拙工，三也。亦有所短，形模不备，规则莫施，甲前乙却，必生僢迕，相形见绌。则青翰羞傍，无地逞长；则黄头不顾，樵牧溷迹；恐难当博望之槎。瓦砾盈装，未必载澹台之璧。⑪

言未既有笑于旁者曰，桴之为物虽微，有主驾者，子一受赁之篙工耳，而攘臂其间，欲辨方针之向背，礁碛之起伏，积贮之多寡，乘客之伧雅，何选事哉？且天下之桴而不桴者亦多矣，物无定情，用各有适，中流一壶，千金论值，安知世之见此桴者，不短子所长，而长子所短者乎，以子之茎才蕞识，仅察目前未识世事之百变而未有巳也，子诚过渡时代之人物也，予俯而思之曰：若言信，有不桴而桴者，则必有桴而不桴者，予亦安能于桴不桴之间而妄臆其短长哉，予甚感若之桴予于迷津也，当存若之说，以桴过渡时代中茎才蕞识之如予者。⑫

选注：

①敂（kòu）：古同“叩”，敲。

眈视（dān shì）：贪婪凶狠地注视。

涎兹禁脔：涎tǐng，流口水。禁脔：比喻独自占有，不容别人分享、染指的东西。

欠申：打呵欠，伸懒腰，疲倦的表示。

杲（gǎo）：明亮，远。

劫枰：劫，强取，掠夺；灾难。枰píng：棋盘。

天演：即进化。

②涅菩辣斯：英语nebulas的音译，星云。

阿耨尔基：梵语的译音，意为极微。

性海：佛教语。指理性深广如海。

③顶蚼礼黾（mǐn）：顶礼膜拜之意。

④败楮：楮（chǔ），一种落叶乔木。败楮，喻腐败之树木。

譮言（wèi yán）：不实之言。柳亚子《放歌》中有：“乡愿倡譮言，毒人纲与常。”

⑤秕政：即弊政。《梁书·侯景传》：“诛君侧之恶人，清国朝之秕政。”

求野、求彝：野，1.指民间。2.指不正常、不合礼制的。彝，1.指正常、常规。2.指不变的、固定的。求野、求彝：指采用各种方法。

宝柜金牛：指富贵、祥瑞。

燔（fán）柴扫地：古代祭天仪式。将玉帛、牺牲等置于积柴上而焚之。

性灵：内心世界。泛指精神、思想、情感等。

壇宇：祭祀的坛场。

杂糅（róu）：交错混杂，浑然一体。

墨梵：墨，指墨家；梵，指佛教。

缁（zī）黄：指僧、道。因僧人穿缁（黑色）服，道士戴黄冠，故称。

章缝："章甫缝掖"的简称；指儒者或儒家学说。典出《礼记·儒行》："丘少居鲁，衣缝掖之衣；长居宋，冠章甫之冠。"

利氏东渡：利氏即利玛窦（Matteo Ricci），天主教耶稣会意大利籍神父、传教士、学者。1583年（明神宗万历十一年）来到中国。他不仅传播了天主教教义，还传播了西方文明与科学技术知识。

折芦：指"折芦渡江"。典出《释氏通鉴》："（达摩）遂去梁，折芦渡江，二十三日北趋魏境。"达摩是天竺国佛教禅宗第27代祖师般若多罗的嫡传弟子。传说达摩祖师当年来中国传教，过长江的时候，折芦苇而渡。

午贯：十字形交叉贯穿。

善法：好的法令、方法。

禹甸：指中国大地。典出《诗·小雅·信南山》："信彼南山，维禹甸之。畇畇原隰，曾孙田之。"本谓禹所垦辟之地，后称中国之地为禹甸。

采芹：古称入学为"采芹"。典出《诗·鲁颂·泮水》："思乐泮水，薄采其芹。"古时学宫有泮水，入学则可采水中之芹以为菜，故称入学为"采芹"、"入泮"。

食苹：指天子宴群臣嘉宾，亦指参加天子宴贤臣的宴会。语出《诗·小雅·鹿鸣》："呦呦鹿鸣，食野之苹。我有嘉宾，鼓瑟吹笙。"

靡风：风气。语出《论语·颜渊》："草上之风，必偃。"

鹦鹉、蠹鱼：鹦鹉，比喻有才之士。蠹鱼：书中的蛀虫，喻平庸之读书人。

末派：分支、流派。

蟹行之奇文：旧称欧美等国横写的拉丁语系的文字为"蟹行文"。

货殖：谓经商营利。

俳优：古代指以乐舞、谐戏为业的艺人。

药论箴言：对时政的议论和社会上的舆论。

清议：对时政的议论。

龟筴：亦称“龟策”，古代占卜之具。

厮养：犹厮役。

舆台：舆和台是古代奴隶社会中两个低的等级的名称，后来泛指奴仆及地位低下的人。

抵掌：击掌。指谈话中的高兴神情。

公例：犹言一般的规律。

津梁：渡口和桥梁，指起引导、过渡作用。

⑥罗经：即罗盘，指南针。

元有：元本（根本）；本来、原来。

通国：整个国家。

无恧（nǜ）：无愧。

⑦阁龙：即航海家哥伦布（Cristóbal Colón）。

撒克逊人(Saxons)：指英国人。撒克逊人在5—6世纪征服不列颠的日耳曼人，开创了真正意义上的英国史。

避秦之桃源：指避世隐居的理想地方。典出陶潜《桃花源记》。

藉布哇：即波多黎各，1898年成为美国的殖民地。

孟罗主义（Monroe Doctrine）：亦作“门罗主义”。1823年，美国总统门罗提出“美洲是美洲人的美洲”的口号，以反对英、俄等国插足美洲，为美国扩张作掩护。

麦荆来主义：麦荆来，即美国1897—1901年总统威廉·麦金莱（William McKinley），他采取提高关税和稳定货币的政策，使美国的经济得到振兴。对外实行扩张，夺取了古巴、波多黎各、菲律宾等国，还派兵参与“八国联军”，大肆掠夺他国。

⑧禽狝（xiǎn）：狝，原指古代指秋天打猎。禽狝，谓象禽兽一样加以捕杀。

草薙（tì）：像除草似的加以杀戮。

空侯：即箜篌，古乐器名。

雪涕：擦拭眼泪。

⑨ 砅（lì）：踏着石头过水。

揭：提起衣裳涉水。

杭苇：“杭”古同“航”，指渡河；语出《诗·卫风·河广》“谁谓河广？一苇杭之！”

缚罂：罂，古代大腹小口的酒器。缚罂，指绑紧口的酒坛。

囊革：皮袋子。

舴艋（zé měng）：小船；

艨艟（méng chōng）：古代战船，船体用牛皮保护。

黄龙、青雀：古之舰船名。

铁甲、金丁：用钢铁等金属包裹或制成的大船。

徒涉佹济者：指涉水渡河的人。

⑩ 断菑（zì）朽梗：断枝枯干。

⑪ 僢迕（chuǎn wǔ）：差错。

青翰：舟名。因上刻饰鸟形，涂以青色，故称。

黄头：即“黄头小儿”，指童仆。

溷（hùn）迹：混迹。

澹台之璧：喻千金之璧。典出晋·张华《博物志》卷七：“澹台子羽（孔子弟子）渡河，赍千金之璧于河，河伯欲之，至阳侯波起，两鲛挟船，子羽左掺璧，右操剑，击鲛皆死。既渡，三投璧于河伯，河伯跃而归之，子羽毁而去。”故事喻气概豪迈。

⑫ 荃才蕞识：荃（quán），香草；蕞（zuì），丛聚。荃才蕞识，指俊才学识荟集。

吴门谈艺

艺以载道

李超德

（一）

人类艺术史是世界文明史的一面镜子。因此，原始人的石器在世界各地的博物馆和美术馆里是当作艺术品来陈列的。原始人从打磨石器、狩猎当中体会到了人的本质力量和形式的力量。所以我们讲，艺术的起源和人类的起源是紧密结合在一起的。人类的欲求、思维、情感、想象和其他活动与艺术起源共同成长。

在当下的学术语境中，艺术作为学科门类，它包含了美术、设计、音乐与舞蹈、戏剧与影视和艺术学理论。单从美术和设计的历史溯源看，它们本是同源，都是造物文化的分合离散所致。因此，它们之间存在着亲密关系是不言而喻的，有些人将美术与设计看作是同类也就不足为怪了。但是，美术从技艺中分离出来走上一条独立发展道路以后，美术就成为依附于物质载体的精神文化创造行为，是艺术家个人感情的外化和物态化。工业革命以后，造物文化的词汇中 design 成为一个既是语义丰富的名词，又是包涵内容广泛的活动过程的动词。现代设计作为人类运用创意智慧和科学技术的造物活动，从拉斯金和莫里斯的手工艺运动，到 1919 年在德国建立第一所现代设计学校，直至今天信息时代追随后现代主义人性化设计的一百多年中，设计的最终目的就是不断探索怎样满足最优化的人的需求，强调的是满足他人的需要，突出的是“我们”。

当然，设计活动中充满着艺术的诱因，除了形式因素外，设计中的文化指向，即设计师按照人的要求、爱好和趣味设计产品，又与艺术活动和社会生活紧密相连。有品位与艺术才华的设计师所设计的不仅仅是产品，而且是产品与人之间所形成的某种和谐关系、情态和生活状态。因此，设计师直接设计的是产品，间接设计的是人和社会。为他人而设计，为他人的生活方式而设计是设计的物质功能中包含精神因素的真正目的。

艺术进入人的现代生活以后，成为人类精神生活不可或缺的重要方面。艺术作为人类创造性文化活动，它的第一要义是精神性的，它的宗旨是感应人的心灵、表达人的心灵、启迪人的心灵。它赋予了人类思维领域的创造性本质。艺术之所以能够引起人们的思想共鸣，引发人们的遐思，就在于艺术家在作品中展现独特个性，突出的是艺术家思想深处的“我”。

然而，如果“艺术是我”嬗变为“艺术是我们”，这样的艺术就缺乏个性，成为某种工具，很少有真艺术。

瓦纳拉西的老者（水墨纸本）　李超德

“设计是我们”如果混同于“设计是我”，这样的作品必然是没有使用价值的伪设计。

因此，如何回答上述问题，面对艺术创作、设计行为的物化成果和实践形态，需要我们做出理论的总结、归纳与研究，这是我们编辑这套文库的初衷之一。

（二）

艺术升为门类以后，遭遇了艺术学科分类和学术评价的大讨论。传统意义上的“学”，又有新的释义。

传统意义上的艺术学科，学与学科似乎是分离的。所谓“学”是人类思想和知识产生与发展的总结。所谓“学科”，则是对于相关专门知识、技能、技巧的分类归纳。“学”是思想和精神文化领域人类知识财富与智慧的贡献。而“学科”却是学术制度建设层面的归类。

我们通常理解的艺术学是大人文科学的组成部分，是一门研究艺术现象及其规律的科学，艺术流变、艺术理论、艺术批评是它的主要研究内容。当下，由于艺术升为门类，艺术门类下设一级学科相平行是否有必要再设艺术学理论，门类艺术学之上到底还有没有一般艺术学这个概念？需不需要有一个独立的艺术学理论？学术界存在着重大争论。我个人认为，由于学术界各位专家的学术背景不同，研究问题的逻辑起点自然不同，得出的结论也就不同，诸如此类的争论会在相当长的一段时间里一直持续下去。

其实艺术升为门类之后，相关争议很多，不能因为有争论，研究工作就不展开。以“美术学”为例，它的名词表述颇具中国特色。有专家研究认为，在欧美大学的学科设置中，其实不存在所谓“美术学”相对应的英文词汇。只有“美术史”的概念，在欧美，美术史研究多为历史与哲学研究所包容。而国内美术史学研究往往从史料和经验出发，以时代背景、作品、作者、风格特征这样的研究程式，用考据的方法去解读美术发展流变。中国的美术史研究从陈师曾、俞建华、黄苗子到王伯敏等都是用此方法来做研究。进入 20 世纪 80 年代以后，许多学者不满足于此。首先，研究现代美术的理论家们试图从弗洛伊德、叔本华、尼采那里寻找到图形背后的思想根基与创作激情。而后,具有黑格尔语言特征的李泽厚的美学著作,某种程度上超越了朱光潜先生,用其特有的美学套路俘获了一批青年艺术家、艺术学生的心,并以此解释艺术史和艺术发展流变的现象。大家从一本《美的历程》中,普及了另外一种了解艺术史的常识。“审美积淀论”、青铜器所凸显的“狰狞之美”,深深地烙在了年轻艺术家和史论工作者的心里。然而,“审美积淀论”和所谓“狰狞之美”的论断,也遭遇了后来者的诟病。进入90年代以后,潘诺夫斯基和贡布里希艺术史研究的方法论,被越来越多地介绍进中国。这一学术研究方法论秉承了人文主义的态度,为我们开启了艺术创作和作品参与两种世界心智的大门:即物质的现实世界和自己的感觉世界。尽管,这本质上是从康德那里借来的研究视角与概念,但已经成为潘诺夫斯基强调“作为人文学科的艺术史”理论研究的基础。在贡布里希的眼里,以再现为主的古代绘画与现代视觉艺术如此的不同:“通过电视屏幕和电影,通过邮票和食品包装,现实世界的种种面貌在我们眼前。绘画在学校里教授,也在家里演习,或者作为一种疗法,或者作为一种消遣之计,许多普通的业余爱好者也掌握了一些技法,那些技法会被乔托(Giotto)惊叹为地地道道的魔法。大概连我们在早餐食物盒子上看到的那些粗糙的彩图,也会让乔托那个时代的人瞠目口呆。我不知道是否有人以此得出结论,认为食物盒子比乔托的画更高明。我不是那种人,但是,我认为再现技术的成功和庸俗化向艺术史家和艺术批评家两方面提出了一个问题。”贡布里希力图唤醒人们用线、形、色呈现的“图画”的视觉现实的神秘幻想的惊奇感。既然一件艺术作品属于它自己的感觉世界,艺术史就必须要创作一种先验的范畴,用它来讲述艺术作品。“艺术作品既属于现实的,又属于它自己的感觉世界。”因此,它必然存在着两种对待它们的方式。

在西方的大学里,美术史学研究实际上是借美术的外壳,承载的却是社会文化的历史内容与含义的任务。就学科设置而言,他们大多拥有独立的系别,哈佛大学、哥伦比亚大学、剑桥大学,这些知名大学均有美术史研究的专业,而且各有所长。以我曾进修过的马里兰大学为例,它的美术与美术史专业是设在人文与艺术学院中的,而且以亚洲艺术史,特别是日本及东亚艺术史研究见长。有的美术理论、美术批评学科,又常设在哲学系美学专业之中。总的来说,国外并不存在一个包括史、论、评含义的美术学概念，似乎也不存在一个学科概念上的美术学。

我们今天重新讨论艺术学与美术学科如何定义，恐怕具有更大的现实性。怎么理解“艺术作品既属于现实的，又属于自己的感觉世界”，对于我们今天重新定义美术学，具有重要意义。因此，美术学作为人文科学研究视野中的概念，“学”当然包括了人类思想和知识的产生及其发展的总结。美术学，顾名思义，就是人类美术发展流变的思想与智慧的总结与归纳。但是，如果这样认为，学科概念又是狭窄的，这个“学”还应该包括艺术作品的实践创作，因为它也是艺术家通过积极的思维活动，用实践的方式表达自己的感觉世界。新的一级学科——美术学的二级学科如何划分的讨论也说明了这一点。其实“美术学”无法找到对应的英文词汇也不为怪，因为这种划分本身是中国式的。因此，美术学与美术学科在当下的语境中，又有一些含混的意味。学包括了学术、学问，甚至创作。美术学又包括了学科归类的意思。所以我们现在划定的一级学科美术学，美术学已经不单是美术史学，它必然包括创作理论和创作实践。美术学更不单单是美术理论与博士点建设，它必须要有宽阔的学术视野来认识美术学所承载的研究内容，它既有人文领域思想的总结，又有学科归类管理的任务。这与后面论证美术学科的术学之争有着逻辑关系。以美术举证，说明的是整个艺术门类。

从中可以看出，艺术活动和艺术作品始终伴随着艺术家深沉的学术思考，作品中不可能不透露着艺术家学术思想，内容和形式是艺术家思想的承载。而关于其学术评价问题则是另外需要讨论的问题。

面对这一系列理论问题，我们需要作一些理性的思考，这是我们编辑这套文库的初衷之二。

（三）

将艺术活动置于学术视野下进行研究，我们不难发现，看似技能化和物质外显的艺术，实际上积淀了很深的文化哲理。俗话说：“形而上者谓之道，形而下者谓之器。”道与器构成了中国哲学的一对基本范畴。社会分工我为师者，师者又分为两种，即从道与从器。从道与从器虽不能说分出什么高下，但从道者即研究道，而道与器又不能分开，道器相辅相成，互为关系。有的地方又将“器”解释为“艺”，器艺不分，或者说器艺有着大致相似的东西，要看处在什么状态下说器或说艺。“道”是无形象的，隐含着规律和准则的意义；“器”是有形象的，明指具体事物或名物制度。道器关系实是抽象道理与具体事物之间的关系问题。

宋代理学大师程颐、朱熹等认为“道”超越于“器”之上。朱熹曾说：“理也者，形而上之道也、生物之本也；气也者，形而下之器也、生物之具也。”（《朱文公文集》卷五《答黄道夫》）“道”与“器”相对，所谓“道器”；“道”亦与“德”相对，所谓“道德”，意指法则。《老子》曰：“有物混成，先天地生……可以为天下母。吾不知其名，字之曰道。”道又成了宇宙万物的本源和本体。道还与一定的人生观、世界观、政治主张和思想体系联系在一起。《论语·公冶长》曰：“道不行，乘桴浮于海。”《卫灵公》：“道不同，不相为谋。”指的是道义。当然，所谓“道”，还兼有方法、区域、道路、治理、说词等等含义。

中国历来重“道”而轻“器”。晚清曾追随过李鸿章的改良主义学者郑观应（1841—1923）在他的《盛世危言·道器篇》中认为“道”（封建伦理纲常）是中国的好；“器”（西方科学技术）是西洋的好。“道”是本，“器”是末。从中可以看出，西方工业革命的辉煌成果已经将世界彻底改变之时，中国近代有国际眼光的知识分子还如此说，可见中国学术界“厚古薄今”和重道轻器之积习有多深。数年前，我在郑州古玩城购得一本由清末柘城知县郭藻（字翰亭）抄录的《老气横秋》，其中数篇文章都是讲西学之辩的，甚至还有要求拿办张之洞等洋务派的奏章。其中“中西格致源流论”、“电报”、“中外化学名词异同考”、“富强当求本源论”、“应变须才论”、“论倭事为中国之福”等都是围绕保守与改革而阐发的言论。源于《论语·大学》的格致说，在晚清这一变革的时代，“格致”又成为时髦的话题。面对列强的侵略，图强图变以及洋务运动产生的影响，知识分子内心的挣扎，他们思考“道”与“器”的问题，对自然科学的认知开始有了新的变化。其中有一篇钟天纬的《西学古今辨》，虽说是抄本，但使我第一次接触晚清知识分子面对西方科学技术的发展，重议“格致”说的言论。这对我以后关于设计艺术的“术”与“学”的认识具有非常大的启发作用。

钟天纬（1840—1900）曾出使德国，对西方科学技术有感性体会，回国后入盛宣怀幕府，又应张之洞之招，任鄂矿务学堂监督，属于洋务派人物。即便有着这样广阔背景的钟天纬，仍然不能避开文化根基的制约。他认为：“中国重道而轻艺，故其格致专以义理为重；西国重艺而轻道，故其格致偏于物理为多，此中西之所由分也。”（钟天纬《格致说》，《陈编》卷11，学术11，格致下）所谓“格致”，即“格物、致知”的简称，为穷究事物的原理而获得知识，原出于《礼记·大学》：“致知在格物，物格而后知至。”到了清朝末年，“格致”又成了对声、光、电等自然科学部门的统称。在钟天纬的思想里，“格致”的物理与义理已经分开，但钟天纬认为中西“格致”的差异只是侧重点不同，因而声称：“苟稍分制艺之精神专究格致，不难更驾西人而上之。”（翰亭抄本《老气横秋·西学古今辨》）虽然钟天纬已经认识到西方对“艺”的青睐和“艺”的重要，但以中国的学术传统和文化视角而言，道和艺（器）仍不是地位完全平等的学问。

1886年上海格致书院季考出了一题，名曰“格致之学中西异同论”，有一位名叫彭瑞熙的学生以名为“中西格致异同辨”一文夺得第一名。他在文章中说：“世有求格致者，以道为经，以艺为纬，则中西一贯，亦何异之有哉。”（彭瑞熙《中西格致异同辨》，《陈编》卷10，学术10，格致上）说的是儒家知识分子只要对“艺”多重视一点，中西格致之间的差别就会消失。湖南学者葛道殷也认为道与艺之间的差别不大，“格致之理固无不同，而格致之事各有详略精粗不同”（葛道殷《中西格致本原论》）。西风东渐，尽管有如王国维等一批学者要为中学而“独上高楼，望断天涯路”，但西学的进入使儒家传统文化经典对所谓“格致”的认知框架面临着巨大的挑战。西方学术对格致的解释由于有了应用与现实的优势，儒家的道就显得苍白无力。然而儒家学术的强大体系仍然操控着人们的思维。李鸿章甚至说：“西学格物之说，不背于吾儒。”他的潜台词是，西方科学技术要为人所接受，必须首先融入儒家的思想体系。

儒家学术由于其关注的是社会伦理问题，甚至将其归为实现“诚正修齐治平”的治国手段，格致也成了为此服务的附属之技。正如《礼记·大学》所说：“古之欲明德于天下者，先治其国；欲治其国者，先齐其家；欲齐其家者，先修其身；欲修其身者，先正其心；欲正其心者，先诚其意；欲诚其意者，先至其知；致知在格物。物格而后知至，知至而后意诚，意诚而后心正，心正而后身修，身修而后家齐，家齐而后

釉下彩瓷绘　李超德

国治，国治而后天下平。”一个轮回，又回到治天下。晚清知识分子关于道器（艺）和格致的讨论反映了面对西学东渐的现实迷途。一方面认识到西方科学技术的重要，另一方面又固守儒家的道。在一种无奈境地中，人们将西方的格致之学纳入儒家的“道器”范畴，并被列为器数之末。究其原因，在现实面前人们注意到了西方技术的应用价值，而对其背后的抽象原理懒得关心。但是科学技术的发展使得 19 世纪末的儒家学术越来越不能包容发展着的西学格致之术。儒家的格致与道器因为习惯的“厚古薄今”之风而越来越不能包容发展中的社会现实，儒家之道也就成了“玄学”。而西方的格致则有了独立于传统格致架构之外的倾向，学问分科越来越细。

人文与自然科学的历史变迁促进了人的认知变迁。彭瑞熙的“以道为经，以艺为纬”的论述给了我启示。艺术作为门类还可以有细分的学科，自然有其道，也有其艺，道艺交织，互为经纬。其实，有关“道”不能离开“器”而存在的理论早在明清之际就有思想家王船山先生提出了“无其器则无其道”的命题。王船山认为“尽天地之间，无不是气，即无不是理也”（《读四书大全说》卷十）；“气”是物质实体，而“理”则是客观规律。批评了程、朱关于“理气”的唯心主义观点。他强调“天下惟器而已矣”，“无其器则无其道”（《周易外传》卷五）。从“道器”关系建立了他的历史进化论，反对保守退化思想。道器理论不正是对绘画和设计之道的最好解释吗?

由此可见，艺术在形式表象的外显之中，内含的是“道”。理论研究对于艺术实践而言是双面胶，它的重要性不言而喻。艺术之器和艺术之道，相辅相成，互为彼此，这是我们编辑这套文库的初衷之三。

（四）

苏州大学作为国家211重点建设高校，是一所拥有112年建校历史的高校，她见证了中国现代高等教育的变迁和发展。我校艺术学科发端于早年美术教育家吕凤子、音乐教育家刘雪庵等开创的艺术教育，有着很深的艺术传统和历史积淀。

江苏省人民政府于2010设立“江苏省优势学科建设项目”，以巨大的财政支持，重点建设江苏高校国内一流的学科。经过数轮评审，苏州大学艺术学名列其中，这既倾注着苏州大学112年建校历史的人文积淀，更是艺术学院建院52年来，几代共同努力的结果。苏州大学艺术学院的前身是创建于1960年的苏州丝绸工学院工艺美术系，1997年6月原苏州丝绸工学院同原苏州大学合并，重新组建了新的艺术学院。目前已发展成为师资力量雄厚、专业方向比较齐全的综合性艺术学院。学院现在拥有美术系、染织艺术系、服装艺术系、视觉传达系、环境艺术系、音乐系、艺术学系、设计基础课部等八个教学单位，十个专业方向。现拥有校级“非物质文化遗产研究中心”、院级艺术设计研究所、创意产业与设计研究所、金太阳纺织设计研究中心、梦兰设计研究所、艺术教学实验中心、中国美协苏州粉画创作中心。学院设有艺术学博士后流动站，拥有设计学博士和设计学硕士、美术学硕士、音乐与舞蹈学硕士、艺术学理论硕士、艺术硕士（MFA）和工程硕士学位授予权。同时，艺术设计专业现为教育部批准的首批全国艺术教育类人才培养模式创新实践区、十五期间“江苏省重点学科”、江苏省特色专业、2010 年度江苏省品牌专业。纺织与服装设计实验教学中心为国家级实验教学示范中心建设点，艺术设计实验教学中心现为江苏省实验教学示范中心

特别是我校的设计艺术专业办学历史悠久，门类齐全，师资力量雄厚，为我国设计产业输送了大量人才。1983 年和 1989 年率先创办服装设计和服装表演专业，举办首届全国高校服装设计师资培训班，填补了服装高等教育的空白。有 300 多位设计专业毕业生在包括清华大学美术学院和中国美术学院等 264 所本科院校担任教师工作。鉴于对中国服装设计教育作出的贡献，艺术学院被评为 1998 年全国“最具影响力的服装设计学府”和 2002 年“服装设计功勋奖提名”院校，并获服装文化奖。毕业生中有著名设计师王新元、马可、赵伟国等 11 人次被评为“全国十佳服装设计师”。2005 年《中国纺织报》评出的“对中国服装设计教育产生重要影响的十位教授”，我院毕业生和在校教授占 4 位。2000 年以来涌现了诸如吴洪、马可、邱昊、李伦、何平等具有国际声望的设计师。特别是马可多次应邀赴巴黎时装周作专场发布，并在法国文化部长的城堡展示她的服装艺术作品。何平由于出色的设计才华，2009 年在英国获得了杰出华裔青年的提名。吴洪作为深圳大学设计学院院长成为第一位受邀赴米兰时装周主场发布时装的中国设计师。服装表演专业学生在校期间有 3 人获得新丝路模特大赛亚军，多人获得中央电视台模特大赛 10 佳，多人获得世界小姐大赛（增加“中国区”）冠军等奖项。特别是熊黛林、孙菲菲等已经成为国际名模。在武书连中国大学学术排行榜上服装设计专业多次名列第 1。在校本科生吴莹莹等一批同学获得国际插画大奖赛金奖、服装设计最高奖“新人奖”等数百个奖项，多位同学作品入围第 11 届全国美展。

长期以来，我们一直坚持理论研究为先导，立足于本民族的文化艺术土壤，对艺术历史、艺术理论、艺术实践与方法论进行深入研究，形成了良好的学术风气和明显的学术特色与优势。特别是设计理论研究方面，我们立足于本民族的文化土壤，放眼于国际设计理论前沿，凸显其现实性、理论性和前瞻性。近几年来，我们出版了大量学术著作。许多教师主持了多项国家级、省部级和市厅级科研项目。在文化遗产研究方面，我们立足苏州，放眼全国，以工艺美术考古资料为基础，采用多学科交叉的研

究方法，挖掘非物质文化遗产的宝贵财富，加强传统手工艺历史的技艺研究，出现了一批令人瞩目的科研成果。

这是我们编辑这套文库的初衷之四。

温克尔曼说希腊艺术精神是“高贵的单纯、静穆的伟大”。我们身处中华民族伟大复兴的时代，艺术创作和创意设计的大发展必将推动艺术与设计理论研究的大繁荣，但愿我们做出的努力能够为这个激荡的时代增添理论的力量，彰显中国艺术的高贵品质和伟大精神。

是为序。

注：此文是为《江苏省优势学科（艺术学）项目学术文库》所作的前言。

印章文化史上的创举

——《〈园冶〉印谱》前言

金学智

编者按：《园冶》是明代吴江籍造园大师计成的杰作，是“世界最古的造园学名著”，也是我国宝贵的历史文化遗产。2012年刚参加纪念计成诞生430周年国际学术研讨会从武汉返苏的金学智教授出席苏州市书法家协会年会，其间与吴江区文联的同志提出可由当代吴江印人篆刻计成《图冶》名句出版印谱的想法，得到吴江区委宣传部领导的高度重视和支持，吴江印人迅速行动起来投入此项专题创作。担任主编的金学智教授千方百计请人拍摄到日本珍藏的明版《园冶》孤本上计成的三方原印冠于谱首。《园冶印谱》从《园冶》中采撷79句名句作为印面文字，已由古吴轩出版社出版发行。现发表金学智教授为《园冶印谱》撰写的序言，以飨读者。

《园冶》集古典造园理论之大成，萃华夏文化之精英，是一部举世公认的经典，一部令人叹为观止的奇书，一部字数不多而价值却沉沉夥颐、震古烁今的不朽名著。详而言之，它是我国最早出现、对世界深有影响、具有划时代意义的完整造园学体系的杰构，是极富哲理意蕴、美学内涵、文学特色、艺术情趣的钜著。此书镕铸“道”与“术”、“文”与“式”、“知”与“行”于一炉，储与扈冶，博大精深，一言以蔽之，曰“技进乎道”。

然而，其作者计成之生平资料却憾如阙如，仅能据其序跋等窥知大师行状之一鳞半爪：生于明万历壬午十年（1582），松陵人，名成，字无否，工绘画，好游历，中年始归吴，以造园为业。适逢明朝末年，风雨飘摇，板荡不宁，计成生不遇时，屈志难伸，境遇坎坷，草野清贫，仅挟其绝艺奔波各地，传食朱门，因寓无限感慨，自号曰“否道人”。书稿完成后凡三年，无奈方由阮大铖于崇祯甲戌（1634）刊印。翌年，计成挚友郑元勋作《园冶题词》，至此有关线索中断，其后行踪不可考论。

《园冶》乃无韵之《离骚》。由于书系臭名昭著、为人不齿的阮大铖所刊刻，因而殃及池鱼，致使明珠蒙尘，进入了近三百年之沉寂期，濒于湮没。有幸此书流入岛国扶桑，被推崇为“世界造园学最古名著”，或更名为《夺天工》、《木经全书》，以示其对大匠喻皓的超越，并一再被刊刻、抄录、解说、传播，其影响波及东瀛各界。

20世纪30年代伊始，中国学者于日本发现此书，惊喜何如！朱启钤、陈植等专家古道热肠、戮力同心，历尽曲折艰辛，《园冶》终于重返神州，首印为《喜咏轩丛书》本。否极泰来，80年代至今，欣逢盛世造园时代、生态文明世纪，学界对《园冶》的注译研讨，骎骎乎趋向热潮，论文、著作的发表，如同雨后春笋，令人鼓舞欢欣！

放眼世界，上世纪至今。欧洲则有英、法译本相继问世。此外，日、澳、英、法、荷、意、新加坡诸多国家和中国台湾地区，均出现可喜研究成果……计成是属于世界的，当然也是吴江的，是吴江的骄傲、松陵的殊荣！

计氏在明末，即被誉为“国能”、“神工”、“哲匠”、“东南秀”……大师博学多才，品高艺精，诗文画园，四绝是称，然其诗画均消失于茫茫的历史烟雨之中，唯《园冶》得以独传，此乃中华文化不幸之大幸。

《园冶》金相玉质，文采斐然。其特色是议论高卓渊深，语言典雅华美，骈四俪六，绣口锦心，其间名言佳句，累累如贯珠，且有举此概彼、举少概多的特点，其品雅洁，其味隽永，读来口齿留芳，余味不尽。吴江垂虹印社同仁，在区委宣传部、文联等领导下，从《园冶》书中精选八十句名言俊语治为印章，汇而谱之。此举既表达了对乡邦先贤的无限景仰与永恒怀念，又弘扬了篆刻以“闲章”见志适情的优良传统。在艺坛，篆刻被喻为“方寸虫鱼”，园林被称作“咫尺山林”，二者缘何相似乃尔？由于均体现为“缩龙成寸”的美学，而今通过《园冶》经典，使其珠联璧合，相映生辉，此堪称印章文化史上之空前创举。

展卷品玩，可见垂虹印人游刃有余，奏刀騞然。试看印面，体性多样而风格斑斓：粗犷猛厉，如横刀入阵；精细秀婉，似空谷幽兰。飘逸飞动，如舞风之春柳；古拙沉凝，似积雪之寒山。或运刀不期现爆破之迹；或布局有意求欹侧之感。对角呼应，寓阴阳消息之理；避中挪让，拟虚实动静之变……一方方，一字字，饱和情愫，借《园冶》语以表述，谓之“寸石生情”，“构易成难”。

边款，同为园冶印谱一大特色，其文字、书法亦丰富多采。就文字看，或韵或散，或长或短；或深入开掘，或浮想联翩；或采宋词只语，或摘唐诗片言，或概述品读《园冶》体悟，或归纳印园同构理念……对其潜心赏观一过，宛同品读一部印论精选、园论萃编。又如款识书法，既有篆书之随体诘诎、隶书之波磔翩翻，又有真书之应规入矩、行草之流畅连绵；偶或款以上下文图之对照，山水林亭之平远……琳琅满目，美不胜收，令人想起天宇之群星齐辉，园圃之百花争妍。

印谱的价值更在于，卷首计成的姓名印、别号印、表字连珠压角印，均为明版原貌，至今为国内所罕见，它遥远地撷自日本内阁文库所藏稀世珍本。而尤饶价值者，日本桥川藏本中郑元勋之行书《题词》，向世人披露计成欲“罗十岳为一区，驱五丁为众役”，“使大地焕然改观”。这一“大冶”理想的提出，堪称石破天惊！计氏诚美丽中国之先行者，惜乎其超越园墙之远思壮采，学界三百余年来无人问津，今特篆于谱前，表而彰之，愿其光辉烛照未来。

谨以《园冶印谱》作为献给大师计成诞生四百三十周年的一瓣心香。

岁在玄黓执徐，时届冬杪霜凝，华灯初上，姑苏金学智一稿，撰于心斋之如意轩。次年癸巳夏日改定。

赏心乐事谁家院

孙君良　陶文瑜

陶文瑜：孙老师，最近我们青石弄5号的院子，作了一些整修，我得到一点你的启发，也可以说你的园子是我的课图稿子，我临摹了你的作品。我觉得你家里的园子和你的作品有一个十分明显的共同点，就是疏朗。

孙君良：小园子忌的就是面面俱到。我现在这幢房子当初我最看中的就是园子大，园子是我自己设计的，我主要想在园子里造间画室，我房子前面也有一点空地，我要把画室造在前面，后面的园子里就不可能经常来，现在这样就很好。

陶文瑜：最近我看到了你创作的拙政园《三十一景册》和文徵明所作《拙政园图》合成一集。文徵明造拙政园是文人造园的经典例子，其实文人造园也是苏州园林的一个主要特色，这是苏州的优良传统和品格。造园子的苏州人，他们不以建筑设计师或者工程队为主要的依靠，而是将文人抬出来，作为造园的主角，这样的艺术情怀，实在是高尚和温馨的。

孙君良：是啊，为什么那么多文人雅士想要造园，造园也是在绘画，他们也是在按照心中的画在布景，在将自然山水延伸。说到底就是向往自然的山水，向往自然的生活。

人们都说，艺术作品必然是现实生活的一种反映。可能对写小说来讲是这样的，但不同的文艺形式是不同的，绘画还有它自己的特点，相反，一定程度上它所反映的应该和生活有一段距离。画家们更想画的还是他们心目中的山水。我们现代人觉得都市生活很喧嚣，古代生活的环境比我们现代要安静得多，但他们也有他们的烦恼，许多诗词中就表达出了当时的尘世纷扰，所以绘画应该是一种精神寄托。当我们开始画小桥流水的时候，那种小桥流水枕人家的生活离我们越来越远了。

陶文瑜：我觉得苏州的文人将造园作为山水画的另一种画法，也真是别出心裁的

创造，他们觉得自己是一块太湖石，放在别的地方，就是建筑材料，只有放在园子里，才是假山；自己是一棵石榴树，放在别的地方，只是绿化，只有放在园子里，才是风景。

孙君良：你这样说是有道理的，造园追求的是虽由人工、宛如天开，是追求自然。而江南园林四季分明，临春风而思浩荡，对秋月而神飞扬，触景而生情，人皆如此。画家道得出，便有了画中的意境。再者中国传统文化浩如烟海，诗词歌赋，直至园林中的楹联匾额都有不同的意境，由此而生发联系、综合作者主观感受，亦可由诗情而生画意，而更重要的是静观，万物静观皆得自然。

陶文瑜：说到文人造园和文徵明，就不得不说吴门画派，我理解吴门画派就是一方山水一方人吧。

孙君良：历史上好多画派，都是后代人对他们的评价，地域对画家的影响比较大，当时比较封闭，吴门画派在江南比较有影响，但对别的地方，影响不一定这么大，因为人家见不到。现在时代不同了，交流和流传都快了，说到继承我只能这么说，相对于北方画家比较粗犷或者岭南画家比较鲜艳来说，吴门画家的表现比较含蓄、比较讲究笔墨趣味，这也可以说继承了吴门画派的一种精神吧。也是天时地利，就拿园林来说，园林本身就是中国文化集大成之作，你必然会受到它的影响，另外一点就是讲南方画家和北方画家不一样。比如说全国美展也好，北方画家会觉得受到尺寸的限制，一般是2米乘2米，他会觉得这个尺寸对他限制太大，他还要画得大，但南方画家，特别是苏州画家，基本上都是以中幅小幅为主，大画很少，一个是客观要求，也可能是题材所决定，还有比如扇面或者册页，南方画家画起来得心应手，北方画家就不太擅长。

陶文瑜：不过眼前风景和画上题材怎样统一是个问题，苏州园林对于外地人来说是名胜古迹，对于好多像我这样的苏州人来说，是自己家的后园，与生俱来，朝夕相处。好比自己从前的同学，成了奥运冠军和电影明星，在别人眼里他是偶像，而在同学们中间，他可能就是一段做不出作业、被老师罚做值日生的往事。在熟视无睹中发现，画家的眼光中，园林更加细腻，更加别具一格。

孙君良：苏州人就生活在苏州园林中，他们会拿现实中的苏州园林来比照，他会看你画的是拙政园呢还是怡园还是狮子林。外地人就不会这样，他首先想到的是你这张画画的意境是什么，整体的感觉如何。

有一阶段我把自己画的园林命为“山水园林”。因为造园人是从山水中得到了灵感来造园的，造园的人往往会受到地理环境的限制，园子只能这么大，如造一个池塘，有400平方米，那只能造个五六十平方米的池塘，有2000平方米，那池塘就可以造得大一点。但我画园林可以不受园林格局的限制，可以铺陈开来，景致的大小可自我掌控。四季更迭、朝夕明晦，花木的变化就可以根据意境需要来创造。园林整体来讲是很接近的，特别对不熟悉、不了解园林的来讲，更是差别不大，拙政园、狮子林等，都是小桥、流水、林木、楼阁的组合。但你优游其间，慢慢观察，每个局部都不一样，真正是一步一景，不同的搭配就产生不同的意境。我在绘画中特别强调这一点，所以一个园子就变化无穷了。

陶文瑜：说到绘画，刚才我和一位朋友说起国画院，他是一位书画爱好者，他说在他心目中，国画院是一幢大厦，张辛稼张老，吴敦木吴老，就是大厦的两根大梁，你和刘懋善、马伯乐、徐源绍三位老师，就是大厦的四根柱子。我还听人说起你们四位是听枫园的四大金刚，这当然是一些说法，但关于你，从国画院谈起，应该是一个很好的开始，因为你很早就进国画院了，这是哪一年的事情呀？

孙君良：1961年吧，眼睛一眨，竟然已经几十多年过去了。我出生在无锡，当时我父亲在苏州工作，我是初中毕业之后来苏州的，在檀香扇厂工作，画院成立，我就调到画院去了，最早的时候是五个人，张辛稼、柳君然、刘叔华、吴砚士，还有我一个。

“文革”期间画院解体，我和张老、吴老在博物馆楼上，一直到 1978 年，恢复画院，再把吴敔木老师、许十明老师调过来。那时候还比较谦虚，叫国画馆，那时候只有上海、南京、北京三个地方称国画院。

我画园林，有一个原因，就是我们画院一直和园林息息相关。也是基于得天独厚的条件吧，我们画院是 1960 年成立的，当时我只有三十岁。画院成立之初就在怡园后面的湛露堂，与怡园朝夕相处，后来我们搬到博物馆，天天从楼上往下看拙政园的远香堂，后来一度又搬到了狮子林的指柏轩，1984 年修复听枫园，我们又搬到了听枫园。画院尽管多次搬迁，但都置身于园林中，园林的浸渍对我的影响很重要。我现在住的家里也有个小院子，也算是生活在园林中了吧。园林其实某种程度上是中国传统文化的一种载体，所谓的琴棋书画等文人雅事都需有园林的背景来烘托，昆曲和园林也是密不可分的。

陶文瑜：我听陈健行老师说起，他手头还有你上世纪 60 年代初画的水乡风光，你是什么时候开始画园林的？

孙君良：实际上我很早之前就开始画园林了，说起来我的创作，应该是从写生开始然后再摆脱写生的。上世纪 50 年代，要求画要有出处，刚刚解放的时候，从前的老一辈画家基本上是从“四王”一路沿革下来，他们不习惯也不会写生，结果提倡要下生活了，你的作品要有出处。我记得最早是上世纪 50 年代，我十八岁，参加华东地区国画展，作品就是去狮子林写生之后创作的，那时还不太敢当着大家写生，只是在没人的时候，画两笔，后来这幅作品也入选了，题目就叫《狮子林湖心亭》，这是出处。吴敔木老师没去过黄山，画了一幅黄山，有位老先生就讲，你没去怎么有发言权。大家就不认可，这很说明一个时代。上世纪 60 年代后期更是要求新生活了，园林题材明显不合时宜，因为不是主旋律了，画的是水渠呀，引水上山呀，高压线呀，当时戏称为“新意素”。

陶文瑜：前几天我正好看到钱松岩老先生的二方闲章，一方是“继续革命”，另一方是“革命纪念地”，还有《果园丰收》、《割草积肥》之类的作品，按说作品留下时代的痕迹应该是好事，但是那个时代走岔了。

孙君良：张老画过《一树千斤橘》，一棵树上结一千斤橘子，算是打打擦边球了，我画过一幅《彩灯迎春》，鲜花彩灯，园林里都是人，算是反映生活吧。当时是参加全国一个展览，省里面通过之后往全国送，结果还是撤下来了，被谁呢？王曼恬，她是天津美协的干部，“文革”中主管中国美术界的工作，我的作品画面上有块很大的湖石，她说你们江苏又画石头，我们要搬石头，要出绿，后来为了配合展览，我也画过好多张这方面的内容。我记得有一张《游园赏菊》，当时要画人的，劳动人民在白相，这张作品我现在还保存着呢。其实园林本身就是闲适的、休闲的，不是闹哄哄的，所以画古人在园子里要更加有韵味一些。

陶文瑜：我看到过一些你上世纪70年代的作品，描写得很周到的，画家的聪明才智都用在这上面了，实在叫人可惜。

孙君良：是啊，一个画家所走的道路是无法预言的，我现在回过头来设想，假如没有“文革”，我现在画的园林，或许又是另一个样子，当时都停顿了。那时正好是年富力强的时候。最近我也在回顾自己之前的创作，有些作品为了追求丰富，场面是大了，反而失去了韵味。而园林中就这一点元素，山水花木、亭台楼阁，你如果要画全景式构图，你画拙政园、狮子林，不好处理，实际上真正你要体现出一种个性，倒是小景。

陶文瑜：我之所以被你的国画园林感动，最主要的一个原因，就是这些作品，使我熟视无睹的园林陌生起来了。我觉得这应该是生在古代的园林，我觉得自己就是古人了，我在纸上园林里走走停停，应该在池塘边的亭子里或者竹林后的小路间遇上古人的。

孙君良：园林是再造的自然，其实是人工和自然的结合。造园的人目的是为了什么？为了不出城市而得山林之气，我画园林就是要把这种感觉强调出来。你画出的东西不是为了让别人来认识这是个什么园林，而是要表达一种寄托。但要达到这点确实需要经过这么一个过程。最早画园林当然也要从写生开始，铅笔画、钢笔画的速写，回来后就搬到画纸上去，当时觉得这就是创作了。慢慢认识就有了转变。这种变化是各方面的，包括自己的认识的变化，还有对传统山水画认识的提高。对绘画分析提高之后，就有了变化，我觉得这样还不够，现在我基本上已经摆脱了写生和写实的格局了。简单来说我画园林一开始是写实性的，从写生开始，比较接近生活中的实景，慢慢就演变成了想象中的园林了，就变成造园了，那是最大的变化。比以前的更成熟些，那也是必然的一种规律。

我还想提到的一点就是，一些南京画家，比如亚明老和宋文治老，这二位都是画山水画的，对我的创作是有影响的，因为当时国画院里我最年轻，经常要跑南京，送展览作品呀，参加省里的采风写生呀，还参加过一次为期几个月的学习。

陶文瑜：你的国画园林，就是我的园林地图。这一份园林地图，和一般意义上的导游图有很大区别。游客们沿着导游图提供的线索，找到一个又一个景点，然后对照导游图上的说明，了解有关这个景点的来龙去脉。而我只是在书房里，看着你笔下的园林地图，然后和去过的园林对照一下，和见到园林里那些亭台楼阁时的心情对照一下，这时候我觉得我心里的园林开始似是而非起来。我想这或许是水墨中和韵味和内涵了。

孙君良：园林本身就是中国传统文化的一种综合。从它叠山理水的概念、厅堂的匾额、到处可见的楹联，无一不体现出中国的传统文化。园林的文化对我有种潜移默化的渗透和影响，接触得多了，这方面自然就会更加熟悉些，包括名山大川，我时常会感到启发和联想，因为中国人欣赏风景强调澄怀观道，强调畅神，如名山大川风景绝佳处多建有亭阁。亭者停也，就是要他停下来静静地赏景悟道。这些可以借鉴到我的园林里来。还有传统诗词里的绝妙意境，也可以运用到我的绘画中来。对园林意境的发掘其实是基于对中国传统文化精神的一种理解。现在想想，花在画上的时间太多了，在诗词文学方面下功夫的时间不够，还是应该多看看书。以前老先生总讲：三分读书、三分写字、三分画画，还是很有道理的。园林是中国传统文化的综合，中国画也应是中国传统文化的综合反映，没有一定的文化基础是画不出好的中国画来的，这里面的道理是相通的。

陶文瑜：其实难的是将这些文化元素不露痕迹融会贯通地用到画中间去，这要修炼和思考的，怎么做才恰到好处又相得益彰，这是一个问题。

孙君良：王国维在《人间词话》说“一切景语皆情语”，于诗文如此，于绘画也然。情景交融才能有意境。而情景的交融应该贯穿观察、写生、创作的全过程。首先在于观察，所谓“登山则情满于山，临海则意溢于海”。中国画的表现方法完全不同于西洋画的表现方法，首先在于中国画不同于西洋画的观察方法。亚明老师曾不无调侃地说过："西方人画风景是从一个洞洞里看世界，须知人之有颈项，能左右顾盼，上下观望，更有双腿可走动。"很有道理。读万卷书，行万里路。古代画家多从游历中认识自然，在行动中观察感觉和思考。在山势起伏、烟云变幻、水流回荡、路径曲折间认识和理解大自然的变化和韵律。山水画家通过记忆综合游历时的感受，于山下之林泉树石至山腰之平冈深谷，直至山顶之峰峦远山的观察中，形成了中国山水画特有的全景构图程式。同时又需"搜尽奇峰打草稿"在不断地游历中，不断丰富、选择组合，必然会留下最使人感动的景物。所以设想，如果中国画家一开始便静静地对景写生的话，就不可能产生传统的中国画卷轴形式的构图。

由此联想到，为什么千百年来中国山水画中没有光和影的画法，我想正是中国画特有的观察方法形成的，因为正是在行动中观察，必然更容易记住最具形质的山石、林木，而对不断变化和飘忽不定的光和影忽略不记。我想，正是郑板桥题花所谓：江馆清秋，晨起看竹，胸中勃勃逐有画意。其实胸中之竹并非眼中之竹……所以我想不论观察浏览或对景写生，最重要的要形成胸中之竹。这就是外师造化而中得心源。

陶文瑜：我在一本画册上看到过介绍你的文字，说是宋元以来好多著名画家都画过园林，但更多的只是把园林作为人物和花鸟的衬景，专画园林并卓有成效的，你是第一人。我个人认为第一人之类倒不是最重要的，重要的还是在于你怎么画，画出来的是什么样子的园林。你的表现方法简约、松弛、散淡，化实为虚，似是而非，这些恰恰是和苏州人的性情，和苏州园林的风格十分默契。

孙君良：中国画分三大类：山水、花鸟和人物。旧画中真正画园林的不多，有的是作为人物画中的布景，以前的达官贵人，以雅集为题，如倪云林、沈周、文徵明他们，画得多的是雅集的环境，更多的是作为一种兴会记录吧。画园林的往往更接近山水画的格局。园林与山水结合起来，境界可以开阔一点

前儿天我在考虑一个问题，为什么明四家明明生活在江南水乡、生活在江南园林中，却不画江南水乡，也较少画江南园林呢？其实山水画是一种理想，一种生活的向往。与其说这些画家不善于画较为工整的亭台楼榭，还不如说是这些画家对山水林泉的向往，尽管那时的江南园林、江南水乡要比现在的原汁原味得多。

另一点苏州园林和北方园林是有区别的，北方园林是皇家园林，比较富丽堂皇，苏州园林是文人园林，它不是一种张扬，而是一种内敛的自尊，通过聚隐透借、幽曲疏漏的形式，利用有限的空间，来体现隐逸文化的趣味，它的格局比较小。像我们吴老师的残粒园，也只有四百平方米，因为这样的局限，所以有更多的丰富。所以略有表现就可以了，就是一叶知秋的道理吧。说起来还是苏州这么多园林成全了艺术家，艺术家也使苏州园林更为丰富灿烂。

陶文瑜：我心里还在想现实和艺术这个问题，我看到你一些去外地写生之后创作的作品中，题材和园林无关，其实你画的园林，也很难在我们去过的园林中加以对照了，你是以你特有的气息在经营你的作品，这个气息应该是笔墨和审美趣向，是你的艺术境界，从这个意义上讲，对于你来说，题材似乎不重要了，方式或者风格更是关键。园林中亭台楼阁的搭配其实在你心里，是你自己在造园了。

孙君良：实际的园林，看起来蛮好看，但画起来相对难画，因为园林一眼望去所谓前景后景不是十分分明，而是掩映交差的，比如你到黄山去，你能感觉到，前面是松树，中间是云，后面是山峰，这样的层次极其明显，你要拍照，拍出来就有现成层次感的，园林你要拍照，取景就有相对的讲究，取什么舍什么要动脑子了，不然反而会有漏洞。我想我不是完全写生，而是任意取舍。说到底写生是一种记录，它和你作品的形态和构图不是太有关系的，西洋画注重写生，静物写生是西洋画的基本和拿手好戏，它更多的是在一个点上下功夫，中国画其实在于写生之后在画家心里的一种搭配，这一点花鸟画特别明显，园林画其实也是这样。

陶文瑜：这好比我们写文章，散文写成了旅游说明书，国画不是导游图，是从园子出发，来体现的是画家的心灵。以画家的心灵来统领题材。所以你的取舍值得推崇。

孙君良：中国画创作可分两个部分，一是表现方法，一是观察方法，观察方法似乎不及表现方法那样为人所乐道，但正是中国画特有的观察方法决定了中国画特有的表现形式，从而形成了与西画迥然不同的特色。古代画家多从游历中认识自然，在行动中观察、感受和思考，在山势的起伏、烟霞的变幻、水流回荡和路径曲折间，认识和理解大自然的变幻和旋律。然后通过游历时的感受，从山下的林泉树石，到山腰的平冈深谷，一直到山顶的峰峦远山，在这样的观察中，形成中国山水画特有的全景式构图的程式，同时还需要搜尽奇峰打草稿，在不断的游历中，对大自然进行反复的选择和淘汰，从而留下最有典型意义的自然景色，这也是中国画卷轴形式产生的原因，所以如果中国画一开始静静地对景写生的话，就不可能产生传统的中国画构图了。

苏州园林好多是文人造园，张扬了一种文化，但也受到一些局限，比如场地，你到园林去看，这里一棵树，那里一棵树，你要按照它事实的样子画，就比较牵强了。你就拿梅花来说，梅花在园林中就是散见的，很难见到一片的感觉，苏州造园似乎短少这方面的经营，尽管有玉兰亭、听松阁，但景象不是最突出。这是一种意境，还有另外一种意境，我想象我要造园，找一个地方就以梅花为主，几十棵梅花，因为江南的花木四季分明，变化相当多，如果有意识经营，听松堂就是几十棵松树，那是多好的意境啊。你比如现在的拙政园，它有一片水面，这样荷花开的时候，就有赏荷的风景了。你就拿竹子来说，其实品种相当多，搭配的效果也好，我们的园子里很少有成片的竹林。

陶文瑜：其实花木植物也是其中重要的角色，也起了不小的作用啊。

孙君良：是的，植物很重要的，以前文人过日子，几乎每个季节都有一个赏花的主题，所以我在画里面也是有意识地经营，我是喜欢画竹子，但基本是根据我的想象在画吧，而实际园林里是没有这个景象的。有时候就把水面画得很大，画是一种理想，我希望我遇到的环境是这样的，我希望生活在这样的自然中。再举个例子，比如说芭蕉，在山水画中较少见，但在江南园林中大多会种植芭蕉，但如果你去仔细观察芭蕉的话，它从春天开始的新蕉一点点嫩芽舒展，到夏天蓬蓬勃勃，到秋天又慢慢变成赭绿斑斓，再后来变成枯蕉，这四季的变化都很有画意，只要你仔细观察，什么都能入画。中国画的观察方法是宏观和微观的结合。宏观是指你去行动中观察，比如我到园林里去，不是坐下来看到一点就去画，而是整个园子去游览，然后把亭、廊、阁、花、树、鸟，整个印象综合起来。微观的就是看一个点，比如我上面讲到的芭蕉，就一点我就可以深入进去画出很多不同意境下的芭蕉。

陶文瑜：有一次我来拜访你，看到你画了好多以太湖风光和江南水乡为题材的作品，我记得还看到你小本子上画满了速写，你说是好多年前，开会的时候悄悄画的，也是浪费时间。

孙君良：一个阶段画水乡，一个阶段画园林，用交错的形式来表现。我想画“吴门烟水”，设想画三个方面：一是以太湖为主的太湖山水，形成小山、湖、桥、村、果园、农田一种综合性的意境，中国画就是观察了之后，形成主观的综合和组合，我想根据多年的积累，在这方面有所突破和创新。二是水巷，我想再现上世纪50年代的苏州水巷。正如古人画山水已不是真实的山水，那我也可以再现想象中的江南的生活形态。还有一个就是小景，带有江南田园风味、水乡风味的小景，如小船、采菱、采藕等以前有但现在已很少见的生活小景。

陶文瑜：太湖风光和江南水乡与古人的山水画是不是异曲同工呢？

孙君良：不完全一样。古人画的山水是他们想象的山水，而我想画的山水虽然不是原来生活的翻板，但还是有生活基础的。我想客观上反映江南的景致，把江南原汁原味的那种味道画出来。可能并非是生活小酌，但会对山、水、塔、桥、小镇、村落等进行组合，因为这些都是最具江南特征的元素，特别是江南的阡陌交错、河道纵横、果园鱼塘等，实际上古人都很少表现过，我是想把古人没有表现的表现出来。当然，现在也有很多人画江南、画水乡，我希望能形成真正的新吴门画风。

陶文瑜：你以太湖风光和江南水乡为题材的作品外面流传不多，见到的不多，是不是你还在思考研究过程之中呢？

孙君良：应该说画起来还是有点难度的，难以表现，和园林一样。因为园林也好、江南水乡也好，很难有很突出的亮点，不像一些名山大川，比较容易表现，如黄山，前面是松中间是云后面是山，拍照也好，写生也好，不用画就是绝美的山水画。而江南山水比较分散，比较平缓，它是一种平原山水，我需要做的就是把江南水乡的元素综合组织起来，也是我想追求的特色。

中国画最难的还是观察和综合，比如说《清明上河图》，它不可能是写生的，即使是写生的，也只是个局部，它靠得就是印象的综合。中国画的高明之处就是观察后的综合，其间融入自己的想法和情感在里面，这个是很值得思考的东西。所以我画江南水乡也是基于这样的思考，想在这方面有些创新，但感觉也不容易。

陶文瑜：你以太湖风光和江南水乡为题材的作品都盖了“吴门烟水”的闲章，这是什么一种想法呢？

孙君良：江南烟雨似乎是江南最形象化的表征，而江南又是水乡，所以我想用“吴门烟水”来概括吴地的山水风物是贴切的。

陶文瑜：当年你还是年轻人，现在你已经是前辈了，我们再回到国画院这个话题上来，孙宽从苏州美术馆调到国画院工作了，他的画室就是你原来用的画室，你们是苏州的父子画家之一。

孙君良：孙宽是大学毕业之后开始学画的，有时我出去写生，带着他一起去，然后他说自己想学习书画了，正好浙江美院的两个老师我比较熟悉，就让他去插班，学了两年，现在好像看起来有点成绩，也获了好几个大奖，但真正要对他作出评价，一时还难说，还要看他进一步的发展。孙宽是中文系毕业的，原来还能写写，现在不写了，拳不离手，曲不离口，我劝他写，记点心得也好，其实写是促进你的一种思考，现在好多年轻画家往往砍柴的辰光多，磨刀的辰光少，读点书、临临帖、临临画是有好处的，以前老先生说七分读书三分画，这做起来可能比较难，但还是要多花一点时间的，要领会这种精神。

陶文瑜：我听说你退下来之后有一些打算的，准备将已经出版的《百园图》重新画一遍。

孙君良：这本书我现在回过头来看，不理想，我自己不满意，所以要重新画一遍。

陶文瑜：感觉自己作品不满意，是一个艺术家最幸福和最劳累的事。孙老师，待你重新画过《百园图》，我再来学习，其实今天我本来有另外的话题谈的，我在看吴羖木老先生的第三种画和你的不少园林与水乡作品时，觉得你们两个人的作品，其实就是文人画，文人画不是简单地画上题诗，而是画中体现的精神和心灵，和笔墨上的个性光彩，不知道这个话题之前有没有别人说起过?

孙君良：好像讲法不同。

陶文瑜：你说得含蓄，其实之前我们交流过这个话题，反正我内心一直很坚持这个想法。

太湖之滨再掀书法史研究波澜

——2014 中国苏州（吴江）书法史讲坛综述

“2014 中国苏州（吴江）书法史讲坛”于 7 月 18—21 日在太湖之滨的平望古镇隆重举办。来自海内外的书法史研究专家，众多知名大学的在读硕士、博士研究生，主办、承办单位领导，全国多家书法专业媒体记者等近 200 人出席了本次讲坛。本届书法史讲坛由中国书法家协会、江苏省文学艺术界联合会、苏州市文学艺术界联合会、吴江区人民政府共同主办，苏州市书法家协会、吴江区文学艺术界联合会共同承办。中国书法家协会副主席、江苏省文联副主席、东南大学博士生导师言恭达，中国文联书法艺术中心主任、中国书法家协会学术委员会副主任刘恒，苏州市文联主席、党组书记成从武，中共吴江区委常委、宣传部部长周志芳，中国书法家协会隶书委员会副主任、苏州市书法家协会主席、苏州大学博士生导师华人德，中国书法家协会学术委员、江苏省书法家协会副主席、苏州市文联副主席王伟林，吴江区文联主席孙俊良等出席了 18 日上午的开幕式。

中国苏州书法史讲坛重在培养书法研究的高层次后备人才，因此每届均邀请五位国内外知名的书法史研究专家，有针对性地为国内书法史方向在读硕士、博士研究生、年轻学者以及书法爱好者开设五场高水平的学术讲座。本次讲坛同前三届（2008—2010）一样，特设 50 个资助名额，为这些青年学子提供讲坛期间的食宿费用。为保证演讲的质量，让专家们有充足的时间阐述学术观点，每位专家演讲半天。全部演讲结束后，组委会还安排半天让五位导师与全体学员进行问答式互动交流，释疑解惑，使讲坛成为难得的书法研究的学术盛宴。

7 月 18 日上午，在简短的开幕式结束之后，美国波士顿大学终身教授白谦慎先生作了首场演讲。他的演讲内容分为两部分。第一部分主题是“吴大澂和文人文化的现代命运”。白先生对晚清士大夫所处的时代和他们的主要文化活动进行了鸟瞰式的概括，并向学员们介绍自己的研究方法和主要的研究课题。这部分演讲包括下列内容：一、吴大澂的生平和他所处的时代；二、吴大澂与晚清地缘政治；三、吴大澂的社会网络；四、文人和书法；五、绘画和晚清官员的业余时间；六、晚清官员的收藏活动；七、印章和古文字研究；八、拓片和晚清的知识生活；九、官员们的艺术家幕僚；十、吴大澂和西学；十一、吴大澂和中国文人文化的现代命运。可以说，这部分演讲内容是白谦慎先生为他近十余年来的吴大澂研究所做的概述。他所涉及的历史时期大约在 1850 至 1890 年，亦即鸦片战争后至甲午战争前，围绕着晚清名宦吴大澂（1835—1902）及其师友，分析晚清政府高官的文化艺术活动，为人们提供中国传统社会最后那一两代的士大夫的文化生活的具体图像，并为我们了解中国精英文化在 20 世纪发生的历史性变化提供一个可靠的观察点。白谦慎先生在演讲中说：“我之所以选择吴大澂，是因为吴大澂生活在一个至关重要的历史时期，来自一个在政治和文化上都举足轻重的地区——苏州，而且他所为官的地区在当时的地缘政治中都有着重要的战略意义，他的师友中有许多是重要的政治文化人物，他参与了很多重要的历史事件。我希望通过吴大澂和他的友人来观察中国历史上最后那一两代士大夫的文化生活，当然

我所说的‘文化生活’包括了艺术活动和学术活动，两者又密切不可分。”

与第一部分的概括性的介绍不同，白谦慎先生演讲的第二部分“晚清官员日常生活中的书法”是十分细致的个案研究。白谦慎先生以晚清一些政府官员的日记和信札为基本史料，对他们日常生活中的书法活动做了十分具体的研究，向人们展示晚清的官员如何对待书法，花多少时间写书法，写多少书法，这些书法又是怎样使用的。这部分演讲包括以下内容：一、晚清官员的日课及其相关活动；二、应酬书法的主要形式和数量；三、人口增加对应酬书法的影响；四、提高书写效率的种种策略；五、为什么书法扇面和对联这样流行；六、晚清官员不卖字；七、特殊的礼品经济——索书。在演讲中，白谦慎先生指出，晚清的许多高官虽然繁忙，但依然坚持练字。在他们的日常生活中，书法的应酬量很大，而最为流行的书法形式是对联和扇面，最多产的书法家，如何绍基，居然一天能写几十副甚至过百副对联。由于书写量大，又要保证质量，官员们想尽办法提高书写效率，譬如，买墨汁，制作磨墨机，正文和落款不同时写，请人代笔等等。白谦慎先生还特别指出，晚清官员虽然写字很多，但通常在为官期间不卖字。正因为没有市场价格，索书的现象很普遍，构成了中国艺术中特有的“礼品经济”。

7 月 18 日下午，南京艺术学院教授黄惇先生作了题为《明代仿书创作模式的运用与特征——从祝允明到董其昌的仿书讨论》的演讲。黄惇先生首先为听众解释“仿”的概念，他说，“仿”这一词语在中国艺术中出现很早。在书画语境中有时引申为临摹和学习。早在宋代的文献中，我们便可寻觅到仿书的痕迹。当然这与后世出现的书家仿书创作模式，并非一回事。元明时，经画家的实践，“仿”逐渐转化为一种创作模式。这种仿作，与书画中的临摹手段有别，即与以学习和复制为目的的书写不同。临和摹是必须有具体范本为前题的，仿作则大抵只须和古人作品的风格对应，而不必和具体内容对应。明代吴门书画家以沈周、文徵明为代表，在他们的山水画中，开始广泛地运用“仿”的创作手段，并在题跋中多有表述，但在书作中却鲜有提及。通过仔细考察吴门书派代表书家文徵明、祝允明、陈淳、王宠、文彭等人的有关作品后，黄惇先生认为，仿书也许在吴门书家中已经存在，但并不为多数书家所运用和接受，当时并不作仿书看，更不将仿书作为作品的名称，未能将仿书转化成常态的创作手段。

万历时代的董其昌，受吴门山水画家影响，不仅在山水画中大量使用“仿”的创作模式，而且积极将之使用于书法创作，并从观念上清晰地表达出来，将“仿”的手段放大。在董其昌看来，临也好，仿也罢，所得当在离合之间，而追求的则是神采。骨肉形骸可以抛弃，重要的是个性的显现。以此观察仿书的特征，则用“妙在能合、神在能离”的不似之似表达最为贴切。此外，董其昌对于仿书表现出极高的自觉性。一方面，董其昌将画题直接标明仿作，显然开始影响了同代书画家和后辈著录者。另一方面，董其昌用他大胆的实践和理论阐释将仿作主动从山水画延伸至书法上，并多标明于作品上。在仿书的践行中，“不似之似”、“神似”等审美观发挥了积极作用。由于董其昌自觉运用这种新的创作手段，使他的仿书作品更加鲜明地表达了个性，因而对晚明书法产生了深刻影响。

从仿画到仿书，作为创作模式大体手法是相同的，因为明代出现的仿书手法正源于仿画。从嘉靖四年祝允明写《十九首卷》，到隆庆六年的文彭《十九首卷》，再到董其昌写于万历三十八年的《十九首卷》，这近百年中仿书创作模式借鉴于仿画，从隐晦、偶一戏之到以此直抒胸臆的发展，大约发生于吴门书家而发扬光大于董其昌。兼书画一身的作者，在长期实践中，从偶一戏之，转化为自觉地运用，遂使这种手段在董其昌之后蔚然成风。

黄惇先生最后指出，仿书在明代的出现，是传统创作模式上的突破和创造，在书法史上具有重要的意义。它涉及当时书家对经典解读的变化、对个性的认识加强、对创作观念的进一步自觉等一系列问题。这些变化乃时代使然，因为从吴门派到董其昌为核心的云间派，由于社会思潮的变化——从前后七子的复古思潮到公安派的“独抒性灵”思想的风靡，促使个性在艺术家的作品中得到极大的释放。

7月19日上午，台北“故宫博物院”副院长、研究员何传馨先生作了《书为心画——宋元明书法名迹研究举例》的演讲。何先生列举了赵孟頫、沈周、乾隆三位书家的例子，具体分析了他们具有代表性的作品。这三位书家的身份分别是王室后裔、平民和皇帝。关于赵孟頫，何先生主要对他的《禊帖源流》进行了梳理与解读。禊帖即《兰亭序》，南宋时期关于《兰亭序》墨迹流传、临本及石刻本鉴藏等，讨论十分热烈。赵孟頫的《禊帖源流》卷，书于至元二十六年（1289），根据友人野翁所抄姜夔《兰亭考》，以精秀小楷抄写成卷，全文一千六百余字，扼要的梳理出由真迹到定武石刻本的脉络，是印证南宋时热衷兰亭研究的重要文献，也是探讨赵孟頫早年承袭王羲之书法传统的重要例子。此外，作为宋室王孙，初上大都任职蒙元朝廷，此卷又是赵孟頫连结江南故乡亲友的凭据，最初的受赠者野翁推测即是活动于杭州文艺圈的诗友张季野。继而何先生又对沈周所书的《落花诗》进行了赏析。沈周晚年有感于年华逝去，陆续作了数十首《落花诗》，诗意围绕在春天已逝、繁华盛景不再、凋零残落的花瓣，象征人生暮年由盛转衰的景况。诗中或实写繁花落尽，或虚拟于人与事物；繁花落尽，青春不再，触动了诗人的感兴，吟咏之余，并转化为图画与书法。八十二岁的《落花图并诗》卷书幅落花诗十首，是目前仅见的传世真迹，书法浑融天成，含蓄内敛，笔墨劲健而不失温润，为晚年人书俱老之作。何先生对于沈周赋落花诗的因缘、初作的时间以及本卷诗与书法，均作了细致的品味与独到的分析。他最后谈到了乾隆皇帝的书法志业。乾隆皇帝继承祖父康熙皇帝与父亲雍正皇帝所建立的庞大帝国，也继续满族统治汉人的文化政策，对儒家传统文化极力推重，尤其重视人文教养中书法艺术的提升与实践。乾隆帝在位期间，积极搜求历代书法名迹，拓展皇家收藏。他在处理朝政之暇，或出巡各地，驻跸行宫的旅途中，以内府所藏为范本，透过一再的临写，试图超越古迹的外在形象，直接掌握师法对象的内在神韵。乾隆帝自少年登极至退位，与书法相关的活动极为丰富，也有前后一致的延续性。从相关事迹来看，“临书”是他主要的书法实践方式，透过临书，一方面是书法的学习，增进书法技能，另一方面将临书的对象作为完成书写作品的媒介，满足书法成就的方便途径。因此内府的收藏、乾隆帝的品味与临书作为形成互相关联的因素。

7月20日上午，香港中文大学艺术系系主任、教授莫家良先生作了《从北山堂收藏谈中国书法史的若干问题》的演讲。莫先生首先介绍了“北山堂”利荣森先生的收藏以及香港中文大学文物馆正在举办的“北山汲古：中国书法”展览的筹备及图录的编撰情况，他特别指出，香港中文大学艺术系艺术史专业的研究生共同参与了图录条目的撰写，这对学生是一个很好的训练。莫先生的报告分为三个部分。第一部分主题是“书法与传承”，他首先以南宋皇室书法为例，高宗书法先学黄庭坚、米芾，后回归古典，经隋僧智永上溯王羲之，终建立了典雅圆融的个人书风。此书风在南宋初年流行于宫廷，成为南宋帝后的家族书风。高宗的吴皇后练得一手酷似高宗的书法，传世高宗的《御书石经》，相传便有吴皇后的代笔。南宋第二代皇帝孝宗虽非高宗之子，但其书法亦紧随高宗，而且相似之处，几可乱真。到宋宁宗时已是第四代，但高宗的影响依然可见。宁宗的传世书迹甚罕，其中为杨皇后生辰所书的一帧七言诗，有“丙子”（1261）御印，尤为珍贵。就书艺而论，宁宗此书并非上乘之作，笔法既不精熟，结字亦嫌生硬，但闲和端雅的气息，始终离不开高宗以来的家风。杨皇后的书法亦类宁宗，但技巧更佳，其圆雅清润之处，更能体现高宗的家族传统。他随后又以吴奕写给伯父吴宽的尺牍册页为例，说明吴奕在书法传承上受到伯父的影响，将苏东坡的风格视为代表家族传统的书风。米汉雯的行书诗又是一例，无论用笔结体，以至整体俊健清迈之势，皆远接其同宗祖先米芾。莫先生指出，由于师法古人是临池学书的不二法门，故重现大师风格、继承经典传统是中国书法衍变的常规。第二部分主题是“书法与人品”，莫先生强调书迹的流传并非只取决于笔墨的工拙，更在于书家人格的高低。他以王宠传世的一纸借券为例，说明这一尺幅短小的寻常之物，只是王宠向友人袁褒借银五十两的凭据，虽无文辞之美，但由明至清流传数百年，经历数名藏家之手，几番装池，题咏书跋者数十人，如此为世所珍，重要原因在于王宠为人称许的形象，正说明书以人重的传统价值观。第三部分主题是“书法与生活”。他列举了以下例子：娄坚的《草书自书诗》为烦闷中书以自娱；唐顺之的《行书后赤壁赋》是督师海上兵过家书与儿子的遣兴之作；王文治的《行书快雨堂偶然书》是应友人以素册索书而写；而万经的《隶书舒元舆牡丹赋》则是为友人宋荦的乐春园而精心书写。这些都反映出古人于不同情景下的作书情况。另有《武林胜集》，此卷见证了白珽、张楧、邓文原、有在、仇远、鲜于枢、俞伯奇等文人于杭州以北宋盛次仲诗句“飞入园林总是春”为韵而各赋五言诗的风雅，反映出文学唱和与书法生活不可分。

7月20日下午，浙江大学艺术与考古中心主任、教授缪哲先生作《重访楼阁：关于汉画像楼阁拜谒主题的再认识》的演讲。汉代艺术研究所称的“楼阁拜谒图”，是东汉鲁中南祠堂画像最重要的主题；其建筑的性质与主题的含义，自上世纪初以来，便是学者争论的焦点。缪哲先生的报告分为三个部分：第一部分从形式分析的角度，论证“楼阁拜谒图”中的建筑并不是今所共称的“楼阁”，而是一前一后两座建筑。

他首先归纳了汉代可居建筑的主要类型，即宫殿、官署、与住宅（兼及楼），以及汉代人所赋予四者的礼仪或意识形态含义。如宫殿可分为前殿和后宫，是君权的象征；官府分为听事和官舍，属于功能空间；私人住宅分为堂和内，属于生活空间；楼是建筑的附属性设施。前两种建筑以性别加以分隔，后两种无性别分隔。他继而总结了汉代艺术中建筑表现的主要类型，即平面图型、描绘型与图符型；以此为基础，他推断“楼阁拜谒”之建筑属于图符类型，其刻画的建筑为前后殿／室，而非画面呈现的楼阁。缪先生认为所谓“楼阁”，应是由阙、堂（前殿或听事）、与内（后宫或官舍）等标志性建筑所构成的一意义图符。第二部分把“楼阁拜谒”主题复原于鲁中南的两组代表性祠堂——孝堂山祠与武氏祠，通过对同祠其他画像主题的分析，论证两组祠堂中与“楼阁拜谒”并出的其他主题所表达的，都是汉代——尤其东汉——皇家的意识形态，或汉帝国的意识形态。譬如孝堂山祠中“大王卤簿”主题通过大王銮驾—黄门鼓车—执节奉引车等图像来表现；“大王有师”主题通过孔子师老子图像来表现，对应于汉代经学背景中的“王者有师”；“大王有辅”主题通过周公辅成王图像来表现，对应于汉代经学背景中的“帝王有辅”。以此证明“楼阁拜谒”主题所表达的，也同为汉帝国的艺术形态。在这个脉络下，最后讨论“楼阁”一侧的大树图，结论是此图最初或是纪念“光武中兴”的。第三部分探讨了此类主题是如何从汉帝国的首都洛阳流传于鲁中南民间的。他提示了以下几点：1. 东汉诸侯王 70% 以上分封于鲁中南及附近；2. 其中鲁王强（灵光殿主人）生死皆行天子礼；3. 东平王苍被明帝、章帝称为周公，死行天子礼；4. 鲁中南民间的画像石主题，经此可上溯洛阳的汉帝国艺术。楼阁拜谒即其一。

7 月 20 日上午是互动环节，导师们和学员就书法史研究展开对话，对学员的提问一一给予解答。中国书协培训中心教授、苏州市书协顾问葛鸿桢先生主持了本次讲坛。广州美术学院教授祁小春先生、南京艺术学院教授薛龙春先生也参加了讲坛并与学员交流。作为本次论坛的学术主持，苏州大学研究馆员、博士生导师华人德先生在每位导师讲座以后，都会讲一些他的体会，言简意赅，发人深思。在导师与学员互动环节结束之后，依照惯例，他对本次论坛进行了学术总结。他在总结中说：“本次讲坛继续坚持平等、务实、阳光的会风，对所有邀请的嘉宾一视同仁，不讲排场。这次讲课的地方环境很安静，很幽雅，就象古代的书院一样，大家同吃同在一起讲授，一起交流，也是我们所梦想的古代书院的授课状态。这次有两位导师，他们经过自己展览的实践得出来研究的成果和新的体会，对同学们启发很大。现在我们有些同志比不上海外的（包括中国台湾）的同行，我们的展览只为作者服务而不是为观众服务。今后在全国书法展览的时候应该做些牌子说明作者创作的心态和状况，这方面的工作像台北‘故宫博物院’和香港中文大学，做得非常仔细，我们要把这套方法引进内地。缪哲老师的讲座内容非常新颖，开阔了我们的视野。白谦慎老师和黄惇老师虽多次为大家讲授，但每次都是讲授他们不同的研究成果，非常专业，视角独到。苏州这个讲坛影响很大，其高端的学术追求、开放的学术视野与自由的研讨气氛赢得了海内外书学界与文化界的一致好评，其培养当代书法研究人才的新模式得到了书法界的普遍赞誉。中国书协、江苏省文联、苏州市文联、吴江市政府等单位以及刘恒、白谦慎等领导与专家的热情鼓励与大力支持下，讲坛取得了圆满的成功。我们力求把讲坛办成当前书法艺术理论研究和学术水平不断提高的重要载体，发挥它对于培养书学研究后备人才、推动书法史研究走向深入的重大作用，并且希望能够持续地办下去，使其真正成为中国书法的学术品牌。”

（易斋、谷安、陈道义、逄成华、张恨无、毛秋瑾、王学雷、卢月龙、何鹏、朱骏益参与整理）

谈谈“吴门书道”

葛鸿桢

近期，泰伯庙旁原“至德书院”内正在紧锣密鼓地筹建“吴门书道馆”，以备作为集中展示苏州一带书法艺术领域历来成就的主要场所。笔者在此就“吴门书道”名称等问题提出管见，望引起关注。

一、“书道”一词源自中国，并非日本专利

有一部分关心苏州文化建设的人士认为：“书道”是日本人对书法艺术所用的专用词汇，而在中国则习惯用“书法”一词。为何我们这里要使用日本人使用的词汇？这个疑问实际上就是包有异义者的核心问题，它有可能代表一部分人的想法。因为确实在现代汉语言中，中国使用“书法”一词与日本使用“书道”一词相对应。也许是近年环绕中日“钓鱼岛主权之争”，国人的厌日情绪持续发酵，故对于日本使用的词汇也极为敏感，而且有所抵触。笔者认为这种现象是极为正常和可以理解的。不过，在这里笔者有必要指出：“书道”一词并非日本专用词汇，它起源于中国。笔者孤寡，据本人所见过的我国古代有关书法的文献中，“书道”一词最早出现在东晋女书家卫铄（272—349）所著的《笔阵图》一文中，她说：“自非灵动感物，不可与谈斯道矣！……然心存委由，每为一字，各象其形，斯造妙矣，书道毕矣。”卫铄是王羲之的姑母，对王羲之学书有很大的影响。因此，她的《笔阵图》一文对后世影响也极大。

唐代初期，由于太宗李世民的偏爱，把王羲之奉为“书圣”，大力提倡和推广“王字”书风。自然，因王羲之书祝版而出现的“入木三分”的成语也广为人知。“入木之术”成为书法的别称，出现在伟大的书法理论家孙过庭《书谱》之中。据说，日本

人早期文献中称书法为“入木”，以及后来称为“书道”，实际都是借用了中国的词汇。在唐代，使用“书道”一词比较频繁的要数张怀瓘（唐开元时书法家、书法理论家），他有多篇书法论著传世，如：《书议》、《书段序》、《评书药石》、《文字论》等等，都使用“书道”一词，在《文字论》中“书道”一词用得最多。

在中日书法交流史上，严格地讲，应是从唐朝开始，日本通过遣唐使将中国的书法带往日本，中国书法开始对日本产生影响。在日本书法史上影响最早的也就是当时的遣唐使空海和尚，他带去了王羲之墨迹的唐摹本以及相关典籍。因此，日本早期书法学习王羲之之风，并借用“入木”一词来称呼书法，也是情理之中的事。稍后又借用“书道”一词来称呼书法，并一直固定使用至今。由此可知，“书道”一词并非日本的专利，他们只是“借用”而已。

在中国古代典籍中，用以指书法的词汇有好几种：如“书”、“书道”、“翰墨”、“书法”、“法书”等等，其中用得最为频繁的是一个“书”字。究其原因，也许是把“书”作为“六艺”之一的缘故。保氏《大戴礼·保傅篇》中以“礼、乐、射、御、书、数”为六艺。章太炎先生称此为“小艺”。这与有些人把书法称为“雕虫小技”有某些相合之处。

其次使用频率较高的是“书法”一词。它可能最早出现在梁武帝萧衍（464—549）《观钟繇书法十二意》一文之标题，但唐时较少见“书法”一词。唐代用的较多的除“书”字之外，便是“书道”一词。这一现象也许可解释唐代将书法传播至日本时，日本为何借用“书道”而来用“书法”一词的原因。

至宋代四大家“苏、黄、米、蔡”所著文中，都出现“书法”一词，其他如朱长文、赵构（宋高宗）、陈槱、姜夔等宋代书家的书论文章中也均出现“书法”一词。其后如明清以降，“书法”一词的使用频率更高，至清末民初的康有为在他的论书名篇《广艺舟双楫》中则大量使用“书法”一词。而“书道”一词在清代书论中虽偶而出现，但使用频率明显降低了。这种想象延续到现代，丁是使人们产生了一种习惯性的错觉：“书法”是中国的专用词，“书道”是日本的专用词。

在我国的古籍中，使用频率次于“书法”一词的即是“书道”。它出现得比“书法”一词早，唐代使用得较多，宋以后便逐渐被“书法”一词取代。不过。我们在元代郑杓、清代包世臣等书论家的文章中，还能看到使用“书道”一词。只是其使用频率比“书法”一词低了许多。不过，仔细审视“书法”与“书道”两词，其内涵还是有所区别的。

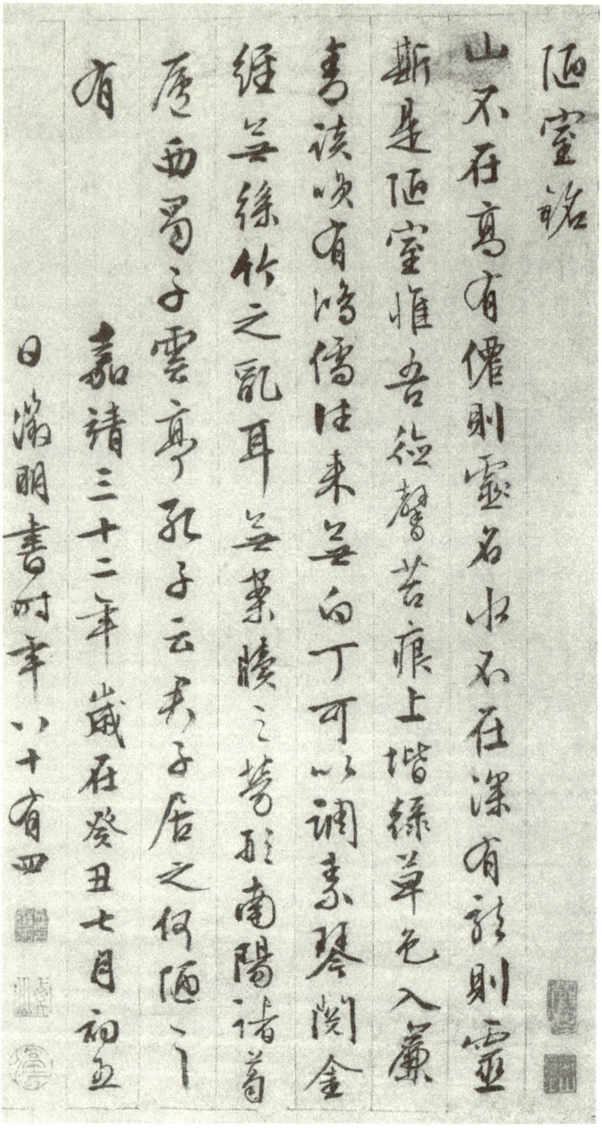

二、“书法”、“书道”与“吴门书道”

“书法”，顾名思义，它侧重于一个法字，这个“法”所指即“法度”、“法则”等。与“书”组合，即指书写之法度、书写之法则，它所关注的侧重于“笔法”、“自法”（包括篆法、隶法、楷法、草法等等）、“章法”、“墨法”等属于技法层面的因素。尽管书法作为一种艺术，其所追求的终极目标应该是个“道”字。但是，“由技进乎道”么！“庖丁解牛”的故事不正是说明了这个道理吗？所以，要想精通书写汉字这门艺术，应先注重这个“法”字也是不无道理的。有了“法度”、“法则”做规矩，然后再加入“书意”、“书神”，方可通过书道。初唐虞世南（558—638）《笔髓论·起妙》便称：“故知书道玄妙，必资神遇，不可以力求也。”又云：“学者心悟于至道，则书契于

文徵明书《陋室铭》

无为，苟涉浮华，终懵于斯理也。”由此可知，“书法”于“书道”的相同之处在于它们所指都是书写的艺术，即我们现今理解的“书法艺术”。不同之处在于：“书法”侧重于“法”，属“技”与“术”的层面，它是通向“道”的必经之路；“书道”侧重于“道”，即艺术所追求的终极目标，是归宿。也许这样讲还不太明白。这里似乎有必要把“书道”一词作进一步的解释。

上面讲到“书道”侧重于“道”。这个“道”字当如何解释？老子《道德经》开宗明义指出：“道可道，非常道。”此句共三个“道”字。除第二个“道”字作“言说”解，另二个“道”字为一个意思，即指天地万物运行之规律。它涵盖了科学、艺术、哲学、宗教等领域，它是这些领域共同追求的终极目标。道家起源于中国，老子提出的“道”字应是中国哲学的核心，也是中国文化的根本。中国在东晋时期已提出“书道”这个概念，说明中国人早就意识到书写艺术有其至道。唐人虽然尚“法”，但多数还用“书道”一词，说明唐人深知“技进乎道”、“志于道、据于德、依于仁、游于艺”的道理。至此，我们也许可以这样来理解：“书道”是追求书写艺术的终极目标，追求的核心是高层次的。“书法”是追求书写艺术的必经之途，是绝对不可忽视或避开的重要手段。“书道”直指书法艺术的核心，“书法”是由表及里地寻找目标。

历史上苏州书法家都十分注重艺术造诣、人文素养、人格魅力等的综合锤炼。苏州书法自古至今的突出优势正在于它的人文性、学术性、高端性、综合性。因此，将书法由技法升华为“道”，反映出对艺术、自然、生命及创造精神的高扬。“吴门书道”这一概念的提出，其真正用意在于直指中国书法艺术的根本，得道者方得灵魂和精髓，而绝非简单地从日本挪用“书道”这一词汇。

三、“吴门书道”名称的由来及影响

在当今，“吴门书道”最早使用于2005年苏州美术馆（颜文樑纪念馆）推出的“吴门书道——苏州籍全国获奖书法家作品展”。2005年5月，苏州市书法家协会创作委员会在常熟书画院召开专题创作研讨会议，商议苏州藉书法家作品展有关事宜，经过与会近20位专业人士深入讨论，决定采用“吴门书道”作为展览名称，意在涵盖吴门

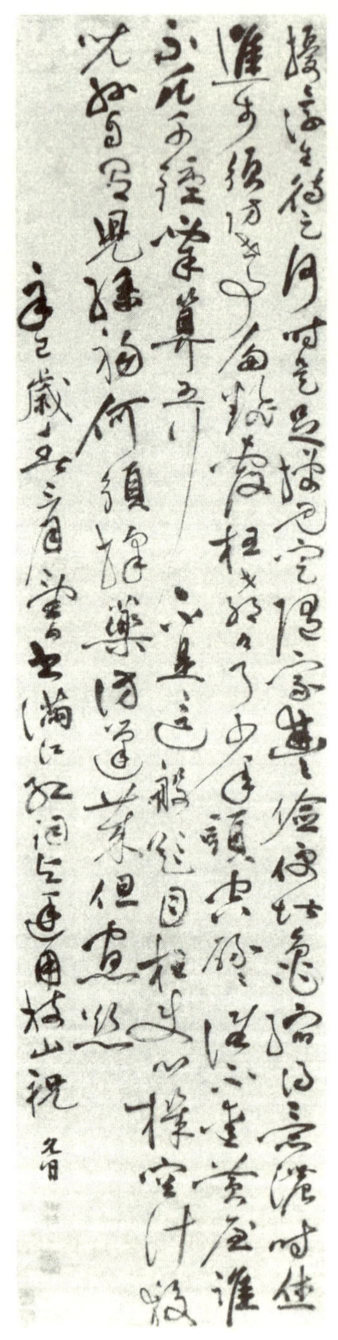

祝允明草书《满江红》

书法创作、学术、教育、对外交流等各个方面。2008年4月，苏州成为全国第一座命名授牌的“中国书法名城”，根据市委、市政府的部署，苏州市文联、苏州市书协着手筹备苏州书法晋京展，集中展示我市最新书法创作成果。2008年7月，在策划苏州书法晋京展的书协主席团木渎会议上，重新解读了“吴门书道”的内涵。大家认为：苏州书法晋京展览，除了展示书法、篆刻最新创作成果，同时又融入苏州文化的元素，展示苏州的文化及“吴门书派”的人文精神，体现吴门书家的人文情怀、生活情趣和审美修养，彰显苏州书法的传承、创新的综合实力。展前，市书协还专门组织了一次专家笔谈，环绕“吴门书道”进行漫谈。应邀参与笔谈的专家学者有言恭达、李刚田、曹宝麟、丛文俊、白谦慎、刘恒、李一、朱培尔、姜寿田、薛龙春等。他们一致对“吴门书道”予以高度的肯定。2009年3月，“吴门书道——中国书法名城苏州作品展”如期在北京中国美术馆亮相，在1号圆厅、8号厅、9号厅共集中展出180件精品。严隽琪、孙家正、王文章、覃志刚、徐沛东、夏潮、张海、范迪安、赵长青、言恭达、尉天池等领导和专家参观了展览，并给予了充分的肯定。2010—2013年，“吴门书道——中国书法名城苏州作品展”又先后在南京、徐州、台北、杭州和日本、法国、美国等地巡展，得到了普遍的好评。由此可见，“吴门书道”这一名称已使用了8年，并产生了广泛而积极的影响。有鉴于此，在“至德书院”内筹建的场馆故取名为“吴门书道馆”。

苏州民间艺术概论（下）

林锡旦

四、鼎盛时期（明代至清代）

工巧百出的苏作手艺

明清时期的苏州府，领十几个县，成为东南地区政治、经济、文化的中心。时人称“吴中实豪都，胜丽古所名”，“土物既繁雄，民风亦和平”，“吴阊到枫桥，列肆二十里”，“翠袖三千楼上下，黄金百万水西东。五更市贾何曾绝，四远方言总不同”，“人间都会最繁华，除是京师吴下有”，是富甲一方的繁华胜地，苏州民间艺术也相应发展到一个鼎盛时期。苏州的昆剧、评弹、文学作品、苏式菜肴、苏式家具、苏扇、苏绣、剧装戏具、虎丘泥人等，也因此而传向各地，名扬四海。

明清时朝廷通过在苏州设置的织造局，安排生产各种手工艺贡品。为满足朝廷的要求，这些民间艺术品必然在艺术和质量上工巧百出，达到上乘，艺人的技艺水平也因此而相应提高。明代苏州的官宦之家、文人学士也雅好工艺品，一起参与设计、品评和倡导，致使民间艺术名手辈出，作品出类拔萃，形成了特定的“苏作”技艺和作品，奠定了苏州手工艺在全国工艺中占半壁江山的重要地位。

文人学士雅好民间艺术品还表现在著述中，正是苏州民间艺术品的精湛技

春在楼木雕

艺，远远高于所谓的“雕虫小技”，因此才吸引他们乐于此道。在明清一些私人笔记中，就多处有此类记载，蔚为大观。

明王士性《广志绎》中称：“姑苏人聪慧好古，亦善仿古法为之。书画之临摹，鼎彝之冶淬，能令人真赝不辨。又善操海内上下进退之权，苏人以为雅者，则四方随而雅之，俗者，则随而俗之。其赏识品第本精，故物莫能违。又如斋头清玩、几案、床榻，近皆以紫檀、花梨为尚，尚古朴不尚雕镂，即物有雕镂，亦皆商、周、秦、汉之式，海内僻远皆效优之。此亦嘉、隆、万三朝为盛。至于寸竹片石摩弄成物，动辄千文为缗，如陆子冈之玉，马小官之扇，赵良璧之锻，得者竞赛，咸不论钱，几成物妖，亦为俗蠹。”

明张岱《陶庵梦忆》载：“吴中绝技，陆子冈之治玉，鲍天成之治犀，周柱之治嵌镶，赵良璧之治锡，朱碧山之治金银，马勋、荷叶李之治扇，张寄修之治琴，范昆白之治三弦子，俱可上下百年，保无敌手。但其良工心苦，亦技艺之能事。至其厚薄浅深，浓淡疏密，适与后世鉴赏之心力、目力针芥相投，是则岂工匠所能办乎？盖技也而进乎艺矣。”

明代王鏊《姑苏志》在“工作之属”类载：“精细雅洁，称苏州绣。”明代苏州刺绣已形成自己独特的精细雅洁风格。其中以上海露香园顾氏家族缪氏、韩希孟刺绣名噪一时，为人所珍重，以绣古今名画为主，所绣花

明工艺　罗汉床

卉、翎毛、山水、人物能“劈丝细过于发，针如毫”。明代漆器中，有著名艺人蒋回回，金漆彩绘，制作精湛。漆艺高手杨埙曾去日本学习，日人大村西崖述：“天顺年间吴中杨埙，习倭法而加己意，作五色金钿缥霞之山水人物，神气飞动，称杨倭漆，为世所重。”明宋应星《天工开物》中有“良玉虽集京师，工巧则推苏郡”之称。当时有良工陆子冈，被称为“吴中绝技”，徐文长题水仙诗有“昆吾锋尽终难似，愁煞苏州陆子冈”之句，故宫博物院收藏有陆子冈多件玉雕珍品。

家具工艺在明代形成了地方风格。由于苏州历史文化的影响，人们崇尚清淡雅致的风尚、精细雅洁的手工艺，所以这时的家具形成了“明式家具”，也即“苏式”家具，业内又称“苏做”。其艺术特色，即“简、厚、精、雅”。简是造型简练，不繁琐、不堆砌，落落大方；厚是形象浑厚，具有庄穆质朴的效果；精为做工精巧，一线一面，曲直转折，严谨准确，一丝不苟；雅是风格典雅，雅致耐看，不落俗套，具有很高的艺术格调。红木小件造型优美，磨漆光亮，表里如一，开合契缝；红木雕刻品造型简练，线条为主，做工精细，气韵雅重。

苏州折扇名重一时。清王士祯《池北偶谈》载：“近日一技之长，如雕竹则濮仲谦，装潢书画则庄希叔，皆知名海内。”清阮葵生《茶馀客话》载：“苏州姜华雨、赵良璧、黄元吉、归懋德治锡，李昭（一作荷叶李）、马勋治扇，周柱治镶嵌，吴爱山治金，王小溪治玛瑙，蒋抱云、王吉制铜，雷文、张越治琴，范昌白治三弦子，杨茂、张成治漆

清代工艺　升平署大锣，署姑苏阊门内造（故宫陈列品）

器，江千里治嵌漆，胡四治铜炉，谈氏笺、顾氏绣、洪氏漆、孙春阳烛，又文衡山非方扇不书，穆大展刻字，顾二娘、王幼君治砚，张玉贤竹笔竹器，皆名闻朝野，今传后无疑也。”

在明代苏州民间艺术的品种、技艺都超过了历史。绘画形成“吴门画派”，篆刻有文三桥著称，剧装戏具行销全国，各种民间工艺设计精巧，制作精美。乾隆《元和县志》载：“吴中男子多工艺事，各有专家，虽寻常器物，出其手制，精工必倍于他所。女子善操作织纴、刺绣，工巧百出，他处效之，莫能及也。”苏州不分男女，各有民间艺术的绝活，并在全国同行中胜出。

《吴歈粹雅》四卷

民间艺术的生产基地

明清以来，苏州民间工艺生产也有了更大的规模。苏州城外的横塘、木渎、陆慕、唯亭等地逐步发展成手工艺的加工集镇，城内也形成了一些手工艺制作、销售专业坊巷。城西一带为铜器、骨器、玉器、乐器等手工艺作坊的集中地。乾隆《苏州府志》载：“郡中西城业铜作不下数千家，精粗巨细，日用之物无不具。”后汇聚在河沿街。廖家巷聚扇业

清代工艺　玉香薰

作坊，西中市、汤家巷遍布绣庄，景德路多乐器店，桃花坞大街则以木刻年画著称。

这些手工艺专业相对集中，形成一定的规模，成为强大的民间生产基地，这在全国独一无二。而这也正是当时社会所需，苏州工巧百出的民间艺术品已成为全国各地所追求的生活美化品。苏州民间艺术产品的特征，集中体现在“精细雅洁”四字上，精细是其技艺的反映，雅洁是其艺术的追求。当然，不同的民间艺术产品，还具有各种不同的技艺和艺术之分，有的简炼，有的繁复，有的雅致，有的质朴，体现了民间艺术的多样性，这是由于人们有不同的追求和爱好。有千万人之奢华，即有千万人之生理。各类工艺品的生产正是顺应了社会需求，所以苏州的民间艺术经历史的积累，在明清时达到了鼎盛。

清代纳兰常安《受宜室宦游笔记》载：“苏州专诸巷，琢玉、雕金、镂木、刻竹，与夫髹漆、装潢、像生、针绣，咸类聚而列肆焉。其曰鬼工者，以显微镜烛之，方施刀错。其曰水盘者，以砂水涤滤，泯其痕迹。凡金银、琉璃、绮、铭、绣之属，无不极其精巧，概之曰‘苏作’。广东匠役亦以巧驰名，是以‘广东匠，苏州样’之谚。”

在清代，绣庄达150余家，苏州被称为“绣市”。当时苏绣业形成了绣庄业、零剪业、戏衣业三大行业，并分别建立三个行业公所，其规模在全国绝无仅有。吴中刺绣甲天下，而在皇室对绣的需求下，织造衙门还临时设立绣局，在清档案“赴苏发办绣活凭房办公经费款”中，即记载在苏曾办“绣局四所，每所租房30间，

清代工艺　砖雕门楼

每月房租银24两，共银96两，计4个月，该银384两”，“绣局工匠开工、了工、赶工犒赏每次银120两，计3次，该银360两”。这仅是一批次组织大批绣女集中赶制宫廷绣品的记载。

此外，琢玉作坊多达830多户，西半城比户可闻沙沙的琢玉声，阊门钓桥堍因遍设玉器摊而有“玉器桥”之称。各地都拿玉器到此比赛，犹如民间玉器博览会。景德路成为乐器专业经营场所，“金石丝竹，无不俱备”，名师名匠还被宫廷征集进京制造宫廷乐器。苏州有红木作62家，大都在王天井巷，制作苏式红木家具和雅致的红木小件。

桃花坞木刻年画传扬海内外，与天津杨柳青年画并称“南桃北杨”。缂丝全国仅苏州一家生产，一枝独秀。姜思序堂国画颜料名闻全国，使用时纸色合一，经久不脱，艺林传誉，远近争求。浙江湖州善琏湖笔传入苏州后，姑苏发一枝竟胜过发源地湖笔，成为苏州著名产品。顾德麟所制砚台古朴风雅，其媳顾二娘琢的砚台更胜一筹，其传世之作“洞天一品砚”收藏于故宫博物院，其过房儿顾公望应诏进京为宫廷制砚。苏州产金花笺纸用于宫廷的殿堂补壁帖子，苏州织造上奏文件中有洒金笺“每张工料银六两二钱四分二厘”的记载。虎丘泥人、耍货成为苏州一大特产，小说《红楼梦》中也将此列入游苏带归的稀奇物品。赵子康的建筑雕刻技艺出众而被称为“雕花赵”。在清代，苏州民间艺术随着苏州的繁华而达繁荣时期。

明清时期的苏州民间手工艺，由于宫廷的特殊要求而妙手辈出，佳作不绝。既经皇帝赞赏，名声大振；在文化人士的参与和倡导下，形成各自的技艺风格，“精细雅洁”为主要地方特色。批量生产的手工艺品为民众喜购乐用，艺术精品向高雅艺术之峰攀登，普及与提高并举，其鼎盛发展之势，必然成为全国第一。

五、变革时期（辛亥革命至今）

工艺产品的变革创新

清末由于受到了外来工艺文化的影响，使一些工艺品在装饰上明显表现出外来文化所引起的变化，洋为中用也就成了必然。辛亥革命前后，我国经历了近代史上巨大的社会变革。自鸦片战争以来，随着西方列强的军事入侵，思想文化和物品大量输入。“洋画”、“洋货”对中国的民间艺术产

沈　寿

生了很大影响，中国的艺术家也走出国门留洋学艺，各式新型的学校又培养出一批新的文化人。不仅思想上维新，经济、生活各个方面都在演变之中，这给和生活相伴随的民间艺术带来了创新的思维和机遇。这是民国初期给传统工艺产品带来的变革影响。

最为典型的是苏绣。传统刺绣技艺在西方绘画、摄影艺术影响下，率先由沈寿创出仿真绣，所绣物像讲究光和影，追求形和神，由此针法技艺有了很大创新，所绣作品在国内外赛会屡屡获奖，名扬四海。杨守玉在绘画专修科学习传统绘画时接触到素描、水彩、油画等西画，自己又能画善绣，因此创出乱针绣，

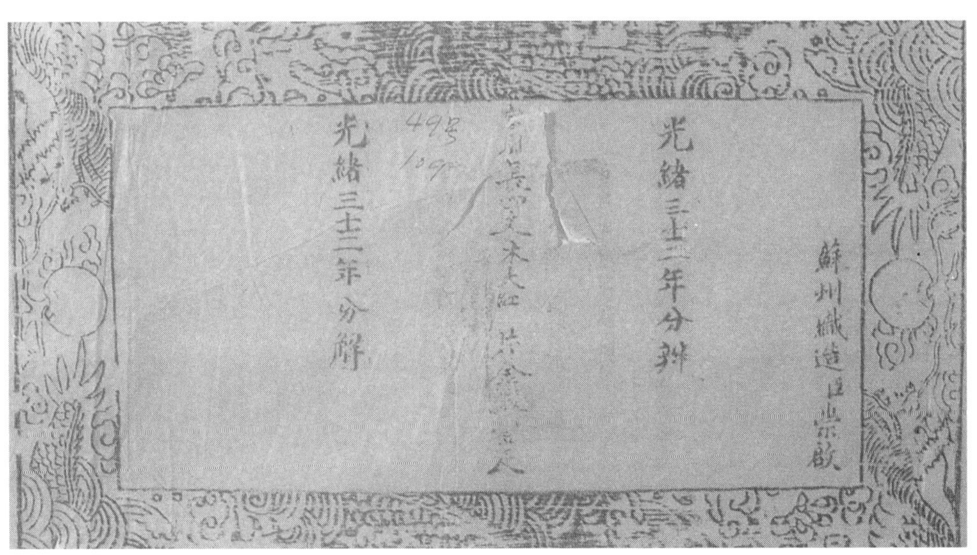

苏州贡清皇室织锦缎

并由后人进一步完善和发展，在苏州生根、开花、结果。这些创新基础使苏绣在解放后得到了升华和持续发展。刺绣日用品中的各类绣服，由于全民汉服的变更，传统刺绣的马褂、市披、旗袍都改作民族服装转为外销产品出口。

民国初，一些清末遗老及国民党新贵、文人，到苏州营造住宅花园，购买红木家具和摆设，红木雕刻业与建筑营造业曾一度兴旺。外销也需求民间艺术品，苏州仍旧是民间艺术的生产基地。上海的外办以苏州为基地，批量地向苏州收购民间艺术品，主要是抽纱刺绣品。常熟的花边业因此勃兴，最多时与无锡的花边一起，竟占上海土产出口总值的第二位。据1948年统计，苏州产销刺绣被面1.25万条、枕套3万对、鞋面20万双、檀香扇22万把、扇面120万张、行漆骨1.5万把。苏州民间手工艺生产基地的地位已稳固确立。

清代工艺　济公塑像

新中国建立后，社会体制发生了根本转变，人们的生活需求发生了深刻变化，人们的审美情趣也随之有了改变，苏州的工艺品为追求这种适应，在其题材、形式、制作、销售等方面也产生了一系列变革创新，以适应社会的需求，在市场竞争中生存发展。

解放初期，生活提倡俭朴平民化，反对富贵奢侈，红木家具有减无增，漆器一度在苏州失传。公私合营，房地产收归国有，再也没有私人营建宅第园林，仅园林修葺时偶尔利用一下建筑雕刻。电灯的普及，灯彩退缩到只是节庆的装饰品，明角灯则失传至今。曾遍及农村家家户户的桃花坞木刻年画，由于农村住宅生活的改善，胶版年画的大量印销，从大批量生产转为精品制作，成为少数人的欣赏收藏之物。传统的剧装戏具在“文化大革命”中曾全部停产。扇子在电风扇升级为空调的状态下几近绝迹。而 1920 年才在苏州生产的檀香扇，发展为画花、拉花、烫花及拉烫结合的技艺精品，大量出口，并获中国工艺美术百花奖。这都是社会变革带来的民间艺术品变革。不是在变革中消亡，就是在变革中重生。

也有许多产品经艺人的努力，与时俱进，变革创新，攀登艺术新高峰，创出历史新水平。典型的如苏绣品种、题材、图案、针法、原辅材料、款式用途，都发生了革新变化。新开发的特丽纶雕花枕套在上海一百亮相，竟至柜台都被挤坏，机绣特丽纶枕套及系列化产品因此畅销国内外。苏绣《波斯猫》、《金鱼》成了我国馈赠外国元首的国家礼品。双面绣成为苏绣精品的特产，并创出双面异色绣、双面三异绣，在针法、色彩、

明工艺　太和殿（朱栋霖摄）

技艺等方面都有了新的突破。苏州刺绣并与机绣结合起来，创出机绣中的长短针和套针，所创的电脑刺绣机及其编程系统，获国家科技进步二等奖。仿真绣的各类绣品，图案秀丽，色彩淡雅，针法细腻，形神兼备。虚实乱针绣所绣风景和人物达到惟妙惟肖的艺术效果；与美国摄影家合作所绣的《野地红叶》、《冒气的池塘》等风景摄影艺术绣品，展示了更完美的东、西方艺术相结合的魅力。成千上万日用绣品畅销五洲四海，艺术绣品则在国际博览会上频频获奖。苏绣成了苏州民间艺术中的佼佼者。

变革时期的苏州民间艺术，经历了曲折和奋起，在历史积累的基础上有了提高和发展。许多工艺美术品能迅速调整发展的方向，面向群众服务，面向国内外市场需求，做到工艺品实用化，日用品美术化，与时俱进地不断创新，推陈出新。尤其是走向国际，大批量地生产出口，并积极参与到国际博览会中参赛获奖，使苏州民间艺术长盛不衰，誉满全球。在艺术方面，受到西方油画、摄影、写真的影响，为了达到仿真传神的效果，苏州艺人对技艺进行了不懈的探索，对表现作品的原料、产品、品种、题材等，都作了应变、创新。面对世界，由于生活习俗和生活水平的差异，产品为国内销和国外销两大类，大部分外销世界各地。内销大都是人们日常生活用品和艺术装饰品，即具有传统风格，又带有时代特色，提高实用功能，增加美学因素，在创新中变革；外销大都是既有中国特色，体现苏州手艺，又受对方欢迎的传统民间艺术品。苏州民间艺术以其历史悠久、艺技精湛、风格独特、精美典雅而蜚声中外。

行业人员的变革起伏

近一百年来，苏州民间艺术处于变

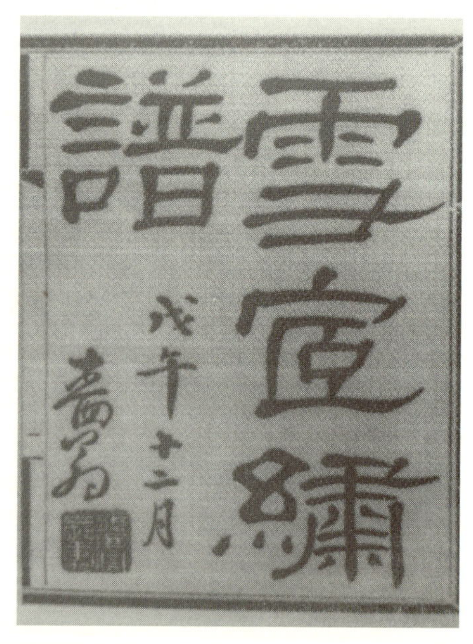

近代民间工艺　《雪宧绣谱》

革之中。清末民初，中国处于动荡时期，外患内乱四起，相比之下苏州仍处于安稳的环境之中。在清代形成的各行业公所基础上，民国期间被改组为行业的同业公会，以维护自身的利益，订立共同遵守的公约，平等相处，互相支持，并办一些公益事业。公所或公会与个体参与者之间没有上下级之分，成为个体手工艺人的代言人，维护了个体手工艺人的利益。

新中国建立后，民间艺术是在曲折中前进，在起伏中发展。从组织成立合作社起，苏州工艺美术行业与其他行业一样被组织起来纳入计划经济轨道。由于苏州手工艺的历史悠久，基础深厚，因此全国仅苏州与福州还特地建立工艺美术局，以强化对传统手工艺品生产的组织领导，苏州工艺美术由此得到蓬勃发展。“文化大革命”、“破四旧”，民间艺术受到空前摧残，有的被迫转产，人员四散，有的被下放苏北农村。1972年在周恩来总理关心下，传统手工艺品得到恢复，并随着中国对外开放大量出口世界各国，苏州工艺美术品出口换汇曾占全国同行业首位，苏州民间艺术再创辉煌。

现代工业发展的实践证明，工艺美术形成企业化规模生产是必然之路。一是人员有了更细的专业分工，尤其是各个专业化生产的工厂还设置绘画设计室，专门为一线生产者提供高档次的样品供生产，销路更好；由于专业分工更细，制作者专心于一行，提高了工艺品的质量和产量。二是企业化集中生产，也相应集中了这一行业内的专业技艺人员，有利于相互间的技艺传授交流，提高了从业人员的整体技艺水平。三是历年来企业陆续招收了一批有文化的青年人传授技艺，并多次举办技艺培训班，加强骨干培养，使传统技艺有后起之秀。四是随着改革技术装备，改善生产环境，

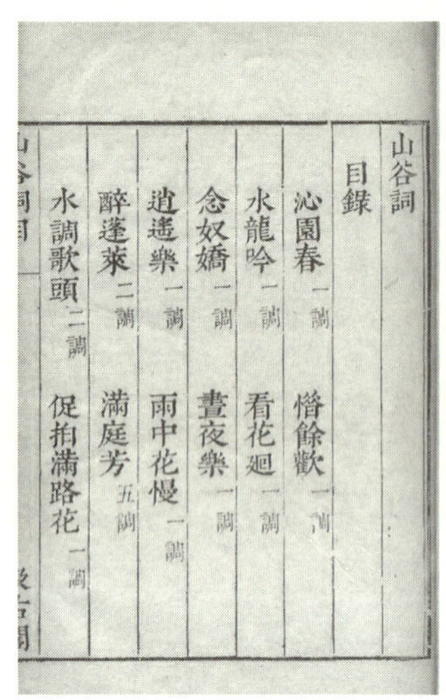
山谷詞

目錄

沁園春 一調　惜餘歡 一調

水龍吟 一調　看花廻 一調

念奴嬌 一調　晝夜樂 一調

逍遙樂 一調　雨中花慢 一調

醉蓬萊 二調　滿庭芳 五調

水調歌頭 二調　促拍滿路花 一調

明工艺　汲古阁明刻本《山谷词》一卷（宋）黄庭坚撰

真珠舍利宝幢（复制品 宋 高 122.6cm）

规模型生产的能力也不断扩大，苏州工艺美术的整体实力在全国达到一流，竞争能力更强。1985 年，苏州工艺美术行业共 37 家企业，共有职工 12316 人，固定资产原值 4263 万元，产值 24624 万元，外贸收购总额 13879 万元，实现净利润 1651 万元，税金 2626 万元，名列全省第一，在全国工艺美术行业中占有举足轻重的地位。1996 年，9000 多名在职职工，创出产值近 9 个亿的历史最高纪录，可谓手工艺的奇迹了。

在计划经济向市场经济的改制过程中，苏州民间艺术经历了变革。全行业转制，以 2 个多亿人民币的价格出售给房地产商，致使全行业组织有序的手工艺者一度全军覆没，处于自生自灭状态。2005 年 12 月 26 日，国务院国发〔2005〕42 号《国务院关于加强文化遗产保护的通知》，苏州市第一批列入国家级非物质文化遗产（简称“非遗”）名录的共 18 项，其中手工技艺（含美术）类 10 项：苏绣、宋锦织造技艺、缂丝织造技艺、香山帮传统建筑营造技艺、苏州御窑金砖制作技艺、明式家具制作技艺、制扇技艺、剧装戏具制作技艺、苏州甪直水乡妇女服饰、桃花坞木版年画。为全国第一批“非遗”名录中该类最多者，以后陆续增补全国、省、市几批“非遗”代表作名单及“非遗”传承人名单。

关注社会因素中最关键的应是人。尤其是民间艺术品的生产，许多是靠艺人代代相传，传统技艺才得以一脉相承。正是他们的精湛技艺和产品，才使苏州工艺名重天下，一些工艺品是以名人带产品的。所以技艺人员在工艺美术事业中起着至关重要的作用。苏州有中国工艺美术大师 14 名（居全国同级市首位），江苏省工艺美术大师、江苏省工艺美术名人，以及工艺美术专业高、中、初级技艺人才数百名。我们除了给这些民间艺人以职称、荣誉称号，尊重他们的劳动成果，政府还须提供给他们生存发展的基本条件，尊重他们个人的意见和建议，实实在在地支持、扶助他们的艺术事业。

原来的企业曾为他们安心创作、专心培养艺人提供过组织和生活方面的保障。现在全部改制回家，使他们一个个成了散兵游勇，却要他们分心应付，同时承担独立的设计、制作、传授、销售的各项工作，致使苏州民间艺术赖以生存、发展的技艺生命毁于一旦。行业的衰落，使一批既具浓厚地方特色、又有较高审美价值的传统工艺逐步消亡，珍贵品种接连失传。没有充分发挥原有技艺人员所长，更何论有新的青年人去上岗接班。民间艺术人才的培养又有其特殊性，除了独特的制作技艺，还需要日积月累形成的领悟和巧思，因此要区别于一般人才的培养。民间艺术后继乏人，始终是攸关事业兴衰的关键问题。

由于现代化建设的发展，越是传统的民间艺术，越会受新潮流的冲击，这是客观事实。如何留住手艺，推陈出新，像保护世界文化遗产那样保护我们兼具物质、精神双重遗产的民间艺术，就是我们这一代及后人责无旁贷的神圣义务。

小　结

1. 自春秋吴王阖闾命伍子胥建都城以来，苏州便成历代郡邑、府治，随江南大运河开通以来，更因水陆之便，遂成东南一大都会，宋元时苏州获“上有天堂，下有苏杭”之美誉，明清时为全国赋税上缴最多之城市。不可忽视天时、地利、人和为苏州手工艺品的发展提供了不可多得的有利条件。

2. 在中国历史的演进中，苏州相对

平稳，人们过着安定富庶的生活，人们对手工艺品有提升生活质量、点缀庭园的需求，为苏州手工艺品的生产提供了本土天然市场；苏州人心灵手巧，有多余劳动力参与到手工艺品的生产中去，为了满足人们的需求，努力创作着各种日益完美的手工艺品。

3. 朝廷在元代即在苏州设立织染局，明清两代织造局，宫廷所需的各种日用品和艺术欣赏品，都出自苏州。苏州手工艺人根据朝廷的要求，艺术水平不断提高，有的艺人甚至被朝廷征召进宫，直接为朝廷特制精致的手工艺品，大到蒯祥主持营造紫禁城三大殿，小到陆子冈雕刻玉器供皇上玩赏。

4. 苏州的文人雅士对手工艺品品评并参与手工艺品的设计制作，对手工艺品的创新和提高起到直接或间接的促进作用，如文震亨的《长物志》、计成的《园冶》，在明清笔记中对苏州手工艺品及艺人的许多评品和赞赏，无意中引导着苏州手工艺人和所制手工艺品向着精致、高雅的方向攀登。

5. 明清时期，苏州的手工艺品名闻四海，以致曹雪芹在《红楼梦》中也引用在苏州买回许多工艺玩物时有手捏泥人与薛蟠相像的描述。苏州为天下码头，南来北往的过客都在苏州题下许多诗词，也带走了苏州众多的手工艺品，宣传着苏州是人间天堂的美好生活，苏州手工艺品成为代言标志。

6. 天无绝人之路，艺有再生之道。在改革开放时期，机遇和挑战同时存在，数以亿万计的中外旅游者求购有苏州特色的旅游纪念品，苏州民间手工艺如何解决供需问题？苏州民间艺术品曾经大量出口国际市场占有重要地位，同样需要组织规模型生产。如何因势利导，正是政府发挥积极作用的时候。

《苏州艺术通史》选刊

吴门画派先行者

洪武之后，永乐开始，苏州画家们仍在默默耕耘，他们无意中成为中国15世纪一个新的画派的先行者，迎来了苏州美术的勃兴。

明代苏州美术的兴盛，主要标志是“吴门画派”（或“吴派”）、“明四家”、“吴门四家”的出现。究其发源之地则不在苏州城内，而在苏州府东北四十里的古镇相城。这里紧贴阳澄湖，北可远眺虞山，有如世外桃源，却是人文渊薮之所在。其开端则系于一人、一家——一人，即苏州来此教画的杜琼，一家即是这里世代热爱书画的沈家，这家出了沈澄、沈贞吉、沈恒吉兄弟和沈周一门三代及其亲友。一代苏州的绘画艺术就由兹生根发芽。

杜琼（1396—1474），明代画家。字用嘉，号东原耕者、鹿冠道人，吴（今苏州市）人。应为杜甫后裔，生一月而孤，母顾育而教之。长从陈继（陈惟允之子）学经，性至孝，朝廷两次下诏荐贤，皆辞不就。读书无所不通，旁及翰墨皆精。善书，好为诗文，山水远宗董源。多用干笔皴擦，淡墨烘染，傅色清澹，苍秀深静。长期以卖画和授徒为生。正统元年（1436），由太平坊迁居于朱文长故居乐圃。所居其东有原（可能为砖土之堆），人尊为东原先生。因陈继致仕，由他代去相城里授沈贞吉、沈恒吉兄弟画，又授沈恒吉子沈周。

杜琼代表作品有《南村别墅图》册（原藏苏州过云楼，现为上海博物馆藏），是杜琼根据陶宗仪《南村别墅十景咏》而画的。陶称南村别墅主人，是元末明

沈贞吉　画

初颇有名望的文学家。元间避乱华亭，著作甚丰，安贫乐道，雅好著述，人称南村先生。杜琼大约也从他学习过（陶虽无画名，但所著的《南村缀耕录》中就有《写象秘诀》并与王蒙交，二人关系甚好，王为陶作《南村图》），杜琼师陶，陶死后，曾为其子纪南作《虎图》。复作《南村别墅图》册，画中十景，皆根据南村生前所作《十咏》而作。因《南村先生集》失载，故录原诗于画。此册只有《竹林居》和《闿杨楼》二图。前为陶居室和环境，后是陶休憩、游赏之处。图中可见杜多吸收黄公望、王蒙之长，皴染缜密松秀，墨晕滋润苍茫，设色清淡明洁，又努力追写实见之景，实开吴门新画风的先声。杜琼存世作品还有《友松图》，苍松数株，瓦屋数间，二人独坐中间，外面篱门半开，不远处山石矗立，有瀑布幽径。外更有曲井栏杆，整个都是在高坡之上。环境优美，景色清幽。杜琼与沈周师生感情很深，曾作《溪山读书图》相赠。天顺三年（1459），沈周题曰："桑柘村渠日影斜，白云深处带山家。分明万里桥西路，只欠春风几树花。此图为杜东原先生廿年前笔也，一日卷赠于予，予藏之，又阅三寒暑矣，壬午首夏三日……"[1]杜琼存世作品还有《山水图》轴、《报德英华图》卷，均藏故宫博物院；天顺七年（1463）作《天香深处图》轴，图录于《中国名画宝鉴》。著有《东原斋集》。

沈　周　《庐山高图》

沈贞吉（1400—约1483），名贞，以字行，号南斋、陶斋、陶然道人。长洲（今苏州市）人。世居相城里。工诗善画，师法董源。弟恒吉（1406—1477）名恒，以字行，号同斋。亦善诗

刘 钰 《烟水微茫图》

画。当时兄弟均有画名（《明画录》说“二沈并列神品”）。家中僮仆，皆谙文墨。这和他们的祖辈家传分不开。祖沈良，字琛，一字帛琛，号兰坡。元末因避兵乱由苏州移居相城，好书画，精鉴赏，与王蒙友善。王曾夜访其居，并作画以赠。父沈澄，字孟渊，也长于诗文，好交友，所居西庄常有画家雅集。父子晚年均好道，二沈和父澄都不愿为官，作画赋诗，自相倡酬。画亦不多作，“不可以钱帛购取”。贞吉每赋一诗，每作一画，必累月经年方肯示人，其画妙处逼近宋人。恒吉山水则师杜琼，近王蒙一路。贞吉传世作品有洪熙元年（1425）作《秋林观瀑图》轴，现藏苏州博物馆，图中一侧山峰巍峨，雾气将画分为两部分，下幅则见瀑布奔流，大树高耸，观瀑者仰目而视，画面紧扣主题，笔墨严谨，清新自然。还有《菖蒲图轴》中间画出凹凸不平的石头，直笔写出菖蒲，颂菖蒲之高洁。存世作品有成化七年（1471）作《竹罏山房图》，图录于《明清山水名画选》。贞吉侄沈周，即后被尊为吴门画派创始人。

刘珏（1410—1472），明代画家。字廷美，号完庵，长洲（今苏州市）人。少遇太守况钟，推择为吏，刘珏谢绝。

沈　周　《为祝淇作山水》

沈　周　《夜坐图》

正统三年（1438）领乡荐，授刑部主事，迁山西按察院佥事，居三载，年五十致仕，归居相城，于白雪泾筑寄园，累石为山，引水为池，号小洞庭。与客登眺为乐。作《草堂图》自为绘册十幅，各系以诗，沈周亦题长句。刘与沈家有姻亲（其子刘正娶沈恒三女沈庄），并与沈周志趣相近，推为忘年交。刘珏工书善画，山水出吴镇、王蒙，风格苍润。他长沈周十七岁，在周未习画时已著画名，他的作品对沈周画风的形成很有影响。沈周尝临刘画，在他画上题跋也很多，陈田《明诗纪事》谓："完庵画流传甚少，予得一小幅，乃赠耻斋者。沈石田题云：'溪山错认瀼东西，茆屋人家竹树齐。不独米翁能拜石，我与遗墨便头低。'"可见他对刘珏作品的敬重。刘珏作有《烟水微茫图》轴，构境远旷，笔墨浑成，一片苍翠秀润之气，薰人眉宇，当是刘画之皎皎者。自题："烟水激茫处，舟行一舍余。既觅沈东老，还寻陶隐居；冰弦三叠弄，茧纸八分书。

杜琼《山水图轴》

醉和阳春曲，空疏愧不如。”存世还有《夏云欲雨图》轴、《天池图》。著有《完庵集》。

谢晋（1419—？），明代画家。晋，一作缙，字孔昭，号叠山，又号兰亭生，亦称深翠道人，晚年号葵丘翁，吴（今苏州市）人。侨居金陵二十年。山水师王蒙、赵原，造诣既精，得其渺远深意。构体落势，姿态多变，作数尺五幅，能一日而就。暮年患白内障，尤能持笔。为永乐、宣德间（1403—1435）苏州名家之一。谢晋和沈澄友情很深。沈所居相城里西庄，永乐年间谢常来此聚会，所作《西庄图》或即在此所作。后谢晋与沈周亦相往还，成化十年，出任安仁县知县，沈周还为之赋诗送行，宣德六年（1431）谢晋作《溪隐图》画中远山层叠连绵，湖面空阔平静。洲渚岸边杂树葱郁，渔人泊舟后向家中走去。茅棚下一女席地而坐。用笔遒劲秀逸，画面空灵而苍郁。[2]存世作品有，作于成化十四年（1478）《东原草图》，系为杜琼而绘。画中山峦耸立，古木参天，草堂幽深，二友于草堂中叙谈甚欢。整个山石和松树都在显示草堂主人高洁。还有《云阳早行图》。工诗，著有《兰亭集》。

陈暹（1405—1496）明代画家。字季昭，号云樵，吴（今苏州市）人。工绘事，尤喜设色山水、人物。早年学画于陈公辅（号江村居士、吴江人），山水宗盛懋，笔墨畅茂。后变其法，著色尤为精妙。临摹古人，几能乱真。宪宗成化（1465—1487）前后，以画驰名艺坛达六十年。评者谓其“非古人无师，非定见无发，若限而不滞，若质而有味，亦艺之成者”。[3]弘治初，年八十余，诏赐冠带。意气诚简，不喜亲世务，官宦请画多不予。与杜琼称至交，与周臣相邻，周向他学画，后又传至唐寅、仇英。

“吴门画派”，系由上述画家群直

接衍发，于明代中叶在苏州出现的一个画派。最早出现这一名称的则是上节所引杜琼《南村别墅图》册上的董其昌跋：“沈恒吉学画于杜东原，东原已接陶南村，此吴门画派之岷源也。”明确提出“吴门画派”四字，还将其开创人物定为“石田先生”（即沈周），杜琼则为直接影响吴门画派的人。在这画册上题跋的李日华也说：“昭代画法，石田作狮子吼”，“曹源一滴，用嘉先生开之也”，他们阐明了早就存在的事实。这样，吴门画派并以沈周为代表的说法，在中国美术史上也就形成了（后人有主张将吴门画派、松江派、乃至娄东派、虞山派合称为吴派）。明谢肇淛说：“国朝名手推戴文进，然风格卑下已甚，其他作者如吴小仙、蒋子诚又不及戴，故名重一时。至沈启南（周）出，而戴画废矣！”[4]吴宽则说：“近世画家惟及此者惟钱塘戴文进一人，然文进之能止于画耳！若夫吮墨之余，缀以短句，随物赋形，各极其趣，则石田翁当独步于今日也。”[5]后来王世贞则又说：“钱塘戴文进，生前作画不能买一饱，是小厄；后百年吴中声价渐起不敌相城翁，是大厄。”[6]可见，从明代中叶开始，以戴进为代表的“浙派”已逐渐让位于以沈周为代表的“吴门”了。

再看当时人们对沈周艺术的评价。王穉登《吴郡丹青志》：“先生（沈周）绘事，为当代第一。山水、人物、花卉、禽鱼，悉入神品。……一时名士如唐寅、文璧之流，咸出龙门，往往致于风云之表，信乎国朝画苑，不知谁当并驱也。”焦竑《澹园续集》：“启南（沈周）画于北苑、巨然诸名家，无不撮其胜而奄有之。……真明兴第一手也。”顾起元《懒真草堂集》：“我朝以画名世者，毋逾启南先生。”何俊良《四友斋画论》：“我朝善画者甚多……利家（指文人画）当以沈石田为第一。”谢肇淛《五杂俎》：

刘　珏　《夏云欲雨图轴》

“启南远师荆浩，近学董源，而运用之妙真夺天趣。至于临仿古人之作，千变万化，不露蹊径，信近代之神手也。”

上述都可引伸沈周为吴门画派开山人物，董其昌认为，当时的文人画传统，只有“吾朝文、沈，才远接衣钵”，也就等于说，吴门画派系以属于文人画范畴，而且此画派也以沈周和文徵明二人为代表。一直到今天，人们还受此说影响。其实对于吴门画派的成员，明代画坛大多数并没有囿于董说。明顾凝远《国朝画评》：“自元末以迄国初，画家秀气已略尽，至成、弘、嘉靖年间复钟于吾郡，名流辈至，竟成一都会矣。”[7]接着将沈周、文徵明、唐寅、周臣、刘珏、仇英都归于“士大夫名家宗匠”之列。明邢峒《来禽馆集》：“启南先生画法高一代，所为阔帧巨轴，位置稳密，水墨淋漓，天工人巧，蔑以加矣。宜吴阊光阶，登伯虎、衡山山上也。”[8]《壮陶阁书画录》：“书至董赵、画至文、沈、唐、仇，天地精英尽矣，何必唐宋哉！。”[9]王鉴《染香庵画跋》：“成、弘间，吴中翰墨甲天下，推名家者，惟文、沈、唐、仇诸公，为掩前绝后。”[10]吴升《大观录》称：“槜李项子京收藏甲天下，（仇英）馆饩十馀年，历代名迹资其浸灌，遂与沈、唐、文称四家。”[11]《豁山卧游录》称：“沈、文、唐、仇，为明四家。”[12]

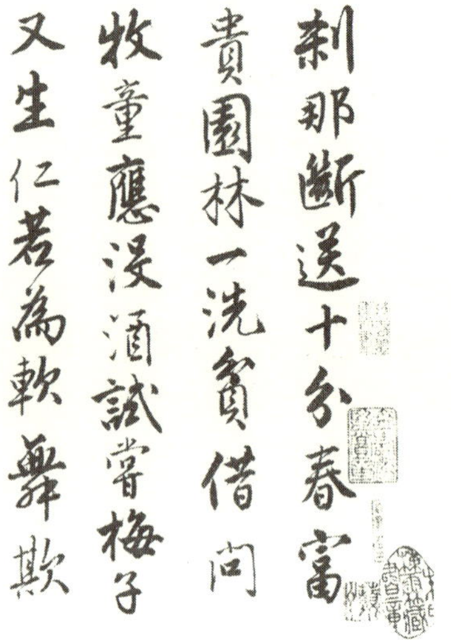

唐寅书《落花诗》

综合以上意见，大多是将沈、文、唐、仇连在一起，有的还指明他们为“明四家”。但是否即为吴门画派四家，今人有三种意见：

一种是大致认同董的意见，即吴门画派的艺术是沿袭元人绘画的文人画体系，而唐、仇不是这样的绘画，因此不属吴门画派中人；

另一种则认为吴门绘画是宋元并重，并非纯粹如元画那样，而是具有自己特色的世俗化的文人画。唐、仇也应列入画派范围；

第三种认为只提吴派，不提吴门画派。

这里将沈、文、唐、仇四家一并介绍。（下略）

1　沈周也作《东原图》卷赠琼，“图写茂林深竹之中，茆亭一笠，渊孝巾服危坐，旁置书册，垂髫童子奉檠迤逦至亭；亭外青山当门，绿水环阶，一翁须髯飘然，策杖过板桥而来，若相访者。”。(《过云楼书画记》)。《昧水轩日记》记琼《溪山佳趣图》，上有沈周题跋：“……尝读柳之厚先生愚溪之文可见也。文与画无二致，得此卷者毋直以画视之。弘治纪元戊申秋八月望，后学沈周。”弘治十一年(1498)，琼辞世已25年，沈周也已72岁。

2　沈周题道：“画上云生春雨足，树头花落春风余；道人入坐碧溪石，下有流泉应读书。”成化十六年(1480)，沈周54岁，又在谢的《西庄图》上题跋：“先公旧得葵丘笔，淡墨真成北苑风，未岁春时图既作，丁年冬仲我初降。后生已见衰毛白，往事空惊转烛红。今对青山吊双鹤，秋风吹泪到辽东。此图作于宣德二年二月三日。周尚未生，生于其年十一月二十一日，距作画时尚未越月。周今年五十有四，发已种种。葵丘既化去，先公亦违养十有八年。抚图之际，感念今昔。不知雪涕之沾襟也。因诗以识之。成化庚子花朝日，沈周抆泪书。”

3　引见沈秉坚主编《中国美术辞典》，第68页，上海辞书出版社，1987年。

4　谢肇淛：《五杂组》。

5　吴宽：《匏翁集》。

6　王世贞：《弇州山人续稿》。

7　明 顾凝远：《国朝画评》，(清)王原祁等纂辑《佩文斋书画谱》第二册，第464页，北京市中国书店，1984年。

8　明 邢峒：《来禽馆集》。

9　民国 裴景福《壮陶阁书画录》(上册)，第328页，学苑出版社，2006年。

10　清 王鉴：《染香庵画跋》，沈子丞辑《历代论画名著汇编》。

11　清 吴升：《大观录》，卢辅圣主编《中国书画全书》第八册，第575页，上海书画出版社，1994年。

12　清 盛大士《谿山卧游录》，黄宾虹、邓实编《美术丛书》第二册，第1330页，江苏古籍出版社，1986年。

民国市民通俗文学

清末民初的小说，亦即通常所谓通俗小说，亦被称为“民国旧派小说”，出现于清末，辛亥革命后更为流行。以苏州文人为中心创作群体，其早期作品多以才子佳人为题材，而且喜欢表现“哀情”，其中以《玉梨魂》最为有名。后来新文学兴起，刘半农批评它是“鸳鸯蝴蝶小说”，“鸳鸯蝴蝶”便被用来称呼这一流派[1]。当时刊登这类作品的杂志中，影响最大的是《礼拜六》周刊，故又称“礼拜六派”。这一流派并没有明确固定的文学团体，而是根据作品的大致取向归纳起来的。

这个近现代通俗文学流派大体反映了清末民初文化发展的趋向，体现了中国古典文学向现代转化中新崛起的市民文化的倾向与文学审美要求。相对于五四新文学，现代通俗小说的政治功利性要弱些，商业性要强些；趣味上，现代通俗小说更倾向于消遣、娱乐、游戏；创作方法上，现代通俗小说传承了中国古典小说传统与特征，模式化、程式化的倾向比较突出。在新文学产生以前，通俗小说曾是小说正宗。清朝以降的讽刺小说、人情小说、狭邪小说、

《礼拜六》——鸳鸯蝴蝶派代表性刊物

1 鲁迅在《上海文艺之一瞥》中谈到“新的才子 + 佳人小说”，说佳人“和才子相悦相恋，分拆不开，柳阴花下，像一对蝴蝶，一双鸳鸯一样，但有时因为严亲，或者因为薄命，也竟至于偶见悲剧的结局”。鲁迅：《二心集》，第86页，人民文学出版社，1972年。

侠义小说及公案小说、谴责小说等类型[2]，为现代通俗小说的发展铺就道路。现代通俗小说常见的类型如社会小说、言情小说、武侠小说、历史小说等基本上是对旧的传统小说的传承、延续和拓展。

几乎与五四新文学家胡适同时，这批通俗小说家最早在1917年1月就倡导“白话文学”。包天笑在其主编的《小说画报》“例言”宣称：“小说以白话为正宗，本杂志全用白话体，取其雅俗共赏，凡闺秀学生商界工人无不咸宜。”包天笑得出了胡适式的结论：“文学进化之道必由古语文学变而为俗语之文学。”[3]

这个文学流派因应了清末民初新的广大的市民群体的兴起和他们的文化要求，有相当的社会基础。在清末断绝了科举之路后，人数众多的江南文人中一部分得风气之先，转向文学出版与商业化。他们有旧文学根基，还有人能翻译作品，因而在五四运动前后二十年间，把读者市场变成了他们的天下。五四运动后，新文学应运而生，其文化选择是反映时代、改造社会，带来了新思想、新形式和新风格。由于鸳鸯蝴蝶派小说循沿明清通俗文学的形式，内容与时代有距离，且有不少庸俗荒诞之作，故被新文学家斥为“封建的小市民文艺”、“文坛逆流”，受到严厉批判。五四高潮时，文学研究会的“宣言”和《小说月报》的全面“革新”，就是新文学对通俗文学的公开批判和对垒。茅盾把“游戏的消遣的金钱主义的文学观念”视为通俗文学在“思想上的一个最大错误”（《自然主义与中国现代小说》）。创造社成仿吾撰文要“把他们由地球上扫除”。

鸳鸯蝴蝶派的主阵地是上海，但大多是苏州作者，如包天笑、周瘦鹃、徐枕亚、

2 采用鲁迅《中国小说史略》中的小说分类。

3 仿吾《编辑余谈》：“我们一方面要与全国的同志们建设我们的新文学，一方面对于我们前面的妖魔也应当援助同志们，不惜白兵的猛击。这丑恶的妖群，固然不免可惜了我们很贵重的弹药。然而，他们的横奔，是时代的污点，是时代的奇辱，时代要求我们把他的污点揩了，把他的奇辱雪了。朋友们！请来同我们更往前方追击，把他们的战线一条条的夺了，把他们由地球上扫除了罢！”《创造季刊》第1卷第3期，1922年。

吴双热、徐卓呆、程瞻庐、徐天啸、俞天愤、范烟桥、程小青、朱鸳雏、平襟亚、陆澹安、顾明道、郑逸梅、叶小凤（楚伧）、江红蕉、姚民哀等人。

1922年8月，范烟桥、赵眠云、郑逸梅、顾明道、范君博、屠守拙、孙纪于、姚苏凤、范菊高等9人在苏州留园成立星社。星社是传统的文人聚会（雅集），没有正式的宣言书和严格的组织，但一般认为是这一派的中坚。到1932年时，星社已有36人。周瘦鹃、程小青、程瞻庐、严独鹤、徐卓呆、江红蕉等人也加入了这个团体。到1937年，陆续加盟的人已达68人。包天笑、姚民哀、赵苕狂、张枕绿、陆澹安、施济群、陈蝶衣等人也成了社员。抗战爆发后，“星社”星散。中国现代文学史上，支撑时间最长的文学社团非星社莫属，可见它的凝聚力。

下面介绍几位有代表性的作家。

俞天愤（1881—1937），原名承莱，字采生。常熟人。俞钟銮长子。性爽直，以“俞戆”闻名乡里。历充琴南儒英学校教员、海虞市立第八小学校长。喜写小说，认为现在人世间的一切，天看了也不会笑，只会烦闷，乃用“天愤”作为笔名。与包天笑等同为鸳鸯蝴蝶派代表人物。又善画松，工诗。40岁后皈依佛教。常熟沦陷时死于逃难途中。其主要著作有：《薄命碑》10回，《中国新侦察案》（此为方言中短篇侦察小说集，收《啄木鸟》、《枕中秘》、《一分钟》等20篇，对中国侦察小说的发展起着先导作用），《中国侦探谈》（收《黑幕》、《双履印》、《三棱镜》等12篇），《绣囊记》12章，《卖菜儿》，《范围》，《临时疫院》，《镜中人》，《剑胆琴心录》，《呻吟集》

星社，成立于1922年

（此为晚期所作，集部总集，专阐佛旨）等。

吴双热（1884—1934），原名光熊，字渭渔，后改名恤，号双热，拆“恤”为“心”、“血”二字，寓“热心热血”之意，以号行。常熟人。光绪三十一年（1905）江苏两级师范讲习科毕业，任苏州初等小学教师。一生编辑过大量报刊，他与徐天啸、徐枕亚兄弟被誉为“海虞三奇人”，1912 年同任上海《民权报》编辑，主编《民权报》文艺副刊。1913 年 10 月 21 日创办《琴心》周刊，1914 年与徐枕亚主编《小说丛报》，1917 年 2 月 13 日创办《虞阳日报》，1917 年 6 月 16 日创办《小虞阳》周刊，1919 年任广州《大同报》编辑，1912 年 2 月 1 日创办《药言》周刊，1921 年 5 月主编《饭后钟》周刊，又任《虞阳晚报》副刊《谐铎》主编，1924 年任《海虞周报》名誉编辑，1926 年 7 月创办《逍遥游公园日报》，1928 年 9 月 14 日创办《逍遥游》日报，1931 年 2 月 10 日创办《镭锭》三日报。晚年辍笔，执教于南京正谊中学。为人诙谐，嬉笑怒骂皆成文章。一生创作小说、杂文、诗词甚多，所撰长篇小说《兰娘哀史》在《民权画报》连载，一举成名。又作长篇小说《孽冤镜》，与徐枕亚之《玉梨魂》相间刊登于《民权报》，遂与徐成为“鸳鸯蝴蝶派”之巨擘。其主要著作有：《海虞风俗记》4 卷，附《海虞风俗竹枝词》不分卷；《双热嚼墨》5 卷，此为小说、散文、笔记、诗词等合集；《双热新嚼墨说荟》4 卷，此为短篇小说、笔记、诗词合集；《双热浪墨》，此为旧体诗、杂文、小说合集；《锦囊》，收吴双热《四美吟》、《香国杂咏》，徐枕亚《石头记题词》，共辑诗 500 余首，摘句 70 余则，附新歌谣 3 首。吴双热的小说创作主要有：《兰娘哀史》、《孽冤镜》24 章、《孽冤镜别录》（上卷）16 回、《无边风月传》（上下卷）42 回、《鹃娘香史》14 章、《断肠花》、《快活夫妻》、《豆腐西施》、《婚误子部》、《一零八》等。

徐天啸（1886—1941），名啸亚，字天啸，以字行。别署天涯沦落人，室名秋魂室。常熟人。曾任教上海青年会中学，后任职考试院。擅草书，颇得时誉，尤工刻印。徐天啸 1912 年开始进入报业，从事编辑工作，曾主持上海《民权报》笔政，撰论文力斥袁世凯政权。1914 年在上海创办《黄花》（旬报），并与吴双热编辑《五铜元》小说周刊。1919 年主持广州《大同报》笔政。1924 年 2 月在常熟创办《海虞周报》，自任编辑，吴双热为名誉编辑。徐天啸著有《太平建国史》、《珠江画舫话沧桑》、《神州女子新史》及《续编》、《次侄无病之死》1卷、《天涯沦落人印话》、《天啸残墨》4卷、《湖上百日记》、《自由梦》、《近代小说家小史》（与徐枕亚合作）。

徐枕亚（1889—1937），名觉，别署东海三郎、青陵一蝶等，妻蔡蕊珠病殁后又自署泣珠生。常熟人。出身书香门第。十六岁起执教于常熟、无锡等地的小学。1912年任《民权报》编辑。后独资创办清华书局，编辑出版了《小说季报》、《小说日报》等。1937年抗战爆发，他避居于友人家，同年病逝。

徐枕亚的主要作品是文言小说《玉梨魂》，描写一对青年男女因爱情与旧礼教发生冲突的悲剧。1912年在《民权报》连载时引起轰动。次年出单行本，一版再版，销量达数十万册，成为民国初期最著名的畅销书。后被改编为话剧和电影。续作的《雪鸿外史》销量也有几十万册，这两部书的影响十分广泛。

评论家曾把鸳鸯蝴蝶派的名家名作，归纳为“五虎将”（徐枕亚、李涵秋、包天笑、周瘦鹃、张恨水）和“四大说部”（《玉梨魂》、《广陵潮》、《江湖奇侠传》、《啼笑因缘》）。其中《玉梨魂》是鸳鸯蝴蝶派的早期代表作，因此徐枕亚被同派人推为“言情鼻祖”、“说部霸王”。另著有小说《弃妇断肠史》、《枕亚浪墨》、《双鬟记》、《让婿记》等。

包天笑（1876—1973），名清柱，又名公毅，字朗生。吴县人。1894年考中秀才。1900年与友人组织“励学社”，出版木刻本《励学编译》月刊。次年译《迦因小传》

徐枕亚像

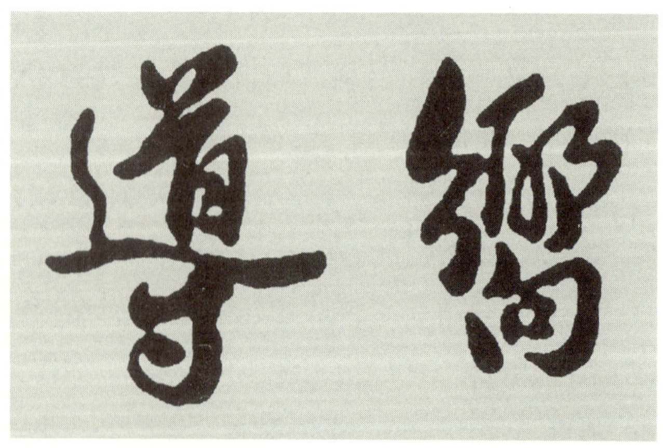

徐枕亚为中共《向导》题刊头

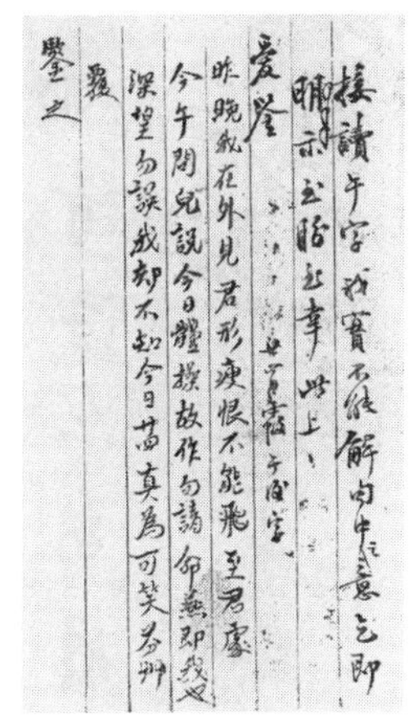

徐枕亚陈佩芬来往书札

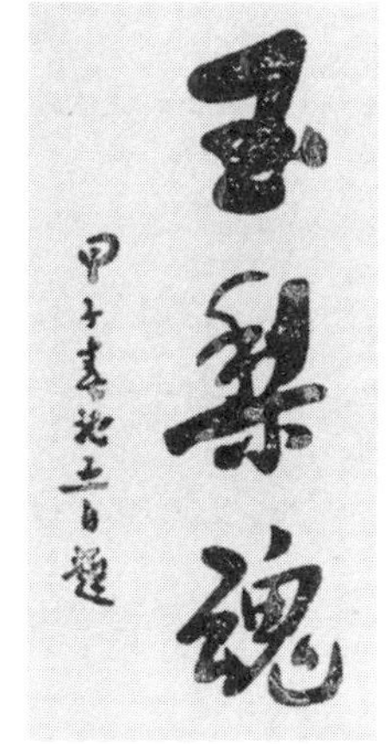

徐枕亚自题《玉梨魂》封面

时，用了“吴门天笑生”的笔名，后来就称天笑。同年创办旬刊《苏州白话报》。自1902年起，先后在上海、苏州、山东青州担任译书和教育工作。1906年回上海任《时报》编辑，同时在曾朴主办的《小说林》兼职。《小说林》停刊后，他主编了《小说时报》、《妇女时报》和《小说大观》。1919年后转向小说创作。自1922年起，他陆续编辑了通俗文学杂志《星期》、《长青》和上海《立报》副刊《花果山》。1924年应聘为上海明星电影公司编剧，创作和编译了《可怜的闺女》、《空谷兰》等剧本。抗战期间在上海，以向《申报》、《小说日报》、《万象》投稿为生。1947年赴台

包天笑像

1917年1月，包天笑创办白话文学刊物《小说画报》

湾与儿子团聚，后迁香港定居。

如果说，徐枕亚是鸳鸯蝴蝶派的鼻祖，那么包天笑就是主帅。他在长期担任报刊编辑的过程中，大量提掖新人，团结了一大批作家，壮大了通俗文学队伍。他一生创作了《留芳记》、《上海春秋》、《换巢鸾凤》等近五十部小说，其中文学界水准高、影响大的基本上都是通俗小说。他据法国作家亚米契斯《爱的教育》编译的《馨儿就学记》是深受当时中学生欢迎的读物。另著有《钏影楼回忆录》、《钏影楼回忆录续编》等。

周瘦鹃（1895—1968），江苏苏州人，生于上海。原名国贤，字祖福，号瘦鹃，笔名怀兰室主人、紫罗庵主人等。文学翻译家、小说家和园艺家。家境贫寒，父亲是轮船上的小职员，童年时，母亲去上海做佣工。宣统元年（1909），他入上海民立中学读书，因成绩优良，毕业后，留校任英文教师，但因不善管理，自认为教学非己所长，转而从事文学创作和报刊编辑工作。

周瘦鹃在中学时代已开始写作活动，于宣统三年（1911）六月十一日《妇女时报》创刊号上发表短篇小说《落花怨》，同年《小说月报》9—12 期上发表改编新剧《爱之花》。1915 年，参加南社。长期供职于申报馆。自 1920 年起，周瘦鹃任《申报》副刊《自由谈》编辑，直到 1932 年底，前后十二年，其间发表了时评和其他文体的作品。与此同时，他还主编或与人合编《礼拜六》周刊、《半月》杂志、《紫罗兰》、《新家庭》、《紫兰花片》、《良友画报》等多种刊物。1931 年，周瘦鹃迁居苏州，

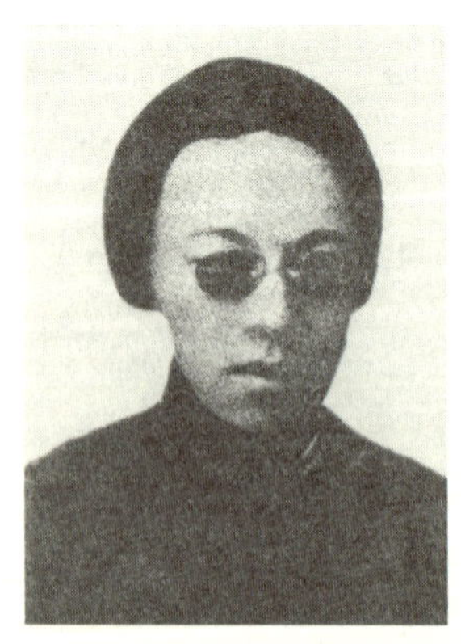

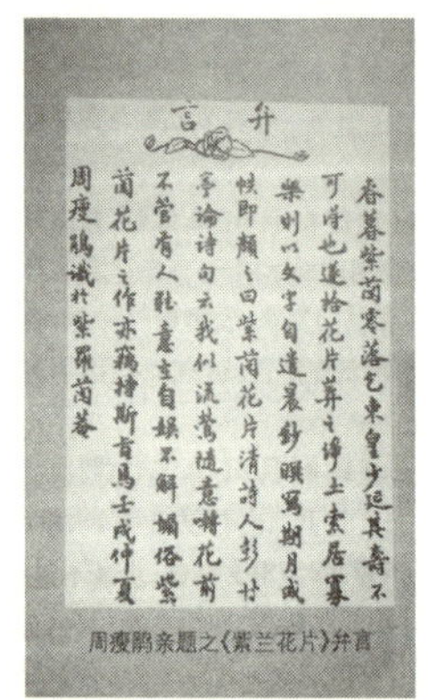
弁言
春暮紫蘭零落乞東皇少延其壽不
可得也遂拾花片葬之淨土索居寡
歡則以文字自遣晨鈔暝寫朔月成
帙即顏之曰紫蘭花片清詩人彭甘
亭論詩句云我似流鶯隨意囀花前
不管有人聽意主自娛不解媚俗紫
蘭花片之作亦竊持斯旨焉壬戌仲夏
周瘦鵑識於紫羅蘭盦

周瘦鹃亲题之《紫兰花片》弁言

周瘦鹃像

《紫罗兰》创刊号

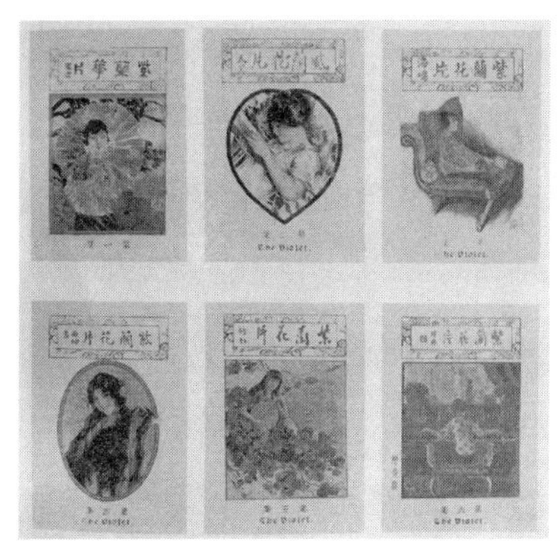

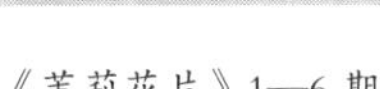
《茉莉花片》1—6 期

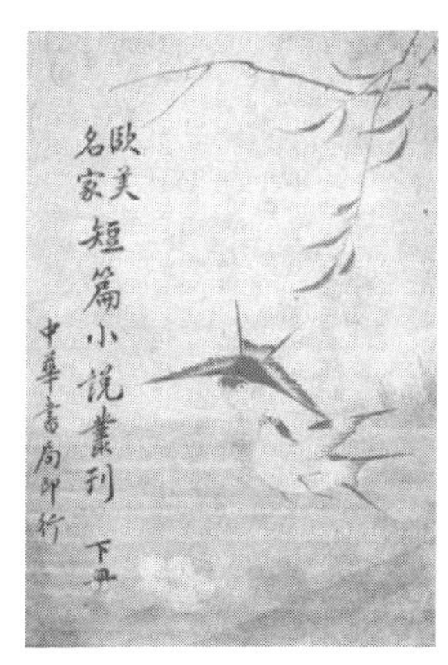

周瘦鹃《欧美名家短篇小说丛刊》

在王长河头辟紫兰小筑，人称周家花园。他往来于苏州与上海之间，改而负责申报《春秋》副刊的编辑工作。1937 年“八一三”淞沪会战爆发，周瘦鹃避居安徽黟县山区。次年《申报》在租界复刊，他仍回到上海复职，居愚园路田庄，并在海格路售卖盆景维持生计。1942 年 1 月，太平洋战争爆发后，日军占领租界，《申报》为日伪所控制，周瘦鹃辞去《申报》副刊编辑职务，另编《紫罗兰》杂志。1946 年起，周瘦鹃再度隐居苏州，闭门研究盆景。中华人民共和国成立以后，他不再写小说，转而致力写散文，并担任苏州地方文化领导职务。在“文化大革命”中，受到极权政治的严重迫害，周氏以死表示反抗。1968 年 8 月 11 日（农历七月十八日）投井身亡，年七十三岁。

周瘦鹃文学成就是多方面，要言之有三：其一，小说创作。从题材上看，大致包含以下两类：一、言情和家庭伦理小说。有《恨不相逢未嫁时》、《遥指红楼是妾家》、《此恨绵绵无绝期》、《阿郎安在》、《画里真美》等长篇小说。这些作品有一个大体相同套路：一对青年男女相知相恋，因为两家贫富或地位悬殊，因为父母作梗，终于酿成悲剧，用语体描写，笔致细致，杂用旧诗词，宣泄感情，很能打动一代城市青年的心。他的这类小说多少触及封建婚姻制度的弊病，抨击了军阀的黑暗统治，是与时代同步的，有其进步的方面。二、爱国图强和社会讽刺小说。前者如《亡国奴之日记》、《卖国奴之日记》、《西市辇尸记》、《亡国奴家里的燕子》等。在《亡国奴之日记》中条约，周瘦鹃用一个“亡国奴”的口气来倾吐对袁世凯与日本签定二十一条的悲愤之情，指出国耻当永志不忘，“于是吾又自问，问吾祖国已亡也耶，则一切主权奚为操之他人，而年年之五月九日曰国耻纪念之日”。《卖国奴之日记》作于1919年5月。是以北洋政府高级官员的身份来写的，揭露了这班官员互相勾结，以出卖民族利益谋求私利为职志的罪恶本质。文中有一段内心自白，说得很透彻：“然而凡是有利于东国的事，我总当仁不让，尽力做去。何况是半个中国，就把全中国断送了，又怎么样呢？”由于小说言辞激烈，无出版社敢于出版，6月由作者自费出版。1925年上海爆发“五卅”事件，周瘦鹃在1925年7月的《半月》杂志上，发表《西市辇尸记》，写“五卅”那一天住在老西门的一户人家，母亲等着在外打工的儿子回家吃饭，但等来的却是一具尸体，原来她儿子无缘无故地被外国巡捕打死，母亲因此发了疯。这类小说在其全部作品所占的比例虽然不是很大，但也说明了周瘦鹃并非耽于儿女情事，编写一些哀情故事，博得青年男女的眼泪，以换取金钱的。他还想引导青年，引导市民，关注身外的世界，提升他们的素养，激发他们的爱国热情。

其二，文学翻译。周瘦鹃是继林纾、鲁迅、周作人等之后的重要翻译家。他的翻译从1911年开始，到1947年辍笔，前后三十八年。据不完全统计，所翻译的文学作品有五百多种。题材至多，侦探、教育、冒险、言情、政治小说等，几乎无所不包；语体使用上从文言过渡到白话；体式有长篇、中篇与短篇；翻译涉及27个国家的作品；原著者中既有有托尔斯泰、契科夫、高尔基、马克·吐温、狄更斯等经典作家，也有当时并不为太多人知道的先锋作家邓南遮、伊巴涅斯、安德烈耶夫、史蒂文森等，还有相当一些通俗小说家。

周瘦鹃的译品和对翻译方法的探究，历来有着相当高的评价，他的早期翻译集《欧美名家短篇小说丛刊》获得了当时在教育部任职的鲁迅的褒奖，认为从选材、体例都有创新的地方，“用心颇为恳挚，不仅志在愉悦俗人之耳目，足为近来译事之光”。又认为这不是一部媚俗的译本，有相当的社会价值，“得此一书，俾读者知所谓哀情惨情之外，尚有更纯洁之作”。[4]1928年周瘦鹃与胡适在上海相见时，胡适也赞扬了他这部十年前出版的译作。

周瘦鹃以自己的翻译实践体现了从传统翻译到现代翻译的转型。即从意译到直译、

4 《欧美名家短篇小说丛刊评语》，《集外集拾遗补编》，第67页，人民文学出版社，2006年。

从文言到白话，注意文字贴近生活化的表述。其影响甚为深远：一则他以翻译推动语体改革，促进了文学国语的建设。周瘦鹃在1917年时就可以用很流畅的白话进行翻译，他的译作是一篇篇很规范的白话文。一则建立比较健全的翻译规范。1916年4月，周瘦鹃与严独鹤等所译《福尔摩斯侦探全集》（中华书局出版），大都附有译者所撰作者生平，其中英文专有名词音译和部分作品标题均附英文。这个翻译规范，至今仍为严谨的译者所沿用。

其三，散文、时评及杂著。周瘦鹃散文多为游记、花木记、风土志，也有一些个人生活记事。因为他是园艺家，经常莳花弄草、指导垒石营园，所写园林散文状物抒情，不失其真。又因为他熟知故实，民间风习的记叙也盎然生情。解放后专力于此，收获甚丰，先后出版了《行云集》、《花花草草》、《花前琐记》、《花前续记》等散文集。其散文文笔清丽，常常穿插点掌故，饶有风趣。时评，是一种议论性散文，多作于《申报·自由谈》任职期间，以针砭时事，鞭挞社会黑暗，启迪民智为指向。如在曹锟贿选总统之前，他尖锐地揭露："我听说上海卖淫的妓女，有长三、么二、雉妓三等之分，不过我们所谓神圣的国会议员，有人收买，也把他们分做了三等，六千、四千、三千。不是个小数目。料想他们得了这笔钱少不得要打情骂俏、曲意献媚了。唉！国会议员们啊，你们要去拿这笔钱么？可还要挂着神圣的招牌么？"可谓嬉笑怒骂皆成文章。其《申报·自由谈之三言二语》，近于鲁迅《热风》中的"随感录"，晶莹如匕首，锋利如脱手一掷的投枪，如《申报》1925年6月1日，刊登纪念五卅惨案文字中的一段："地上一抹一抹的血痕，被一夜雨水冲去了，但愿我们心上所印悲惨的印象，不要也和血痕一样淡化。"很容易使人想起鲁迅的《纪念刘和珍君》和《淡淡的血痕中》。

周瘦鹃其人，以写言情小说擅名于世，"鸳鸯蝴蝶"又成了恶谥，几乎掩盖了他的一切，这样的判断是不公平的。还是鲁迅在谈魏晋文人陶渊明的一段话，很有意思，"这'猛志固常在'和'悠然见南山'的是一个人，倘有取舍，即非全人，再加抑扬，更离真实"。[5]"对周瘦鹃也当作如是观，写花前月下、卿卿我我的和怒斥汉奸卖国贼、

5　《〈题未定〉草（六）》，《且介亭杂文二集》，第172页，人民文学出版社，1973年。

程小青像

程小青作品《霍桑探案》

帝国主义的是一个人。

程小青（1893—1976）原名青心，号茧翁。抗战时期笔名程辉斋、金悭。上海人。出身店员家庭。十五岁考入上海振华西乐队，次年乐队解散，到亨达利钟表店当学徒。在学徒期间，他努力求知，并上夜校补习英语。曾作侦探小说《鬼妒》向《小说月报》投稿，受到编辑恽铁樵的赏识和鼓励。他也有过因门第阻隔的恋爱挫折，但他把心力转向了侦探小说方面。1916 年他与周瘦鹃合作，以文言翻译了《福尔摩斯探案全集》（1930 年与他人合作用白话重译了此书）。此外，他还翻译了《世界名家侦探小说集》、《圣徒奇案》、《斐洛凡探案》、《柯克探案集》、《陈查礼探案》等小说，对推广侦探小说起了很大作用。自 1914 年起，他又创作了以私人侦探霍桑为主的侦探小说系列，把福尔摩斯和华生中国化，先后辑成《霍桑探案丛书》、《霍桑探案汇刊》、《东方福尔摩斯案》、《霍桑探案集》，出版后大受读者欢迎。1916 年，他受苏州景海女子师范之聘，举家迁入苏州，后执教于景海、东吴大学附中。抗战时期他在上海从事著译和编电影剧本。他改编的电影剧本有《舞女血》、《窗中人影》、《慈母》、《可爱的仇敌》、《夜明珠》、《杨乃武》、《董小宛》等十多种。

中华人民共和国成立后，他把侦探小说转为苏联式惊险小说和公安文学的尝试。著有《她为什么被杀》、《大树村血案》、《不断的警报》、《生死关头》等，成为 1980 年代出现的“法制文学”的先声。

范烟桥（1894—1967），名镛，字味韶，号烟桥，别署含凉生、鸱夷、乔木、万

范烟桥像

年桥等。吴江人。出生于同里望族。十四岁进同川学校学习，十八岁进吴长元公立中学，与顾颉刚、叶圣陶同学。同年在家乡结“同南社”，创办《同言》报，由此结织了柳亚子，加入南社。1913年就读于南京国民大学商科，因未随大学迁沪，失学在家，于是写小品、弹词投稿，受到包天笑的奖掖。1917年后在吴江任乡学务委员、劝学员、小学教师等职，自后到新中国成立初，教书一直是他的主要职业。1922年迁居苏州温家岸，出版了白话长篇武侠小说《孤掌惊鸣记》。同年与赵眠云发起组织“星社”，编辑《星》周刊，后又编过《星光》、《星极》、《星宿海》等杂志。1926年一度去济南助编《新鲁日报》。1932年又与叶振漠合办《珊瑚》杂志。1938年逃难至上海，投奔主编《文汇报》的母舅严宝礼。自此到1948年，他除在大学、中学任教职外，编写了大量电影剧本，有《乱世英雄》、《西厢记》、《秦淮世家》、《三笑》、《无花果》等。他为电影写的主题歌如《拷红》、《夜上海》等都流行一时。

他的著述甚丰，有小说《新儒林外史》、《范烟桥说集》、《花蕊夫人》、《唐伯虎故事》、《侠女奇男传》、《江南豪杰》、《忠义大侠》等，弹词《太平天国》、《玉交柯》、《家室飘摇记》，笔记《齐东新语》、《茶烟歇》、《鸱夷室杂缀》等，文学理论《诗坛点将录》、《中国小说史》、《小说概论》、《诗学入门》等。

范烟桥少年得到金天翮传教，国学根底深。他办的《珊瑚》杂志多考订文史方面的文章，他写的历史小说比较忠于史实。他的笔记也常有言之有据的小考证、小掌故，但还不能尽脱旧笔记搜奇说怪之风。

姚民哀（1894—1938），原名联，字民哀，后以字行。笔名天、护法军、乡下人，别署小妖、老匏、花萼楼主等。室名花萼楼、息庐、芝兰庵等。常熟人。祖籍安徽桐城，为清代散文家姚鼐后裔，自其曾祖起定居江苏常熟，姚家福孙。早年毕业于虞西高等小学，因家道中落而辍学，取艺名朱兰庵，随父献艺江浙等地。宣统二年（1909）至沪上，以南社社员太仓冯平（心侠）为师，参加光复会，鼓吹革命，辛亥革命后被聘

箬帽山王

第十四回

夏丏尊著

文藝論

ABC

世界書局出版

姚民哀《箬帽山王》

为淞沪光复军秘书，参加中华革命党。因谋刺某代表未成，遂避居吴江，仍以献艺为生，其说书艺术在当时很有影响。其父朱寄庵自创弹词《西厢》，姚民哀（艺名朱兰庵）承父业与其兄朱菊庵拼档弹唱《西厢》，声誉日隆。民国初参加南社，1919 年编辑不定期刊物《小说霸王》，1921 年任上海《春声日报》助理编辑，1922 年与袁寒云、刘豁公等主编《戏杂志》，1923 年在上海自办《世界小报》。姚民哀一生著作甚多，现存作品多为报章体作品。1914 年为徐枕亚主编《小说丛报》撰《商妇琵琶记》、《息庐丛谈》，1915 年为李定夷主编《小说新报》撰《花萼楼随笔》，1916 年为王西神主编《妇女杂志》撰《闺秀佳话》，1918 年为孙雪泥主编《世界画报》撰短篇小说《险难困缘》，1919 年为李定夷主编《尘海英雄传》、《武侠异闻》撰《包英美》、《菊娘》、《余玉莲》、《姬秀才》等武侠短篇小说，1921 年为施济群主编《新声》杂志撰《花底沧桑录》、《毒婆》等短篇及《素心兰》长篇连载弹词，1924 到 1928 年在《红玫瑰》连载长篇武侠小说《盐枭残杀记》、《龙驹走血记》、《独脚大盗》、《侠骨相思记》等。此外还有《歌场野获录》和《民哀说集》杂学类著作，有《山东响马传》16 回、《两杯茶教》、《荆棘江湖》、《江湖豪侠传》、《四海群龙记》36 回等小说，有《花萼楼诗话》等诗文评。姚民哀尝撰短篇小说甚多，大都散见于上海各种小报、杂志上，1987 年《常熟文史资料辑存》第 14 辑载有黄步青《姚民哀与其作品编年表》。

平襟亚（1894—1980），名衡，赘于沈家，又名沈亚公，笔名秋翁、襟霞阁主等。幼丧母，家贫困，读私塾数年后即为集镇小店学徒，后考入常熟简易师范，毕业后任小学教员。1915年至上海，在此前后曾发表短篇小说、杂文。1918至1923年任上海世界书局编辑，并兼上海各报特约撰稿，同时编辑《滑稽新报》和《武侠世界》。因办《笑报》刊载女名人吕碧城的私生活，被涉诉讼，1926年匿居苏州。1927年回沪后开设中央书店和万象书屋。1941年主办《万象杂志》，因宣传抗日曾被日本宪兵拘捕数十天，罚以巨款。抗战胜利后，因将威海卫路住处供郭沫若、田汉等进步人士开会之用，被当局觉察而受到干扰。新中国建立后，1950至1956年间，致力于评弹事业，先后任上海市新评弹作者联谊会副会长、主任委员。1957年受聘为上海文史馆馆员。1980年8月5日去世。著有长篇小说《人海潮》、《人海新潮》，另有《中国恶讼师》、《民国三百件奇案》、《新编评注刀笔菁华录》、《人心大变》等；创作和改编的弹词作品长篇有《陈圆圆》、《三上轿》、《杜十娘》、《王魁负桂英》，中篇有《十五贯》、《情探》、《借红灯》、《钱秀才》等。

当代书家

一批从民国跨进新中国的老书法家，大多发挥了才智，郭绍虞、叶圣陶、吴湖帆、赵子云、潘昌煦、汪星伯、蒋吟秋、陈子彝、蒋企范的书艺影响着书坛。老一辈书法家四体皆能者不少，也有突出于一两种字体的。真书仍以钟、王为主线，旁及其他各有追宗；篆、隶继续吸取碑版的苍古浑厚，字帖的俊隽雅丽，比较自然地融会其中。也有客寓在苏的书法家，如吕凤子、祝嘉、费新我、谢孝思等，对吴门书法起着引领作用。

吕凤子（1886—1959），原名濬，初字凤痴，改字凤子，别署凤先生。江苏丹阳人。李瑞清（清道人）入室弟子。历任中央大学艺术科教授、国立艺专、正则艺专校长。1947年后定居苏州，先后任教于社会教育学院、江苏师范学院。

吕凤子以画人物画名彰社会。他的书法，也与他画罗汉画一样，线条挺秀简练，笔触老健高古，全身倾注于用笔的力度，似断犹续，笔不到而意到的落墨，产生了极为自然的艺术效果。他善篆隶，擅魏碑，精行草。在书写时，有时行书以篆隶法行之，有时篆隶参以魏碑。出现似篆若隶、似隶却行、魏隶兼得的奇肆行为，是他碑帖互用化之于书法作品上的个性表现。他运用书法中的线条贯注并融会在画面上，又用画上的布局结构和枯湿用墨融化在书法上，让人有书画合一、和谐自然的感觉。精深的学问，使他能在书法（包括图画）上不断深入，究其所以，最终化为自己；丰富的感情，又使他全身心地投入在艺术世界中，创造出为世所瞩目的艺术。

陈墨移（1893—1976），晚号墨翁。江苏丹徒人。1949年寓居吴门，在苏南文管会从事文物考古和文字编审工作。他工诗能书。书法初学褚遂良，多写行、草；后专注于金石碑版，龟甲文字，遂以书甲骨文为擅长。他追宗商代镌刻牛胛骨上的《四方风名刻辞》、《小

叶圣陶　书扇

叶圣陶　书联

臣墙牛骨刻辞》以及先周时锲于龟腹甲上的《周原甲骨文字》，取其契刻整齐，排列匀称，严密刚劲，俊峭有力。反映在陈墨移的书迹上也是细丽工整，精劲瑰异，往往肥瘦得宜，疏密自然，显见沉着老到。著作《殷契说存》、《汉魏木简义证》、《忆年堂石记》等。

叶圣陶（1894—1988），名绍钧，字秉臣，吴县人。现代文学家、教育家。他的书法与他为人一样，平易谦和，诚朴敦厚。能篆书，精行楷。篆书笔画圆劲，古茂遒朴，逸气毕臻，多得石鼓文、泰山刻石韵味。而社会多见的行、楷，能融会颜柳“二王”于一体，严谨法度，规矩有章。方正挺秀，匀静遒丽。他因崇尚于帖，故虽落笔随意，也现清劲典雅之态、长者含蓄之风。没有火气、霸气，是多方修养的结果，与人品可称一致。

蒋吟秋（1896—1981），名瀚澄，字镜寰，一字吟秋。苏州人。住平桥直街。毕业于江苏师范学校，曾任国立南京高等师范、吴县县立师范教师，苏州美专国文兼书法教授，苏州国立社教学院图书馆学系教授，江苏省苏州图书馆馆长。解放后任职于东吴大学，为苏州书法印章研究会会长。

蒋吟秋品性恬淡，不慕名利，一

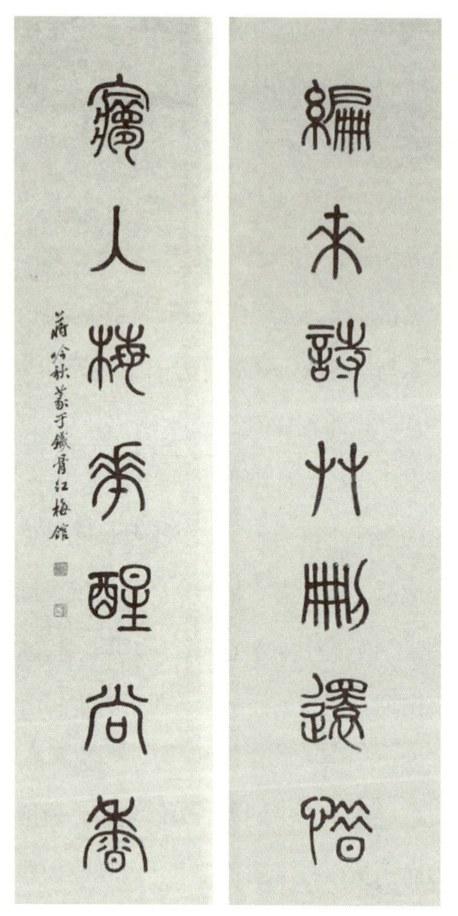

蒋吟秋　作品

生刻苦好学，认真踏实，近三十年图书工作成绩赫然。喜文艺、工诗善词通小学、擅金石书画。青年时代学诗得沈眉若指导，学文为金松岑亲授，学书法受汤定之指点，学篆刻经丁二仲斧正。

1922年蒋吟秋加入由颜文樑、胡粹中等画家组织的苏州美术会。1932年初，他与吴清望、余觉、吴进贤等四人合作正、草、隶、篆四体书，被小说家程瞻庐誉为“吴门新四杰”。

其作书四体皆工，尤擅篆、隶，笔法圆浑雄厚，苍劲老健，用墨考究，熠熠有光。篆字风格在杨沂孙、吴大澂之间，隶书初学《张迁碑》，后得伊秉绶韵味；分书有何绍基笔意。平时亦作篆刻，追宗秦汉玺印，老笔纵横，颇有古趣。绘画无师承，却喜挥毫，擅画梅，出笔有寒香之雅，风格超隽。

1949年8月后任教于东吴大学，继续致力于书画金石事业。为沧浪亭写《沧浪亭记》（苏舜钦撰文）隶书，为可园书《可园记》隶书，工整古朴，遒劲老苍。

著作有《学书述要》、《版本问答》、《文选书录》、《吴中先哲藏书考略》、《沧浪亭新志》、《苏州景物诗选》等。

盛季萱（1912—1984），浙江嘉兴人，抗战前寓居吴门。专注于小楷，对文徵明《金刚经卷》研摹不辍，后又博取《黄庭》、《洛神》诸帖，使其小楷能得明人写法，又具晋唐笔意。用笔纤细中见厚实，清劲中露秀逸。结构严谨，工力到家。

宋季丁（1921—1988），原名崇祖，浙江杭州人。学书从篆隶着手，上采秦汉碑版，下及近代诸家。他的笔下常流露出《秦诏版》、《石门颂》、《张迁碑》、《杨淮表纪》及汉魏砖文的古风，也流露出八大山人、弘一法师、沈寐叟、于右任等大师的意蕴。奇拙而宕逸，古朴而清新。像一杯清茶，从微苦到芳冽，回味无穷。他善用秃笔敛锋，结构、章法，乃至用墨、用法，却自然天成，别具一格。他也写帖。从萧子云《出师颂》处得到章草意趣，又从孙过庭《书谱》中吸取了草书的养料。这样碑帖兼融，复加一生刻印逾万方，形成了他自创新格的书风。这些野而雅、拙而隽的作品，为识者所重。60年后不幸患上眼癌，有时痛得不能入睡，索性通宵达旦，挥毫不歇，其乐观精神，顽强意志，令人折服。他擅作行书、章草和篆隶，一个共同的特点是：沉雄浑厚，泼辣开张，富有金石韵味。宋季丁曾为周恩来书“高山巍峨，青松参天”八字擘窠隶字，引为平生最得意之作。1999年5月有《宋季丁书风》书法集问世。

90年代中，一批老书法家继续运腕于案头。如版本学家顾廷龙，他的篆书与楷书一直受到行家的赞赏和喜爱；作为耄耋之年的左笔书法大师费新我，在1991年还应邀亲临新加坡举办个人书法展；著作身的祝嘉在91岁时写出了《全身力到论》的书学文章，等等。

祝嘉(1899—1995),广东海南岛人，50年代初定居苏州。最先激发他写作书学理论的是1939年任职于四川璧山图书馆时，他以工作之便博览群书，系统地看了《二十四史》、《从书集成》、《万有文库》、《美术从书》等大部头著作。然而翻遍馆藏图书，都未见一部书学史,仅有日本人所著国人翻译的《支那书法史》，不禁感慨万分，引以为耻。遂从1941年开始,查阅参考书500余种，花了七个半月夜晚，终于写成了25万字的《书学史》。开始有了中国人自己写的书学史，比日本那本更为具体、切肤、实用。成书后不久，他应四川璧山国立社会教育学院之聘，任教该校图博系金石学、文字学等课程，又兼书法组导师。据1986年6月底统计，祝嘉共成书69种，300万字。“近代论书法之著述，以祝嘉为宏富。”（郑逸梅著《艺林散叶》）祝嘉书学著述：《中国书学史》、《书学》、《愚盦书话》、《愚盦碑话》、《祝嘉书学论丛》、《汉代书学及汉碑》、《郑道昭及其云峰石刻》、《霍扬碑研究》、《艺舟双楫疏证》、《广艺舟双楫疏证》、《历代书学论著选辑疏证》、《六朝的书学》、

《法书要录疏证》、《墨筑疏证》、《衍极疏证》、《石鼓文研究》、《论汉三颂》、《书概疏证》、《论天发神忏碑》、《论龙门二十品》、《宋元明书论选辑疏证》、《笔法探微疏证》、《频罗庵论书疏证》、《墨经疏证》、《字学忆参疏证》、《法帖通解疏证》、《书法源流》、《临池心解疏证》、《谈汉安阳四种》、《行草论》、《全身力到论》、《谈汉简》。

在这些书学中，有史有论，史论结合。这里有对使用毛笔书写时的执笔方法的研究；有对各种书体写法的指导；有追踪文字的源头；有对历代书学论著的疏证，而更多的是对一些著名碑版的研究与考证……从已公开发表的几篇文字中，不难看到他为人耿介真诚，不慕名利，对当前书法作品以赢利为目的，不思进取或钻营者，痛如切肤。如《书坛感怀》云：“今日书坛别字多，涂鸦亦可换笼鹅，妖风暂夺当年势，梦想吹来作巨波。今日不少‘书家’没有文化，不读书，不读‘说文’，以致满纸错字，有些招牌也写错字，只会多要钱。因为到处找人吹捧，名大了，架子也大了，对书法没有研究的人，是容易上当的。目前这种妖风，尚在大作怪。”

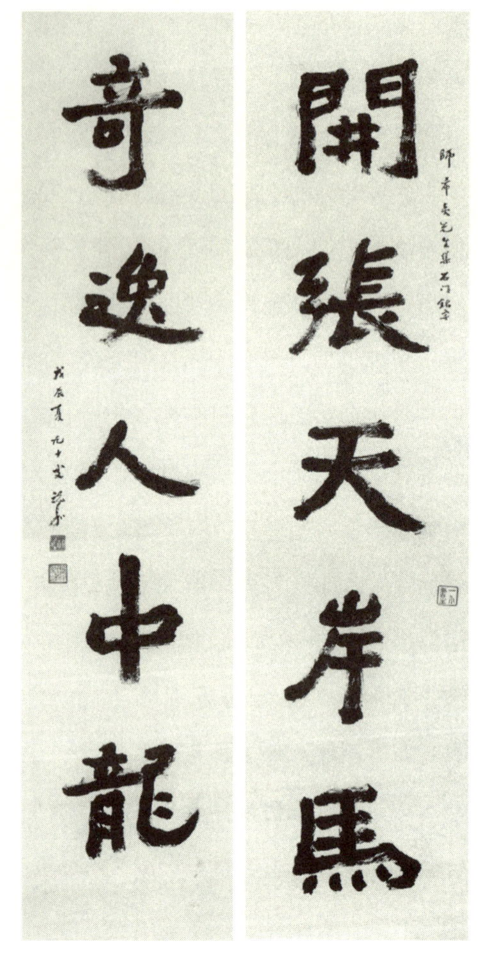

祝嘉　对联

祝嘉在书法实践上也卓有成就。他起自寒门，但学书起步较早，因其父宝斋写得一手好字而直接影响他的爱好书法。特别是1927年去新加坡，得到同事、书法家张叔仁的指导，较正规地练习书法，并注意执笔方法的准确性。1931年返国后，则不论暑寒昼夜运笔。及至晚岁，仍研墨不尽。他曾临摹《司晨前后碑》、《龙门二十品》、《华山碑》、《张迁碑》、《石鼓文》等，都在百遍以上，其中《天发神谶碑》竟达两百遍。而早期的书学著作，如《愚盦书话》、《愚盦碑话》，多用毛笔起稿并誊清，苦学精神可见一斑。

其作书法，真草隶篆四体俱能，因他是以碑版入字的，所以凡各类字体都结合魏书而自然运用。篆隶是体方笔圆，劲遒淳厚，寓巧于拙，篆书多得之史籀，参以隶意，与秦汉当额似甚接近。行楷结体严整，行笔稳重，有简肃沉深、苍古老健的妙处，具有自我面貌。

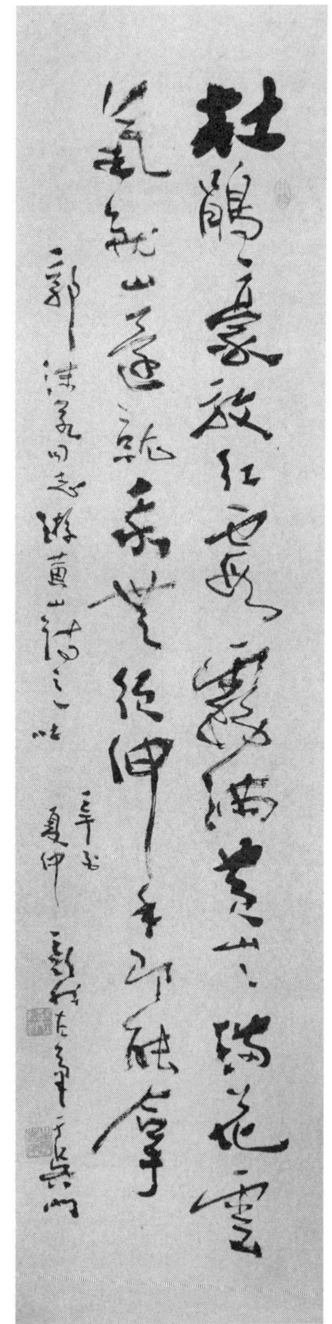

费新我　作品

费新我（1903—1992），原名省吾，字立千，书室名立斋。浙江湖州双林人。他本以画名，曾创作《刺绣图》、《草原牧民图》送展于苏联。他早期书法，写楷、行、隶书为多，规正老实，遵循法度，但少特色。56岁时，突患结核腕关节炎，致使右手病残不能继续作书画，才改左手执笔以书法。从晋唐入手，上溯汉魏，碑帖互练，初时幼拙，往往手不从心，废纸满篓。苦学凡卅余年，并以“岁月如流，不断新我”自勉，才形成书风上的独特风格。

1. 在书风上从早期追求的“顺、死、

吴进贤书五百名贤祠额

巧、正”一改为“逆、生、拙、奇”。达到了巧拙互用，拙茂巧稳，逆中有顺，似奇反正的艺术效果。

2. 讲究整体布局，讲究气势，文字搭配往往多雨加雪方法处理，常有险笔产生，一画到底，坚挺自若，成为独特的“书眼”。

3. 晚年作书更具节奏感，抑扬顿挫，干湿自然。运腕快而不滑，迟而不滞，书虽止而势犹未尽。

4. 因左手书写，与右手运笔最不同处是顺笔与逆笔。其能充分发挥逆势，如逆水行舟，顶风而上。具有下笔凝重遒劲，挺拔雄健的特点。又因长久磨练，自有章法美观，奇拙互生的效果。

1982 年赴日本举办个人书展；1984 年应美国之邀，与华裔美术书法界人进行艺术交流；1988 年以耄耋之年在苏州艺石斋举办个人书法展；1991 年又应新加坡书协之邀，举办书法展览和书法讲座。同时又先后出版《楷书初阶》、《毛主席诗词行书字帖》、《鲁迅诗歌行书帖》、《费新我书法集》等等。

吴进贤(1903—1998)，安徽歙县人，肄业于金陵大学。在苏时先后师从清代翰林蒋炳章及张一麐、李根源学书法，一生近八十年孜孜汉隶而不倦。《曹全碑》、《石门颂》、《张迁碑》等，能背临几可乱真。他博采众长融会贯通。中年时以方正朴茂，雅静清丽见长；至晚年趋于老健持重，苍润古雅为特色。隶书自成风格，能在平易中见奇崛，大拙中寓大巧，达到大巧若拙的境界。蕴藉含蓄又舒展放纵，显得雍容大度，和谐自然。所写成名之作《文天祥正气歌》，有流动自然、和谐夺目的碑版韵味。为此，李根源欣然为之订立润格。南社名贤书法家王钝根在30年代初时，见“小友”吴进贤与吴清望（楷书）、余觉（草书）、蒋吟秋（篆书）四人合作四屏条为苏州“赈灾义卖”，慨然述文于《苏州明报》称：“吴子进贤，名士也。工汉隶折中道州，笔意苍劲，气魄雄厚，求者益众，当世艺林巨眼无不许为传品。”小说家程瞻庐称为“吴中四杰”。时而余觉已60开外，吴进贤才28岁，足见才华之不凡。

80年代是吴进贤书法最为成熟之期，佳作频出。尝为各地碑林如西安、黄河、郑成功碑林书写匾额或题词；为陈毅、李根源、陶行知、黄宾虹等名人纪念馆作诗、作文、作书法；其中1986年为全国文物保护单位苏州留园书写的大幅之作《留园记》，600多个二寸见方的隶书，大小得宜，结体丰腴，疏密有致，老辣劲遒，为人所瞩目；精心创作以瘦劲滋润见功底的《毛主席诗词卅七首》。郑逸梅复得老友新作后欣然赋诗：“一别吴门三十年，题襟散带付垂烟。而今重见先生笔，秀出南天冠世贤。”

吴进贤一生淡泊处世，乐观豁达。年过90仍笔耕不辍，他自勉诗：“杜陵老去莫嗟叹，尚有雄心迄未休。”因有高度的文化教养和高尚的道德标准，他只把书法视为修身养性、陶冶情操的方法。凡是上门求书的，不论贵贱，无论长幼，一律慷慨给予并热情款待。有人说他太傻，他却哈哈大笑：“我一不为名，二不为利。我写字是为了快乐，为了锻炼身体，活络筋骨。上门求字可使我领略到我的价值，我的力量，何乐而不为呢！”

顾廷龙（1904—1998），号起潜，苏州人。其父元昌为吴门书法家。顾廷龙1924年毕业于苏州省立第二中学。两年后考上上海南洋大学，后转至国民大学，从胡朴安、闻宥学习文字音韵训诂之学，并又从伯舅王怀霖及金松岑习古文诗词。1931年在上海持志大学毕业。获文学学士学位。同年又考入北京燕京大学，攻读研究生，专研古文字。在这期间，他与顾颉刚、容庚、商承祚诸先生交往，常常在顾颉刚家讨论书法艺术。1935年因与顾颉刚合著《尚书文字合编》，为了确保唐写本《尚书》的风格，硬是钻研和摹写了唐人写经体的笔法；又知丁晏所著《论语孔注证伪》一书的学术价值，把残缺的下半部（下册）亲自手书补全；石刻碑帖目录《补

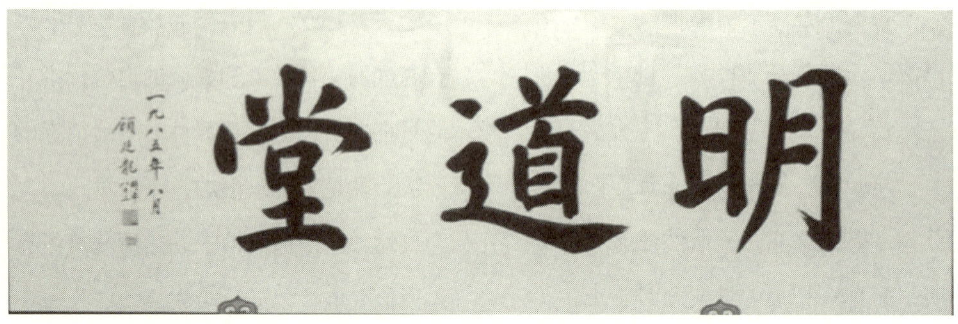

顾廷龙　书匾

藤花馆石墨目录》，也是他以工整的楷书手写印行的；为考释鼎彝文字，他又研习金文大篆，并认识和摹写了数以万计的金石文字。写出了《读汉金文小记》、《宋代著录金文集释》的论文。

顾廷龙的书法是以真书、行书和钟鼎文著称于世的，与他的严谨的治学作风一样，他的真、行书浑厚凝重，端庄沉着，讲究骨肉的兼备和结构的自然疏密，他强调一幅字的整体布局必须要有空间，一个字也要留有空间的余地。中晚年后，他写苏（东坡）字。他的作品比苏字更灵活秀劲，似苏而非苏。顾廷龙认为："临帖要多临几种，才能出帖。"

清代篆书，在我国书法史上占有重要的地位。名家辈出。如邓石如、吴让之，如杨沂孙、吴大澂等，都是其中的佼佼者。顾廷龙的篆书取法吴大澂。吴顾两家本有世谊。通过大澂文孙吴湖帆，得以见到吴大澂大量留存墨迹和熟悉其作篆之法。顾经长年琢磨结合钟鼎实物文字，才成今貌。书风以丰茂雄浑、质朴古雅见长。看似平淡，实蕴神妙，自然一气，最显工力。1963 年曾作为中国书法家代表团成员东渡访日进行艺术交流，倍受欢迎和尊敬。

顾廷龙虽常居沪上，每年总要返回吴门故乡。他在《返苏杂感》中有诗云："一年一度返家乡，盛世欣逢鬓已霜，物阜民丰风景美，而今故里胜天堂。"在园林、文化、文物等名胜古迹处留下不少笔墨，成为苏州书苑一份遗产。

沈子丞（1904—1996），书法与国画一样简练老辣，变化浑成，潇洒绝俗，神形兼备，有一种飘逸恬静之美，尤其枯笔慢书，淡墨作字，以及浓淡墨互用更是苍古浑厚，别具一格。"看似随意，功力也在随意之中见出深刻。"

（评论家黄苗子语）他学字得力于恽南田行楷和钟繇《荐季直表》，认为恽字得褚遂良神髓，遒逸可爱；认为《荐季直表》结体古雅，圆浑朴茂，遂长年临池。及至晚年，更形成了他那种外驰内张的风韵和潇洒沉着，充分发挥个性的书体，显得老笔纵横，变化无穷。深沉的思想感情和底蕴厚实的诗词文学，正是获得清逸脱俗的艺术深度和艺术意境的基础。

徐穆如（1904—1996），苏州人。诗书画印无不精擅。篆刻喜圆朱文，铁划银钩，尝为吴观岱镌刻多方。他的书法，正草隶篆四体皆精。在抗战前为苏州天平山书“中白云”三字，得到张一麐赞赏，称他为“后起之秀”。所作铁线篆字字规正，笔笔挺拔，线条和谐统一，墨色浓淡自然。翁闓运评其“结构紧密，有序有章，工力悉敌”，郑逸梅更风趣地说：“清秀的人，才有清秀的笔：吃墨水的人，才有真正吃墨水的字。”

张辛稼（1909—1991），著名画家。他的花鸟融昌硕、伯年、青藤、雪篙画法于一炉，自成风格而名显海内外。而他的书法，似乎被绘画所淹没。

张辛稼擅行书，兼及楷、草。他初学柳公权，又学黄山谷，后融明季诸家笔意，其出笔秀润，韵致翩翩，方正出角，转折坚挺富有骨力，极得天趣。尤其画上题款，往往相映生辉，自然融合。

程可达（1915—1997），江苏宜兴人。1940 年毕业于西北农学院。解放后先后在西安医学院、西北农业医科大学任教。1972 年离休后定居苏州。他的书法以狂草见长，有人评其“有怀素的博大气势，有于右任的凝重洗练”。于右任所著的“标准草书”，是程可达数十年来的精读范本，他力避因草书快写而容易出现的白字或别字，故晚年以草书慢写的方法运笔。他兼善行楷，清秀雅致。作品刊入《苏州名胜新碑录》和 1990 年以真书写《孙子兵法》十三篇勒石于穹窿山。专著有《书法津梁》、《草书概论》。

朱第（1925—1992），江苏阜宁人。1949 年随军南下后定居苏州。曾为苏州市书法工作者协会理事长。书法初宗“二王”，复宗孙过庭《书谱》，擅行草，落墨爽利流畅，气势恢宏，多有险笔，讲究整体布局，疏密有致。晚年喜用湿笔作书，求其自然韵味，颇得天趣。

瓦翁（1910—2009），原名卫东晨，祖籍浙江萧山，生于苏州一书香世家。

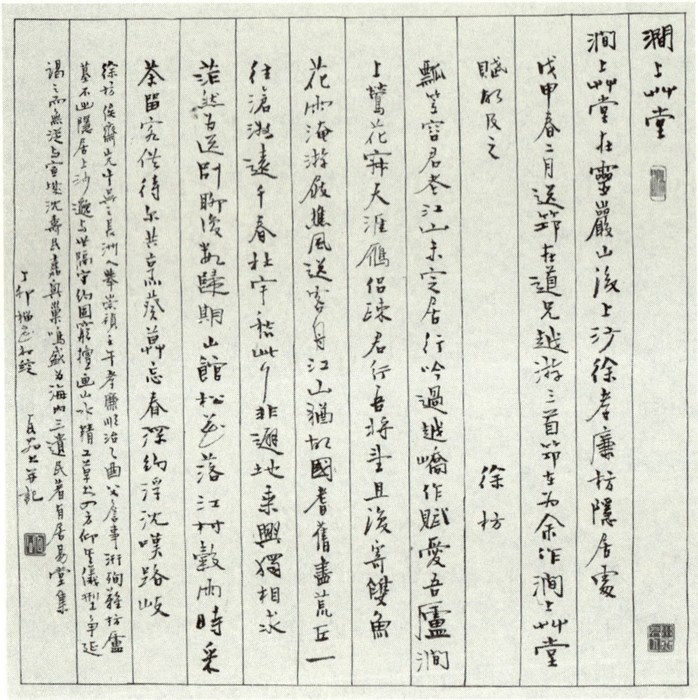

瓦翁　《洞上草堂》

早年受业于文史家章钰，专攻晋唐小楷与行书，旁涉碑片甲骨，临摹前凉、北凉、北魏、南朝等书法。青少年时先后抄阅了大量的碑帖题跋，对倪云林书画题跋尤为钟爱，倪的书法古而媚、密而疏，萧然有晋人之风，其书风冷逸飘洒，性情毕现，让瓦翁神往。

瓦翁初以篆刻名世。他治印幼承家学又博采众长。早年师法赵古泥。瓦翁之学赵，也恰如赵之学吴（昌硕），法古而不泥古，师承而又有创新，自成一家。瓦翁的篆刻作品，无论在篆意、刀法，还是章法、造型方面，都“陶然天趣，抒情自如”。构思奇妙，技法老到，浑穆古媚，典雅流动，文静中见刚烈，单纯中见丰富，质朴中见洒脱，机巧中见情性。吴敦木称瓦翁治印“有龙眠春蚕吐丝之妙”。瓦翁还精于刻肖形印，如凤凰、神龟、苍鹰，取动物之特征，具像于“似与不似之间”，表审美之意趣。他的篆刻线条亮丽简练、刀痕爽朗不浮，作品富有韵采，程十发称：“翁花押生肖功力韵味皆胜，极为精卓。”

瓦翁行楷清标绝俗，高洁挺秀。他

的作品如行云流水，清新雅致、温润萧疏，韵味隽永。1989年全国第四届书法篆刻展览，瓦翁以行楷《石湖文略》(宋范成大)册页获一等奖中名列第一。这幅写在明代旧纸上的行楷笔意秀逸，字体潇洒，行款舒徐得体，意境幽远，优雅舒如的书卷气扑面而来。正好说明了80年代中期以来书坛流行的狂放之风开始被多样化风格所取代，作为对书坛一度僵化、麻木、单一气氛的缓和冲释，清健委婉之风悄然兴起。瓦翁幽雅俊逸，冲和清淡的书法风格体现了这一审美转向的需要。瓦翁以八十多岁的高龄，书写了大量的对联、横幅、扇面等书法小品，还创作了许多书法长篇。1991年古吴轩出版社出版了他手书的碑记两种：顾炎武《复庵记》、俞樾《曲园记》。瓦翁年逾八旬，以细字真书写就上述两碑，作品神全意足，笔圆体方，清标高洁，风姿绰约，气脉贯通。瓦翁书郭沫若《满江红》五米巨幅，远观气势飞扬磅礴，细赏又觉柔和媚秀，线条纤细却见挺拔，随意乂不草率，笔底写意，风骨传神，生机盎然。瓦翁怀恬淡心境藉翰墨抒写性情，笔底情韵乃是他书艺的精髓。

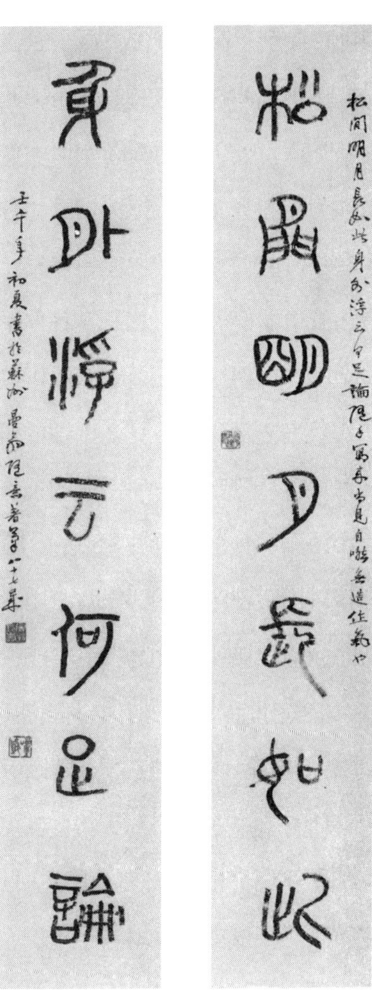

沙曼翁　书

沙曼翁(1916—2011)，原名沙古痕，别名简闇、曼公、听蕉、苦茶居士、老寐等。出生于江苏省镇江市。他祖上是满洲爱新觉罗皇族，故名爱新觉罗·曼翁。生前为江苏省文史研究馆馆员，苏州市书法家协会名誉主席。沙曼翁早年师从虞山萧退闇研习籀、篆、隶各体书法及文字学。长期以来，他对书法篆刻艺术实践及其艺术原理进行开创性的研究，并形成古朴淳雅、苍劲清逸的独特风格。1979 年，他的甲骨文对联在“全国首届群众书法征稿评比”中从数万件作品中脱颖而出获一等奖。近三十年中，其书法、篆刻作品参加了历届全国性重大书法篆刻展览，出版有《沙曼翁篆刻卷》、《曼翁书画篆刻选》等。2009 年中国书法家协会授予第三届中国书法“兰亭奖”终身成就奖，聘其为全国艺术指导委员会委员。2011 年，中国书法家协会授予其“庆祝中国书法家协会成立 30 周年特别荣誉奖”。

沙曼翁在十九岁时离开家乡到上海谋生，与著名书法金石家马公愚先生等相识，得以经常求教问学。1942 年沙曼翁开始定居苏州，他拜“虞山第一书家”萧退闇为师，成为他艺术道路的转折点。50 年代他在上海工作，其时上海云集了沈尹默、潘伯鹰、白蕉、马公愚、邓散木等一流书法篆刻家，沙曼翁经常得以与马公愚、方去疾、高式熊等同道交往切磋。1957 年反右派运动中，沙曼翁蒙受不白之冤，1958 年下放到上海郊县嘉定。身处逆境的曼翁一头扎进中国书法篆刻艺术海洋。他沉酣于三代鼎彝、两周吉金，凡书史材料上自甲骨、籀篆，下至“二王”、苏米，无不研习。除了广泛涉猎名碑名帖，他更对秦汉简牍、瓦当、古玺青睐有加，反复临摹，通宵达旦。他对古文字著作、古代书画经典作品、历代诗词、书论、印论、画论乃至哲学著作多读不厌。这为其劫余的大成就奠定了坚实的基础。

沙曼翁是当今中国书坛屈指可数的书、画、印兼工，正、草、隶、篆、行各体皆能，并以篆、隶、甲骨文书法独步，并开辟新境界、保持个性的书法大家。他的书印以秦汉为宗，自创新意，尤擅甲骨文、秦篆、汉简，亦精小楷、行草，高古典雅，平淡天真，清逸蕴藉，朴茂峻爽。他说：“近几年来，我不断地在探索书法艺术，写籀、篆、隶、分、行等各种书体，不仅着意于结字，而且更注重于篆书的章法、用墨的变化。在一幅作品中，讲究字的大小，墨色的干、湿、浓、淡，产生了明显而强烈的对比，使它有神韵、有变化，不是呆滞而无生气和韵味。”正是这种自觉的审美追求，使沙曼翁的艺术进入到自然空灵之化境。如果说，他60岁前后的作品还能清晰地看到萧退闇的影子，那么87岁所作的篆书七言联和88岁所作的两件篆书横披则已是脱胎换骨的曼翁家法了。

在沙曼翁的笔墨世界里，篆隶书如水乳交融一般难以区分。经过长期的实践探索和理性思考，沙曼翁在古稀之年实现了篆隶通变。他神游于三代两汉，终日与钟鼎、简帛、诏版、权量、碑碣、砖瓦、写经为友，把篆书的笔法结体、草书的笔情墨趣有机地融入隶书，又把简帛书的自然天真之趣与碑刻隶书的浑厚古朴之气相调和。更在线质上进行大胆尝试，敢于运用古人慎用的枯涩之笔，使线条润中带燥，力追毛润涩畅、苍浑劲健之感，用他那“沙沙”的笔致表现极富感染力的线条美。这种本来只在草书中方能见到的艺术语言使沙曼翁的艺术个性得到充分的张扬。沙曼翁告诫青年学子：“那种趋时媚俗的奴俗气，仍然是大忌，终究是要不得的大毛病。”[1]他追求一种古拙奇肆之趣，所书汉简、章草，若篆若隶、若行若草，用笔常常露锋峻落，行笔大度雄放，从点画的重移轻顿，竖画的拉长，波磔的飞动，无不姿态挥就，表现出一种拙朴醇雅、自如豪放的美。[2]

1. 用笔讲究笔意、笔趣，取其自然，流露出平淡简静的气息。在结构上主笔一丝不苟，而次笔往往意到便成，体势平中见奇。

2. 用墨润燥结合，浓淡适度，富于层次变化，有“干裂秋风、润含春雨”的对比和节奏感。

3. “骨”法用笔，线条多骨少肉，参含清挺秀逸的意趣。写小篆上溯金文，减少盘曲，“不向曲中寻，但往直中求”，笔势显得遒劲。60岁后所作篆书尽显自家面目。

言恭达概括曼翁书法篆刻美学观：“极饰反素，归于平淡；唯道集虚，计白当墨；澄怀观道，穷理尽性；唯观神彩，不见字形；作意在先，意与灵通。”“笔墨之间，渊然有自，醇然有味，于矩度中别具炉冶。游神于三代，冥心于造化。先生广取百家之长，兼采各体之妙，磊落大家风范。其芒砺不懦之笔，不可羁勒之气，流美行间，令人挹想其高风逸躅。”[3]

---

1 刘正成等主编:《现代书画书论》一书中“曼翁书论”，山西人民出版社，2005年出。

2 沙培其:《沙曼翁先生的书刻艺术》。

3 言恭达:《论沙曼翁书法篆刻艺术的美学思想》，《中国书法》1989年第1期。

《书法学术小丛书》介绍

《铁笛一声吹破秋——杨维桢在吴门的交游与创作》概要

顾　工

杨维桢（1296—1370）是元末最著名的文学家、书法家之一。他又名维祯，字廉夫，元绍兴路诸暨州（今诸暨县）全堂村人。杨维桢自幼苦读诗书，三十二岁中进士，授天台县尹。但他在弊政丛生的官场如陷泥涂，三起三落，入则难有作为，出则心存不甘。不得已浪迹江湖，纵情诗酒，反倒成就了他在文学艺术史上的不朽声名。五十岁以后，杨维桢逐渐成为江浙地区文艺界的领袖，其影响一直延续到明初。

杨维桢生于浙东，行踪多在浙西。他一生主要活动在杭州、平江（即苏州，又称吴门）、松江三地。这三个城市位于长江、钱塘江下游，且相距不远，是当时中国最为繁华富庶的地区。元代平江路下辖吴县、长洲二县和昆山、常熟、嘉定、吴江四州，北临长江，西濒太湖，既有大运河穿城而过，还有娄东刘家港可以出海，实为南北交通和漕运的枢纽，也是南方主要的经济中心、文化中心之一。杨维桢在吴门的艺术活动，是其一生艺术活动的重要组成部分。

本书分为上、中、下三篇。上篇为《杨维桢入吴考》，考察了杨维桢一生中不同时期寓居吴门的原因和在吴门的游历。从至正元年到至正十年，是杨维桢期待复职的苦闷十年，也是他艺术活动和艺术创作的黄金十年。在至正元年之前，他只是一个进士出身的普通官员；但是到了至正十年，他已经是名满东南的文艺大家，文学地位和社会名望显著提升。他的人生境遇的改善、艺术观的转变，以及他的名声大噪，都是从至正六年（1346）寓居吴门开始的。

中篇为《杨维桢与玉山雅集》，关注了杨维桢与玉山雅集及雅集主人顾瑛的亲密关系，以及杨维桢的昆山追随者。杨维桢对玉山雅集的兴盛具有关键作用，对玉山雅集的诗风具有引导作用，另外，他也为玉山雅集留下了大量文学和书法作品。玉山雅集则提升了杨维桢的社会知名度，推动了铁崖古乐府和竹枝词的传播，扩大了铁崖诗派在文坛的影响。

下篇为《杨维桢在吴门的书画创作》，通过分析杨维桢在吴门留下的作品，探讨吴门经历对杨维桢书风变化所起的作用。在杨维桢书风的变化过程中，至正五年到十年（1345—1350），即他50—55岁这段时间是最为重要的时期。杨维桢独特书风的形成，因素是多方面的，然而外因必须通过内因发生作用，决定艺术风格的核心因素是艺术家的思想观念。杨维桢的为人行事，以及诗文书法，都具有“奇”的特征。在吴门谋食期间，杨维桢找到了一条通过文艺来拓展人际交往、扩大社会影响、改善生活境遇的方式，而他的艺术个性在吴门商品经济环境中愈发被强化。

杨维桢的吴门经历对他一生的影响极为深远：他早年在吴门与李孝光论诗，成为创立“铁崖诗派”的起点；他受吴门世俗文化影响，追求享乐，不拘礼法，彰显艺术个性；他在吴门参与玉山雅集，成为其中的核心人物；他在吴门刊印诗集，提高了社会名声。甚至在他死后，他的历史地位也是由吴门文人来盖棺论定的。

《敦煌吐鲁番文献与名家书法》引言

毛秋瑾

敦煌和吐鲁番地处西北边陲，位于中西交通的要道，历史上多种文化在此汇聚、交融。从文献记载和出土实物来看，汉文化始终是主流文化，中原王朝的统治也对西北地区产生了深远影响。从书法史研究的角度来说，甘肃、新疆发现的大量竹木简牍、纸本墨迹都具有重要意义。这些发掘品保存下来大量鲜活的书法史研究素材，可以让我们了解中古时期不同社会阶层的人是如何进行书写的，习字范本有哪些，书艺水准怎么样。此外，从书法传播的角度来看，那些备受关注的名家书迹的拓本和临摹本，更是说明诸如王羲之、智永、欧阳询、柳公权乃至唐太宗本人的书法流布之广，远播西北边疆。

收入本书的三篇文章，有着共同的主题，即研究的对象都和某位书法家有关，运用的材料则多在敦煌、吐鲁番地区发现，因而将本书命名为“敦煌吐鲁番文献与名家书法”。

第一篇文章的写作缘起于应邀参加 2013 年 7 月在柳公权故乡陕西省铜川市耀州区举行的“柳公权书法国际学术研讨会”，选题时注意到关于敦煌藏经洞发现的《金刚经》拓本存在争议，及至仔细比对，才发现这件赫赫有名的拓本的确存在不少问题。拙文主要从拓本缺字现象及书法风格两方面论证了这一碑拓为后人伪托之作。当然这件拓本发现于藏经洞这一点确凿无疑，但是柳公权（778—865）主要生活于 8 世纪晚期至 9 世纪上半叶，而藏经洞的封闭大约在 11 世纪初叶，其间相隔一百五十余年的时间。柳书在晚唐五代影响至巨，不能排除有人伪托其名义书碑刻石的可能性。

第二篇文章是中国书法家协会年度学术课题的项目成果，主要整理了敦煌吐鲁番写本中与王羲之书法有关的写本，探讨这些写本的书写年代、书写者身份、书体与书法风格等问题，揭示了这些写本的多重价值。

第三篇文章以唐代名将裴行俭的仕宦经历为着眼点，勾稽与裴行俭相关的唐初书坛的文献与图像资料，结合敦煌吐鲁番出土的《文选》写本，考察裴行俭的书法面貌及其在唐初书坛的地位与影响。写作灵感来源于饶宗颐教授为陈国灿《吐鲁番出土唐代文献编年》所写的序言，其中就提及吐鲁番地区出土的多种《文选》写本与裴行俭的关系。

有关“敦煌吐鲁番文献与名家书法”的课题，正是笔者近年关注的论题之一。这三篇小文仅是研究的开始，远未终结。如何将20世纪以来发现的大量非名家的书迹资料运用于书法史的研究，发掘有价值的议题，这也是笔者不断思考的问题。书迹形态当然是书法史研究关注的核心内容，此外是否还能找到更为宽广的研究面向也尤显重要，譬如书法传播与接受的途径、写本时代书籍的传抄与流布对书法发展的影响等等。这些议题若能得到很好的探讨，则书法史研究才能回应学术界关注的文化传播、写本学等热点问题，学者亦不致于故步自封、局限于书法研究本身。不少书法史学者已经在拓展议题、将书法史研究置于文化史研究的脉络中作出了成功的范例。笔者希望自己能在这一领域尽绵薄之力，亦希望得到方家指正。

《砖塔铭》与《瘗琴铭》:清人与碑帖的发现、临摹、翻刻及范本选择问题

苏　人

王学雷所写的这本书讨论了两块在清代书法史中表现得非常有意思的碑刻——《王居士砖塔铭》和《瘗琴铭》。前者出土于明代末年，出土后其书法即受到了人们的重视。由于拓本不易得，不久就出现了翻刻本。到了清代，它的书法愈加受到珍视，人们不仅热衷于将其作为范本临摹，而且评论蜂起，称赏不置。它的各种翻刻本亦因此纷纷出现，清人也表达了各自不同的看法。它从出土到被人们作为学习书法的临摹范本，乃至翻刻，是清代书法史中的一个颇值得探讨的现象；后者是清代嘉庆初年，文人学者和书法家“发现”的一块“新见唐人文学作品和书法作品”，它被刻在一方一尺来长的端砚石材之上。从此时开始，即被许多学者所关注，并著录于他们的金石学著作之中。并且规模宏大的有唐一代的文章总汇《全唐文》，也将其收录。同时，人们对它的书法价值也给予了很高的评价。然而，正是这块一直为人们赞赏的唐代书法石刻，在晚清时期却被学者以有力的证据指为赝本，至此消灭了它的光华，逐渐淡出了人们的视线。

这两块碑刻的被发现、被临摹、被翻刻、被评价，甚至是被否定，过程是十分清晰的，由此引发了我们的一系列思考：原则上学习书法应该通过对墨迹的临摹，而且还要求是古人的墨迹。但这又未免悬鹄过高，历史不甚慷慨，古人留下来可供临摹的墨迹实际并不如理想所需的那么多，以致有论者认为“贫人不能学书”，因为“家无古迹”。实际上，富人亦未必家家都有古迹，于是退而求其次，通过学习摹本和碑刻。我们知道，好的摹本可以“下真迹一等”，所谓的“王羲之墨迹”也都只是些摹本而已，但这些已珍逾球

壁，一般人是无法获见的。大约从6世纪开始出现了墨拓技术，人们将金石上的铭文模拓下来制作成拓片，拓片作为临摹范本成为唐宋至今人们学习书法的主要形式。可是问题总会不断地出现——摹本其实与原本墨迹一样的珍稀，优良的拓片随着时间推移和空间的限制也同样变得稀有。好在对于今天的书法学习者而言，情形幸如白谦慎先生所说的："在机械复制的时代，书法已是一门几乎任何人都能够承担学习费用的艺术。"然而，我们在受惠于"机械复制时代"的同时，似乎有必要了解和体会一下在"机械复制时代"之前的人们学习书法的情形，而本书提到的两块碑刻，它们的经历正从一定程度上回答了我们的这一思考。

王学雷的这本书采用的是由点及面的写作方法，材料丰富，视角也很独特，对于书法史论的研究具有一定的启发意义。

《超越笔墨——大文化视角下的书法情境》概要

张恨无

建筑空间与书法风格之间是相互制约与契合的关系。一方面，书法本体乃至装裱方式对建筑空间有一定要求，书画装裱不仅仅是对作品的装饰，扩而大之，书法对其周围的空间环境具有内在规定性。另一方面，建筑形式与空间、线面分割与组合等外在因素对书法的形式风格也有着直接的制约作用。这种规定性与制约性相辅相成。雕刻与书法，相伴相生，关系至大。雕刻文字可追溯到原始的刻划符号。文中阐述了书法镌刻的材质、工具、技法及甲骨文与金文刻铸，碑版与刻帖、摩崖镌凿之不同，同时亦简述了历代刻工著录情况及书学碑派对雕刻金石气的追求等方面。一部书法史，以工具载体言之，由两支构成，一是墨笔书写的书法史，另一个是刀笔镌刻的书法史。印刷与书法具有种种联系。青铜铸造、玺印、传拓技术对印刷的产生具有重要的启示意义。中国古籍出版讲究美观大方，雕版印刷注重对字体进行选择与美化，历代盛行书风尤其是楷书对印刷字体具有极大的影响。另外，印刷对书法也有着能动作用。传统与现代装潢既有联系又有诸多的差异。当代展览文化的要求，不仅关系到创作，同时也涉及装潢的改变。从宏观角度看，书画装潢联系到艺术活动乃至艺术传播与接受的各个方面，其重要性不言而喻。把装潢作为艺术创作的从属依附的观念必须改变，不如此便不能建构起和谐的可持续发展的大文化生态。书法幅式是联系字体、形态与功能、展示环境的中介。文中从幅式角度论及其生成、视觉特性、对字体形态的制约以及在环境装饰中的作用，重点阐述当代书法创作幅式选择的成因、特点、趋向。楹联书法是语言文学与书法的结合，予人综合的艺术享受，为各阶层所喜闻乐见。文中从概述、书写、材质、形制与建筑环境等几个方面对楹联的书写作了简略阐述。集联根植于中国丰厚的诗词与对联文化土壤中。中国文人具有浓厚的“集”的思维，这不仅在文学书法上，在其他方面也都有所体现。集字集句成联渗透了民族的深层文化心理。集联，一个是文字意义上的集联，重点在文学语言意义层面的展开，一般是集句而成；一个是书法上的集联，重点在书法美的表现，一般由集字而成。集字，就是从碑帖中选出适宜的汉字组成文章、诗词、对联等文体形式。集字活动要上溯到南朝，迨至清代，集字与对联结合，出现了大量的集联作品。书家在书写对联时，其内容除了自撰与摘抄前人，还有一类便是集联。以集联内容作为书写题材，或以书法为目的的集碑帖字成联，应都属于集联书法的范畴。一般说来，集联字越多越难，既要有诗词对联基础，又要懂书法，而且又受到碑帖字数、书体大小等诸多限制。

形式美的创造离不开视觉性与物质性的结合，书法的发展除了与称之为内形式的笔法、章法、墨法等本体因素有关外，还离不开诸多外在因素的制约。书法的外形式即为幅式，幅式对字体、书体有着内在的规定性，各类幅式因其源头各异，在长期的演变中形成了各自的文化内涵。幅式与装潢、装裱密切相关，而装裱是书写、幅式与悬挂、展览、收藏等诸多活动流程的中介。除了近观的尺牍、册页、手卷外，装裱之后的楹联、条幅、屏风等幅式为了较远距离观赏或者其他目的而悬挂在各类建筑中。其中对联可能是传统建筑中应用最广的幅式。建筑空间除了对装裱幅式，同样对字体、书体有着内在的要求。为了适应建筑或园林内长期的悬挂或为了传之久远，便要通过雕刻等手段把书法拷贝到硬质载体上。印刷也是复制文字或书法的手段，依靠印刷，书法得以普遍快速地传播与接受。因之本书的几篇文字都是有机联系的，通过书法而串联起来。

小的系统置于更大的情境中便成为其中的一个元素。系统各个环节之间相互依存，其中某个因素的改变，其他环节或早或晚必然随之改变，因而乃有新系统的生成。当代文化生态与传统已有很大的距离，因而以大文化的视野，对其中的各个环节如建筑、展览、装潢、幅式特性、艺术装饰，包括书法创作等就有了重新审视的充分必要。

书法或说艺术乃是生命经验的体现，每个时代乃至个人都存在种种差异。书法应该置于时代与社会的整体文化生态中进行梳理，才能更加凸显书法的存在价值。这些方面传统社会关注不够，书法在当代应有更多的可能。超越笔墨谈何容易，把眼光暂时从本体移开，作一眼界较广的巡视，把握书法与其他文化间的定位与联系还是很有意义的。

《一斋一世界——明代江南文人书斋与书事》概述

邱文颖

明代江南经济繁荣、文风兴盛、工艺发达，是全国文化艺术中心，尤其中后期书法一门独领风骚。书斋虽属宅院中的“非主流空间”，却是文人最为放松身心、自由思想的地方，是文人读书著述、游于艺事的最佳场所，自然也是从事书法活动的主要场所。书斋里有器物，书斋里有思想，书斋里有艺术和文化。一个书斋，便是一个世界！

本书分上下两编。上编立足书法器与场的关系，阐述书斋陈设。与厅堂等陈设讲求等级礼制不同，书斋陈设较为自由率性，更能体现文人的审美情趣与文化品位。以书桌为中心，逐步向外辐射，最后延伸至斋外环境，从文房四宝、文房杂件、家具陈设、壁间悬挂、花木点缀、帘外风致六个方面全方位论述陈设器物的种类、特征、功能及摆放布局等，不仅再现书斋这一独特、雅洁的书法情境，更从文人对书斋陈设所持的雅、俗观念凝练其独特的审美要求和生活意趣。明代江南文人多诗书画兼能。就书法而言，绝大多数的作品诞生于书斋。但书法作为古代文人的一种生活常态，绝不是一件独立的事情，琴棋茗酒、清谈焚香，都可酝酿、修炼出与书法相关的心境与心性，都可以看作是具有相关性的书事。下编立足书法与生活的相关性，阐述文人在书斋中进行的挥毫怡情、书画赏鉴及琴棋娱情、品茗清谈、焚香静坐、晒书博古等书法和相关书事活动，彰显书法与风雅生活的密切关联，挖掘其风雅生活背后淡泊内修的生命追求和从容闲雅的生活态度。

明代文徵明曾孙文震亨有《长物志》，阐述了园艺、器物清玩等方面的内容。“长物”，即多余的东西、身外余物之意。书斋里的器物常常被文人呼为“长物”，而细察其选择、布置等恰恰无不彰显着文人的操守与审美，实则长物不长，所谓“物物皆非苟设，事事具有深情”。而徜徉笔墨、读书两卷、焚香品茗、兀坐弄弦、清谈弈棋，看似都是文人聊以自娱的“余事”，是无法与“立功”相抗衡的“小道”、“末技”，但却是文化传承、出新不可或缺的土壤，是精神王国里的“正事”，这些“余事”呈现出的闲雅的生活方式，本身也构成了一种文化。

本书论述以文震亨的《长物志》为主要依据，兼及明代曹昭的《格古要论》、屠隆的《考槃余事》、高濂《遵生八笺》中的《燕闲清赏笺》和明末清初李渔《闲情偶寄》中的《居室部》，以及散见于文人笔记小说、文集中的论述。明代江南地区的绘画作品和版画等又为文字提供了很好的图像佐证，图文互证，使论述更加客观全面。

斯人已去，斯文长存！走进明代江南的文人书斋，重温他们在书斋中挥毫寄情、品茗会友，演绎生活的闲雅高洁；触摸他们历经宦海沉浮、身心疲惫或意欲退隐后在书斋中放松心情、享受心灵宁静的平和自在；感受他们重用、尚美、求雅的生活理念。在重新倡导书香生活的今天，书斋依然是中国文化传承的汇集点、个性创造的发酵池、人与自然和谐的清净地。书斋永远是中国文人的精神家园！

红氍毹上

苏剧《柳如是》，结合史与诗

周锡山

大型新编历史苏剧《柳如是》是当今中国的一流历史剧。作品的主题定位正确：通过挖掘柳如是与钱谦益在明清之间天崩地坼、国破浩劫之时生死存亡的心酸往事，探索他们复杂微妙的心理历程，追古抚今，引发人们关于爱情与道义、个体与社会、声名与责任、学问与人格、生命与尊严等问题的思考。这个主题，很有现实意义。全剧兼用文学（剧本）和艺术（表演）的艺术手段成功演绎了这个主题——此剧基本符合历史题材文艺作品应该具备的五个价值取向即创作原则：

一、表现历史的真相，提供和传授正确的历史知识，提高国民的文化素质。二、对历史事件、人物做出正确的、新的评价。三、描绘脊梁骨式的历史人物的风范、性格，高风亮节和人生境界，激励当代人。四、记叙动人的、激动人心的历史事迹、故事，提供艺术享受和历史反思。五、用现代艺术手法再现和表现历史、历史人物和历史事件，提高艺术创作水平。[1]《柳如是》在大处忠于事实，真切描写了柳如是的爱国热肠和为反清复国而作的艰巨努力，钱谦益降清失节的无奈和心灵创伤；柳如是不折不挠地启发、劝说、鼓励钱谦益重新振作，介入反清复国大业的光辉事迹。同时，此戏并不拘泥于史实，具体情节多为虚构，有些改动史实的描写，恰到好处。例如钱谦益留宿黄毓祺两宿，因而被捕，改为柳如是从江边救回受伤的黄毓祺并藏在自己的闺房给他养伤，被人发现告发，钱谦益为保护爱妻，承担此责而入狱。这样的改动，有力为塑造主要人物服务，是成功的尝试。

《柳如是》塑造人物的手段是颇为丰富的。全剧开始，钱谦益出场的第一段唱：

1 周锡山：《论历史题材的文艺作品的价值趋向》，《文艺繁荣与价值引领——中国文联“第五届当代文艺论坛文集”》，中央文献出版社，2011。

“风雨如盘令人寒。江山易主殆天数，无奈仕清不尽羞。”第一句写出时代特色和人物心境；第二句为自己投降仕清辩护：明亡清兴，是“天数”，非人力可以挽回；第三句坦承仕清虽然无奈，但是是羞愧之事，而且是无穷无尽的羞愧。短短三句唱词，即能充分揭示时代背景、人物地位、心理和性格，颇见功力。这是钱谦益作为享受明朝高官厚禄的政治家的心灵创伤和痛苦。

牧翁因其子写信告发柳氏不守妇道，才仓促辞官南归：“接儿来信心颤抖，柳氏怪谲众口啉。唯我深知个中意，河东狮子在遥吼。别家妻怕被夫弃，老夫却怕被妻休！”这是钱谦益作为一代大才在爱情上的心灵创伤和痛苦。

《格列佛游记》的作者、英国著名作家斯威夫特晚年写了“老年自勉十七条”，首条即“不娶少妇”。因有不少老夫少妻由于年龄相差悬殊而出现众多烦恼，老者往往禁不起折腾而折寿也。而钱谦益哀叹“老夫却怕被妻休”，道出老夫典型的一种烦恼。

钱谦益为自己犯愁，家事国事，全不顺心。而柳如是一出场即神采飞扬：“扁舟一叶疾如飞，访医未遇归来迟；望断天涯非汉帜，数声杜宇泪沾衣。胡人入主岂天数，中原正气早衰微。牧翁变节仕清去，悲痛的心情谁人知！放浪江湖儿人识，闺阁心悬海宇棋。”也是国事家事，全不顺心。但她一腔悲愤，全为天下；恼恨丈夫，气节全丧。“岂天数”，驳斥牧斋变节的自辩；最后两句，自抒胸怀，奇情壮采，心潮澎湃。

《柳如是》开首，即将柳如是和钱谦益两个主角同床异梦的家国之痛和儿女之情的激烈矛盾，紧密纠缠交织，人物矛盾和戏剧冲突互相生发；文采斐然的唱词，鲜明突出了人物的感情、性格和命运的悲怆。而且全剧都有这些特色，取得了颇高的成就。

此戏进戏快，情节与悬念、主题和内容，展开迅速。情节和冲突，全部围绕中心矛盾而发展：钱谦益对柳如是红杏出墙的担忧和痛心，与柳如是心怀复国、对丈夫恨铁不成钢的痛恨和焦虑，其中更交织着两人无法交流的心酸和愤恨。

柳如是为了鼓动钱谦益抗清，用了很多心思。有时还顺着牧斋的话，借题发挥。钱谦益感慨："红豆呀红豆，当年我种尔于斯，是爱慕河东君有卓文君之慧眼，王昭君之容貌，蔡文姬之才华，梁红玉之壮怀，才发誓曰我非柳如是则不娶。"柳如是接口唱道："我柳如是何能何德，敢与历代名姝相比呀！卓文君比奴眼光远，她夫婿终生都着汉衣冠。王昭君与奴天壤别，她出塞和戎为保汉。蔡文姬终离胡营归汉土，奴生汉地，如今头却戴胡天。梁红玉击鼓抗金气冲霄汉，柳如是醉生梦死，苟且偷安，愈比教奴泪愈涌。"一系列的排比句，优美动人，句句洋溢着爱国情怀。受她的鼓动和感染，钱谦益也似乎有了洗心革面和重振雄风的转变："我弟子郑成功将军在闽浙一带招兵买马不日将挥师北伐，老夫将不惜微躯助他一臂共图大业。"柳如是接着说："郑成功将军特派使者，正藏在桃花源，俞道长观中要与江南义士，共商抗清大计。"要他参与，他马上借口刚从京城回来疲惫不堪，改日再去。柳如是建议请使者前来。他急着拒绝，还辩护说："唉！书生已老，何能浴血疆场，为报故国，惟有潜心修史。""修撰明史系我素志，忍辱偷生效法史迁"。柳如是批驳说："如今你屈节仕清，已为天下所唾骂，即便明史修成，后人也会弃若敝屣。"这段对话，将"学贯天人"的大学者壮志成灰，却又不甘的挣扎，和柳如是心明大义，却又无法说服夫君的复杂心理，表达得淋漓尽致。

逼使钱谦益转变心灵，重发爱国雄心的戏剧高潮由两个情节组成：一是河东君当古董、卖银钏，拼凑一千两银子，背着夫君以夫君的名义献给反清志士，为抗清大业出力。二是河东君在牧斋降清周年之夜，挖掘衣冠冢，埋葬其贪生怕死、丧失节气的丑恶灵魂——河东君长歌当哭，歌舞俱佳的表演，颇有情感穿透力和震撼力。牧翁获悉后，心灵受到极大的震动。

戏曲杰作都有凤头、猪肚、豹尾。《柳如是》的开首，发展和高潮，都精彩，其结尾也如豹尾一般美丽响亮。最后一场描写钱子等为私利而告发河东君"通敌"，江南总督马国柱带兵捉拿。钱谦益此时幡然醒悟，与爱妻一起抗敌，他挺身而出，巧言避“罪”。此时的对话，皆出意料之外而尽入情理之中：

马国柱　哼，你已仕清，又思复明；反复无常，斯文丧尽；通逆是实，逃脱不得！来呀，将钱谦益拿下！

钱谦益　要囚，要杀，老夫一身任之，不能累及河东君！

柳如是　牧翁。

钱孙爱　求大人放了我爹，捉拿柳氏吧！

马国柱　哈哈哈，钱孙爱，钱公子，柳氏愿代夫君赴难，你为何不舍身救父？

钱孙爱　（急跪下）唉，这个是柳氏造孽，与我父子无关呀！

马国柱　哼，身为贰臣，何得孝子！（鄙夷地踢了钱孙爱一脚）滚！（钱孙爱抱头鼠窜而下，钱朝鼎也趁机溜下）柳夫人，你何必再恋枯朽，快快另择高枝去吧！

柳如是　我柳如是岂能如尔辈一样择木而栖，易主而事！既嫁牧翁，愿与他同死，共枯荣。

以上对话，站在发言者的立场，句句在理，而互相碰撞，则又意味深长。马国柱训斥钱谦益，逻辑严密而气壮理直；训斥钱孙爱入情入理而掩盖不住轻蔑和恶心；劝导河东君，妙在“柳夫人”的称呼颇显尊重，“另择高枝”则体贴人心，颇显温情。河东君怒斥降敌而身居地方大员的马国柱的无耻和伪善，表达与觉醒后的牧翁同舟共济的生死恋情，有摧枯拉朽、力敌万钧之势。

临别家园时，河东君以音调铿锵、文采斐然的《红豆祭》，为全剧留下袅袅余音。

全剧的唱词和对白，设计精巧，生动优美，诗意浓郁。布景优美、贴切，充溢着江南田野和园林的诗意。因此《柳如是》是史与诗结合的一部成功之作。

此戏的男主角张唐兵所演的钱谦益，小厮若尘和侍女小红这两个虚构人物，都颇成功。

扮演主角河东君柳如是的王芳，是当代最杰出戏曲艺术家之一。她连任三届全国人大代表，获得“德艺双馨”称号。她应工闺门旦、刀马旦，擅演昆剧和苏剧，都有擅长的经典剧目，真正做到了“唱念做打俱佳，文武昆乱不挡”。她是二度梅、文华奖获得者，获得评委专家再三的高度肯定，三十年来，众多专家的评论和论文对她的表演艺术做了全面的论述。而更值得注意的是——她演苏剧《醉归》，令昆曲大师俞振飞观看后“激动得一夜未眠”。陆文夫在《人民日报》撰文赞美：“最高明的演员是用心灵演戏的”，“王芳一登台就带有一种诗人的气质，难以描绘的气质，即通常所说的天生丽质”，“是一种内心美的流露”。并惊叹：“王芳似乎是个天才。”她演昆剧经典，建筑大师贝聿铭极赞王芳的《牡丹亭》杜丽娘最具备光彩。演出全本《长生殿》，“惊艳台岛”，还“引起了台湾的文化地震”，塑造了经典杨贵妃。王芳文武双全，故而身材匀称、线条完美；扮演杨贵妃、柳如是这样有劲挺气质的美人，洋溢着英姿挺拔的活力和劲气，不少高难度的舞蹈动作更到位、更优美。王芳得到的这些绝无仅有的极高评价，在《长生殿》国际研讨会上凝结成一句话：王芳是“在国内外最具备影响的昆曲表演艺术家”。

王芳扮演莘瑶琴，陆文夫称誉她演出了诗人的气质。而柳如是真正是才情洋溢的诗人，王芳演来，唱做俱佳，得心应手，光照满台。

王芳身材高挑，能歌善舞，与杨贵妃形象很合拍。柳如是身材小巧玲珑，但英侠之气四射，是个“亦诗亦侠亦温存”的奇女子，王芳令人惊叹地演活了这个角色。

鉴于王芳如此杰出的艺术成就，而王芳的表演艺术正处于自己最高峰的时期，建议国家文化部门应该及时组织拍摄《王芳的舞台艺术》电影，作为我们时代非遗保护和艺术创新的一个重大成果，也可以作为表演艺术学科的精彩教材，既可以作为文化软实力向国际推广（包括作为世界各国孔子学院的艺术欣赏和学习的教材），更可流传后世。

（作者系上海艺术研究所研究员、上海和中国作家协会会员、上海曲艺家协会会员、上海戏剧家协会理事，上海比较文学学会名誉理事，中国古代文学理论学会理事、中国《水浒》学会常务理事兼学刊编委，镇江市赛珍珠（1938 年获诺贝尔文学奖的美国女作家）研究会顾问、福建省老子研究会顾问。）

滑稽戏《顾家姆妈》的数字化改编

辛婷婷

一次偶然的机会，我参加了 4 月 26 日在苏州开明大戏院举办的数字电影《顾家姆妈》首映式，偌大的演播厅几乎坐无缺席，大部分都是与主演顾芗、张克勤年龄相仿、或者更长一些的老苏州人，他们是带着与剧中人的共同回忆、经历走进剧场的，而像我这样听不懂吴方言、对苏州滑稽戏了解又不多的观众则很少。即便这样，借助于音乐、字幕，在电影结束的那一刻我还是由衷地为演员们的出色表演、为该剧种所隐藏的巨大魅力而感动、折服。

滑稽戏属于中国地方戏剧的一种，起源于苏州，因此多以吴方言为表现语言，同时又会根据剧本情节等需要夹杂以其他的方言作为辅助，另外又会从喜剧性的要求出发，对戏曲、民歌小调、曲艺、中外音乐等兼收并用，最终形成了“冷隽幽默、爽甜润口、滑而有稽、寓理于戏”的艺术风格。

将滑稽戏《顾家姆妈》改编成数字电影这一举措是建立在这部剧自诞生、上演以来产生的强烈反响的基础上的，至 2009 年 3 月首演迄今，已演出了二百五十多场，观众达 30 万人次，已获得“中国戏曲学会奖”、“文华优秀剧目奖”等荣誉，主演顾芗更是凭借阿旦一角获得了第 25 届中国戏剧梅花奖“梅花大奖”。在如此众多的光环的照耀下，著名影视导演尹大为携手苏州滑稽剧团将这样一部优秀的剧目搬上荧幕，让更多的观众、更多年轻的观众走进影院，了解滑稽戏、感受苏州文化。

我是先看的数字电影，之后才去看的舞台表演，虽然演员阵容基本没变，但是二者所产生的效果与影响是截然不同的，更确切地说，两种演出方式所欲针对的受众也是存在一定的差异的。对于滑稽戏而言，专演喜剧和闹剧，是以引起观众发笑为主要艺术特征，它以吴方言为主要表现语言，因此在进行舞台表演时，其实对观众也就有了限制，就像是听昆曲、评弹一样，需要对发音、剧本有一定的了解。就算可以依靠舞台边上的荧幕进行台词的同步对照，但是这样的行为又会使观众错过许多演员的细节表演，恰巧滑稽戏的滑稽性的特点的呈现很大程度上在于演员的夸张的舞台表演，如果观众不能够将台词与演员的细致入微的表演艺术很好地融合并做出及时的回馈，那么滑稽戏的演出效果将会大打折扣。所以对于滑稽戏的舞台表演而言，更多地针对的是吴方言地区的人们，或者说对吴方言比较熟悉的其他方言区的观众。对于那些对吴方言不甚了解的观众来说，数字电影不失为一个更好的欣赏、接受渠道，观众可以直接面对荧幕，保证台词、表演的一致性，达到与主人公同呼吸、共命运的艺术享受。滑稽戏表演除了对舞台布景有一定的要求之外，戏剧效果的呈现更多的是依靠演员的表演，因此对于演员个人的素养、演技要求很高，不容差错，不同于电影那样，一个镜头没有拍好，可以重新再来。而且电影镜头几乎不受空间条件的限制，可以将一切对剧情有利的场景全部收入视野，经过剪辑，达到与故事情节的完美融合、相互映衬。加上音乐的穿插，上下幕之间换景、等待这些步骤的消失，整个欣赏过程变得很流畅、自然，从而在一定程度上降低了观众对这部剧的接受难度。

由戏剧改编的电影和我们一般意义上所理解的电影并不一样，这一点我们在观看的过程中便可以直接感受到，电影《顾家姆妈》，也不例外。由于电影演员的身份没有变，仍旧是滑稽戏演员。而且就导演角度来说，将这样一部成功的滑稽戏搬上荧幕、让更多的观众了解接受它，并不是建立在对它做彻底改变、将其原有的戏剧因子剔除的基础上的，而恰是要借助电影的拍摄、制作手法，将许多现代化技巧融入到滑稽戏当中，使它成为呈现、渲染戏剧效果的一种工具。

情节滑稽、手法特殊是滑稽戏的一个重要特点，随着时代的发展，人们欣赏喜剧的渠道越来越多，种类也越来越多，笑点也在随之变高，有些观众觉得滑稽戏不滑稽了，更有一些行中前辈感叹道："滑稽戏不滑稽，真是'滑稽'了！"《顾家姆妈》的剧情是取自一个苏州市民的真实故事，剧作者将地点具体到苏州城紫衣巷43号，将整个拍摄场景都聚焦到人们熟悉的江南风景，从而在感官上便拉近了观众与电影的距离：故事的主人公就生活在我们的周围，她所走过的历史是很多老一辈人共同经历过的历史。剧中所塑造的顾家姆妈这个艺术形象更多的是对母爱的歌颂，是对善良人性的歌颂，同时又融入了当下存在的贫富、亲情等社会伦理问题的思考，是一种以小见大的创作手法，借助于一个家庭的遭遇来折射整个社会的变迁，将“小家”与“大家”巧妙地结合起来，从而使整部剧具有强烈的现代意识和现实意义。这样的手法所成就的剧本严格意义上来说是与滑稽戏截然相反的正剧的题材，它所要塑造的主人公阿旦的形象亦是一个具有高尚品质的正剧人物，而现在却要通过滑稽戏来表演，这无疑是一个巨大的挑战。而整个影片观看下来，你会觉得这样的困难被完美地克服了，除了被主演顾芗凭借精湛的演技所塑造的阿旦这个形象感动外，印象更深的则是表演艺术家张克勤所呈现的江南雨这个角色，他的表演夸张而大胆，极富感染力。江南雨，是一个极具苏城色彩的名字，容易让人联想到小桥流水、白墙黑瓦的江南小镇，但是作者就是要在这样一层既定观念的基础上塑造一个截然相反的人物，江南雨是个说书人，影片中并没有安排他说书的场景，但是他的这一职业状态却反映在他日常的生活中，换句话说，影片从头至尾他的夸张、风趣的表演很容易让人想象到他在说书时候的状态，二者已经完美融合了。他一出场便立马成为焦点，以形象的表情和丰富的身段模仿了八月、十五夜间不同的哭声，再声情并茂地喊出“把马桶拎出来”，仅是短短的几分钟便将一位说书人的形象淋漓尽致地展现出来。接下来他手拿两个热水瓶做出戏曲走台的身段，大段的念白信手拈来“噔噔噔噔走到居委会……再噔噔噔噔赶到这里来”，让人忍俊不禁，这一连串夸张的表演更是将这样一位智多星热心、直率的性格完美呈现。似乎他的每一次出场都能够为观众带来一片笑声，这一部分来源于他的夸张的动作表演，另外一方面又来源于他风趣的语言和搞笑的表情，比如在影片的后半部分，当江南雨得知自己被八月夫妻利用时说出的那句“要做‘骚公鸡’中的战斗机”，让人在爆笑的同时滋生同情、气愤之情；另外当阿旦主动抓起他的手对他说“我只能跟你走”的时候，他先是瘫坐在台阶上，双腿颤抖，然后颤颤巍巍地站起来，掩藏不住满心的欣喜，以一口地道的吴语嗲气羞涩地说道：“阿旦啊，你突然提出来跟我走，我还没有思想准备。”如此丝丝入扣的表演将江南雨此刻受宠若惊、喜出望外却又碍于子女们在场需要强烈克制的复杂心情惟妙惟肖地传递给观众，感染了在场了每一个人。作为观众，仿佛也受他的感染，因为这意想不到的结果而变得有些羞怯、脸红了。演员顾芗是苏州本地人，是属于吴方言地区的，但是她在剧中扮演的却是一位从扬州乡下来的保姆，因此在电影最开始的时候讲的是扬州话，属于苏北方言，随着时间的流逝，阿旦再次出场的时候语言已经转变为扬州话夹杂蹩脚的苏州话，直至最后纯正的苏州话，这样的转换是很考验一个演员的功力的，包括电影对顾芗老师唱腔的完美展现，淮剧、评弹、沪剧、苏北小调，甚至还夹杂了《月亮代表我的心》这一类的流行歌曲，每一曲都是信手拈来，响亮圆润，荡气回肠。而且就顾芗老师的整个表演来说，是内敛考究的，这就和张克勤老师在戏中的表现形成鲜明的对比，一闹一静、一放一收、一张一弛、一捧一逗，配合得相当默契，常常令人忍俊不禁、捧腹大笑，充分展现了苏式滑稽戏的魅力、特点。

相比较舞台表演，红木雕花盒在电影中所发挥的作用更为重要，引发的悬念更为强烈，影片中的许多分歧，包括后来矛盾的激化、爆发其实都是围绕着红木雕花盒展开的，在观影过程中，它每出现一次便牵动着观众的心，就像电影中的八月、十五，以及他们的家人一样，好奇盒子里面装的到底是什么，时刻准备着阿旦在下一秒中为我们打开、呈现。可是导演故意将这样的悬念贯穿始终、留到结尾，直到最后一刻、最后一幕才为我们揭开谜底，然后真相大白。从这一点来说，导演在秉承、坚持了滑稽戏传统特点的基础上，又融入了现代电影的悬疑色彩，使得电影更具吸引力、可观性。而这一点，在《顾家姆妈》的舞台表演中并没有表现得很明显，相反，观众的大部分注意力则是集中在演员的台词、表演本身。

总的来说，作为滑稽戏改编成电影的尝试，《顾家姆妈》并不是首例，但绝对算是成功。作为剧种本身，滑稽戏的历史并不算长，对演员来说，舞台比荧幕更利于提升、锻炼人，不断投入舞台表演是检验一个演员技能成熟与否的重要标准，从这一点来说舞台是无可取代的。但是对于一个剧种的传播与弘扬来说，电影、电视同样也是不可忽视的渠道，尤其是在现代社会，它们可以将属于一个区域的戏剧在最短时间内、以最快的速度传播给更多的观众，使得该文化可以以更多的形式得以保存下来。相对于舞台来说，观众对电影的消化也更快、更容易，因此对演员、对剧本、对导演的要求也越来越高，在这样的现状下，我们要做的不是说非得在二者之间做一个选择、非此即彼。而是要深刻认识到，坚持《顾家姆妈》这样的一条创作、传播路径不失为一种明智的选择，将戏剧与人们的日常生活相联系，使二者在步调上保持一致，做到以传统手法展现现代生活；在表演弘扬过程中，更是要做到守住老观众、拓展新观众，在舞台表演足够成熟的基础上，配合现代影视技术、搬上荧幕，将它展现给更多的观众，使滑稽戏这一类地方戏剧的受众不断扩大。我想只有这样，才能为滑稽戏的长远发展提供保障，才能在节奏日益加快的现代化生活中为地方戏求得一方净土！

苏剧的保护与传承现状调查研究[1]

杨秀秀　汪　成等

一、调查研究背景

苏剧是苏州的地方戏，由南词、滩簧、昆曲和苏南一带的民歌小曲融合而成，前身是“苏滩”，也叫“对白南词”，是一个由坐唱曲艺发展为戏曲表演艺术的剧种。苏滩在清代乾隆年间就已在江浙一带盛行，并曾流行到江西、福建等地，因此苏剧可谓历史悠久。“苏剧”名称的出现是在上个世纪40年代。1941年朱国樑创建“国风苏剧团”，真正完成苏滩向苏剧的转变，苏剧正式诞生。与昆曲相比，苏剧的名称虽然出现得不太早，但是久远的苏滩历史，以及苏剧不拘一格、雅俗共赏的演唱形式与婉转清丽的唱腔，使苏剧一经诞生，就受到观众的普遍欢迎。新中国成立后的五六十年代，曾是苏剧的全盛时期，苏剧艺人也在诸多方面完善苏剧艺术，使其在保持通俗流畅的特色的同时，又不断地学习昆曲舞台表演经验，逐渐形成唱腔清丽婉转、表演细腻动人、品味雅俗共赏的独特风格。因此，苏剧享有“评弹的语言美，昆曲的表演美，吴歌的曲调美”之赞誉，与昆曲、评弹并称“苏州文艺三朵花”。

苏剧在促进其他剧种的发展中曾经发挥过非常重要的作用，也有着不可替代的地位。比如沪剧、锡剧等地方剧种，在发展过程中就曾吸收了苏剧的许多优秀腔调，而在昆曲的发展历程里，苏剧更是发挥过“救其生死于一线”的作用。当年，在国风苏剧团创办之时，昆曲一度面临着消亡的危险，许多昆曲艺人走投无路，是国风苏剧团

1　本文为苏州科技学院本科生实践创新训练计划项目“苏剧的保护与传承现状调查与研究”结题成果。项目成员：杨秀秀、汪成、周淑瑾、宋清远、余秋月，指导教师：金红。

团长朱国樑在本剧团尚难维持温饱的情况下，收留了一批昆曲“传”字辈艺人，为昆曲保留了“活下去的火种”，并在经济上给予支持，使得后来“一出戏救活一个剧种”的昆曲重生奇迹，成为可能。

苏剧在吸收昆曲舞台表演经验的同时，也对昆曲有一定的影响，比如昆曲的一些细腻唱法就曾有苏剧唱腔的痕迹，中国戏剧梅花奖“二度”得主、苏州昆剧院的王芳曾坦言自己在演唱昆曲时，有时会融入一些苏剧的小腔，如角腔、啴腔等。著名昆曲表演艺术家张继青老师的演唱独具一格，她的演唱小腔多，腔调更婉转，韵味更醇厚，而这些，恰恰与她当年的苏剧基础密切相关，张继青的昆曲也由此而与众不同。鉴于苏剧本身的艺术特色及其对传统戏曲所作的贡献，同时鉴于苏剧的“天下第一”的特性[2]，保护、传承苏剧是保证其生存发展的需要，更是保存优秀戏曲艺术的需要。

苏剧 2006 年入选国家级非物质文化遗产项目后，国家、省、市先后命名了 17 位苏剧项目代表性传承人。同时，苏州市启动苏剧艺术传承，将具体工作引入苏州市锡剧团，整体机制是建起以柳继雁、尹继梅等“继”字辈艺术家为精英，王芳等“弘”字辈演员为中坚，锡剧团青年演员为基础的人才梯队。2008 年“苏州市民族民间传统文化保护专项资金”建立后，苏州市文化广电新闻出版局拨出专项经费作为对苏剧传承人进行传承项目的补助和老艺术家排演传统经典剧目的补贴。苏州市锡剧团也先后排出《醉归》、《出猎》、《岳雷招亲》、《春香闹学》、《断桥》、《快嘴李翠莲》、《狸猫换太子》等折子戏。策划于 2009 年的苏剧大戏《红豆祭》（后改为《柳如是》）历经两年排演、十八次修改，也在 2011 年搬上舞台。这些戏首次公演时，老苏剧迷们奔走相告：绝迹舞台十年的苏剧回来了！苏剧第一代艺术家、现已 95 岁高龄的老艺人尹斯明更是激动不已，连说苏剧还“没有完”。这是让人激动人心的事。同时，由苏州市市委宣传部和市文化广电新闻出版局联合主办的苏州市舞台艺术

---

2 语出“天下第一团”，指全国只有这么一个剧团。在目前的苏州昆剧院成立之前，苏剧与昆剧并存于该剧院。1992 年文化部曾举办“天下第一团”优秀剧目展演，当时的江苏省苏剧剧团（即现在的江苏省苏州昆剧院前身）参加展演，其中王芳饰演的苏剧《醉归》曾以最高得票名列优秀表演奖榜首。

“四进工程”，近年来也开始把苏剧放入演出行列，有不定期的社区、城乡演出，平江路的中国戏曲博物馆也会不定期地推出苏剧“星期专场”。此外，市相关文化部门也进行过相关理论研究，整理并编辑出版了《苏剧遗产集萃》，收集整理各类苏剧剧本四百五十多本等。

以上成绩的取得，很让人欣慰。但是，作为一个曾有很大影响的地方戏剧种，苏剧的实际生存现状并不容乐观。本课题小组曾为了解以大学生为主体的年轻人对苏剧的认识情况，进行了“苏州市在校大学生对苏剧的认识与接受情况”问卷调查。调查以苏州科技学院人文学院学生为主要对象，共发放问卷160份，收回有效问卷98份。根据调查结果，课题组曾撰写了调查问卷报告，并将苏剧与昆曲、沪剧、锡剧、越剧等相关戏曲样式做对比分析，拟从理论与实践相结合的双向性角度、从大学生的视角，探讨苏剧的生存现状及原因，同时尝试着提出保护与传承苏剧的具体可行的办法。而本研究报告也是在问卷报告的基础上，融入有关的理论与实践探讨而最终形成。

二、苏剧的生存现状与原因分析

总体上讲，在苏州市政府各部门和社会各界的共同努力下，近年的苏剧保护和传承工作取得了一定成绩。但是，这些成绩与苏剧昔日的辉煌相比，还有很大距离。当年曾经唱遍上海滩大世界、小世界的苏滩，曾经盛行于上个世纪五六十年代和80年代的苏剧，已繁华不再，今天很多年轻人、甚至是苏州的年轻人都不知道苏州还有“苏剧”这一戏曲样式——苏剧的生存态势已岌岌可危，同时，探究抢救苏剧的具体措施已迫在眉睫！

概括而言，苏剧目前的生存困境主要体现在以下方面：

（一）没有独立的实体单位，难以科学地组织传承梯队，传承人才断层，处于青黄不接的局面

自上世纪50年代昆曲发展开始式微，苏州的苏剧与昆曲一直是合团演出，虽然中间有短暂的两年“分家”时间，但很快又再度合璧。直到2001年，昆曲被联合国

教科文组织命名为“人类口述和非物质遗产代表作”后，前身为“国风苏剧团”的原江苏省苏昆剧团改名为“江苏省苏州昆剧院”，苏剧团的牌子随后挂在苏州市锡剧团，但并没配备专职的苏剧演职人员，因此，苏剧至今没有一个独立的剧团，或者说相对独立的实体单位。将苏剧“栖身”于锡剧团，其实不尽合理，也是不科学的。苏州市锡剧团有关领导已经意识到在锡剧团同一个部门内，同时进行锡剧和苏剧的保护传承工作，是力不从心的。目前苏州市锡剧团内有二十几位演员是传承苏剧艺术的演员主力，但由于身处锡剧团，当锡剧演出急需演员时，他们也会参加锡剧演出，因此很多时候并不能全心全意地专注于苏剧，这样，苏剧表演风格的纯正传承就难以保证。

目前苏剧的传承人有国家级 1 人、省级 3 人、市级 7 人，除去各级别重复命名，实际的传承人仅 7 人，即：尹斯明、尹继梅、凌继勤、王芳、柳继雁、梁琴琴、潘玉琴。而尹斯明已 95 岁高龄，柳继雁、尹继梅、凌继勤等三位“继”字辈演员已年近八十，梁琴琴、潘玉琴也已退休，稍年轻一些的王芳则主要忙于昆曲的演出与传承工作。苏州昆剧院的“弘”字辈、“扬”字辈演员都曾学习过与演过苏剧，但 2001 年昆曲“入遗”以后，他们的主要精力也都在昆曲表演上，只是偶尔客串苏剧演出。

显然，靠几位年事已高的传承人、二十几位锡剧团的青年演员、偶尔客串的苏州昆剧院演员，来完成苏剧这一有着丰厚历史内蕴的戏曲剧种的传承工作，实不可能。

而反观曾经与苏剧一度共生共荣的昆曲，由于 2001 年以后各级部门的努力，如今已呈现出比较令人欣慰的局面。比如全国范围内的“六团一所”（浙江昆剧团、上海昆剧团、北方昆曲剧院、苏州昆剧院、江苏省昆剧院、湖南省昆剧团、浙江永嘉昆曲传习所）呈较为健康的发展态势，民间曲社也如雨后春笋，官方命名的传承人与民间昆曲爱好者都在克服困难，为昆曲的传承而努力。可以说，苏剧、昆曲这一对曾经的双胞胎，如今却有着恰似“风和日丽”与“凄风苦雨”的强烈对比；这也同时提醒我们：苏剧也要有一个名正言顺的“家”，一个独立的演出实体。因为只有这样，苏剧才能会像昆曲一样，得到全面的营养。

（二）传统剧目大量流失，新编剧目跟不上时代步伐

前文提到，苏剧的前身是苏滩，苏滩又有前滩与后滩之分。前滩的剧本大多移植于昆曲，曾有人说，凡昆曲中有那么一出戏的，苏滩中也就有那么一出戏。也就是说，前滩繁荣时期，有多少出昆曲折子戏，就可能同时有多少出苏剧小戏。清代乾隆年间昆曲比较兴盛，当时有昆曲折子戏1400多出，那么，以此推论，当时的苏滩可能至少会有几百出。

研究现有资料，我们又看到，苏剧对昆曲剧本的移植似乎是比较机械的。就是说，苏剧剧本相对于昆曲剧本而言，除了将昆曲的一些唱词做部分改动外，在结构方面一般都不变，有的苏剧剧目整个本子甚至与昆曲的舞台本全部相同，包括故事流程、表演流程，以及人物表现、人物与故事的结局等等。其实，从艺术的发展角度说，这样两个剧种同时履行几乎相同的表演范式，是会影响艺术发展步伐的，会影响苏剧的个性彰显，因为苏剧的地方性更强，尤其是上个世纪50年代，苏剧从上海迁回苏州后，除了苏州，其他地方已经没有苏剧了，真正成了“天下第一团”，那么，它必须保留自己的个性才可能长久地生存下去。但事物还有另外一面，就是，在与昆曲的共生共长过程中，由于借助了昆曲的力量，苏剧也从艺术等多方面具备了快速向前发展的步伐。因此，据统计，从1956年江苏省苏昆剧团建团开始，到80年代初期，上演的苏剧剧目总数约140个。主要剧目类型为：搬演自昆剧的、移植改编其它兄弟剧种的剧目、自己创作的剧目，即新编苏剧。这140出苏剧，看似不多，却实在是一个颇为可观的数字。因为“继”、“承”字辈昆曲演员从“传”字辈老艺术家那里继承下来的昆剧总共为307出。苏剧剧目又有很多是从昆剧剧目中来，“既昆又苏”的苏昆剧团演员们，能够演出如此数目的昆剧、苏剧，实属不易。而这些剧目也是当时维持苏昆剧团生存的根本，当年“经济上以苏养昆”的说法，正源于这些久演未衰的苏剧。

但是，时下苏剧演出却不如此乐观。概括地讲，目前苏州能演苏剧的年轻一代演员中，保留的剧目只有《醉归》、《出猎》、《合钵》、《断桥》、《岳雷招亲》、《访测》、《湖楼》、《春香闹学》等不足10本（只）小戏。六十几年的风风雨雨，我们国家的文艺发展之路不尽顺畅，加上许多人并没有保存剧本的意识，很多剧目剧本保留到现在可以说是少之又少。[1]这无疑是苏剧剧目的巨大损失。

（三）没有妥善处理好创新与继承的关系

“创新”与“继承”一直是如何传承传统艺术争论不休的话题，苏剧也是如此，具体可在前滩、后滩中的剧本整理与创作、唱腔、音乐等多方面都有体现。

从苏剧的发展角度看，前滩是对白南词中的正戏，剧本大多改编于昆曲，唱词与后滩相比更加文雅。后滩则大多来自插诨打科的生活小戏，通常会夹杂时事内容，演唱更通俗，富有生活情趣。目前人们熟悉前滩的比较多，而对后滩关注不够。其实，当年唱后滩的也有很多名角。比如光绪年间的林步青，就是很有才华的苏滩艺人，尤其擅唱后滩。他创编了很多新曲，演唱时常常加入时事内容，被称为“时事新赋”。这些唱段因为贴近民生、直抒民心，很受欢迎。林步青的外甥郑少庚，受其影响，也在演唱时加入“时事新赋”；加上他才思更胜林步青一畴，甚至可以将当天的新闻时事编成说唱段子，因此影响更大，成为当时上海滩的名角之一。

后滩所具有的时势性与易于创作等特性，虽然对演员的要求相对较高，它需要演员不仅能演能唱，还要有即兴发挥的天才，要能够很巧妙地将随时随地发生的时事新闻加入到自己的演唱中，可以说，一般的演员很不容易做到。但是，后滩繁荣之时，演员们却做到了这一点，这对后滩剧目的不断创新与发展大有裨益。因为无论何种艺术样式，只有不断地发展、不断地推出新剧目，才会赢得更多的观众，也才会有更旺盛的生命力。

但是令人惋惜的是，目前我们看到的苏剧，即目前沿袭下来的苏剧剧目基本上属于前滩的范畴，也就是说，前滩剧目居多，而且传承下来的表演艺术也基本上是前滩表演艺术，对后滩表演艺术中所特有的时势性、随机性、灵活性，以及内容更通俗、更贴近百姓生活、更具诙谐幽默性等特色，都没能很好地承继下来。眼下苏州尚有几位苏剧老艺术家健在，他们虽然年事已高，但有的还能演唱苏剧，尤其是仍然掌握后滩艺术，因此，赶紧挖掘他们的表演艺术，抢救他们身上的宝贝，迫在眉睫。

对于传统艺术，原汁原味地继承自然非常重要。但同时也要抓住此种艺术样式的独特所在。像后滩表演艺术，因其独具的通俗、灵活特性，比较容易在创作中求新求变，因此自诞生以来，新编新创剧目的增长就很快，数量很多。而这，也是一种在遵循艺术创作规律前提下的“创新”，也是一种继承，即继承它的创作方法，它的剧目生成特质。后滩所特有的能够不断推出新剧目、不断地推陈出新，本身就是一种“传统”，一种亟待后来者学习与借鉴的“传统”，一种必须要继承的“传统”。

苏剧在音乐、作曲等方面的继承与创新情况也令人担忧。就苏滩而言，蕴含丰富的音乐资源是其优势；“好听”，是人们对苏剧的普遍评价。苏滩的主要声腔是太平调，同时包含大量的小腔小调，比如费家调、紫竹调、离魂调、山歌调、数麻雀、大九连环等等。苏剧在创立之初也都曾将这些丰富的小腔小调较为完整地继承下来，并在苏剧演唱中运用，且持续很长时间；苏剧有心人还将自身的音乐资源整理成《十六分册》，广为传播。但是，伴随苏剧艺术的不断滑坡，伴随剧目的大量流失，很多声腔也随之慢慢地流失掉了，它们在苏剧艺术中再无用武之地。但是，令人遗憾的同时又是让人惊喜的是，苏剧的很多声腔不断地被周边其它剧种所吸收和借鉴，并且慢慢融入到其它剧种的音乐体系里。比如，沪剧、越剧，都含有苏滩特色的声腔。今天沪剧中大量的常用曲调如【费家调】、【紫竹调】、【迷魂调】、【太平调】、【山歌调】、【数麻雀】乃至【大九连环】都是从苏州滩簧引进。沪剧著名的《庵堂相会》，旦与小生一段脍炙人口的对唱“问叔叔”，引进的是苏滩《马浪荡》中的阴面太平调；“问叔叔”的对唱，结合人物性格的塑造，把阴面太平调的男女对唱应用得炉火纯青，从而成为了沪剧的经典。成就了其它剧种，苏剧，尤其是苏剧音乐却萎靡了。现在人们对沪剧、越剧的熟悉程度显然优于苏剧，谁会想起当年沪剧、越剧等对苏剧的借鉴呢！而这不能不说是苏剧音乐在继承与发展方面的一大损失。

三、对策与建议

（一）保护与传承苏剧的首要任务就是要成立有编制的苏剧团实体，应建立专门的苏剧传承人才队伍，制订长远的传承目标和计划

剧团实体是有计划、有步骤地传承艺术的保证。只有立足于剧团，组织好专业传承人员，才能重振苏剧，进而慢慢地壮大苏剧队伍。

关于如何树专业品牌，如何建立独立的演出团体，与如何完善科学管理制度，可以借鉴金坛市常锡剧团的做法。江苏省常州市管辖的金坛市常锡剧团 80 年代中期以

后也不景气，呈滑坡态势；但是，进入新世纪以来，剧团“在两个方面进行了大胆的突破和尝试：一是突破原剧团编制性质，全员解聘，作一次性经济补偿，然后实行剧组聘用制。二是突破原工资结构，改革分配制度。实行岗位工资+演出场次补贴+效益工资的分配方式”。而经过此种体制上的革新措施，经过全体演职人员在艺术创造、艺术传承方面的共同努力，改革后的常锡剧团“演出场次一路攀升，《少年华罗庚》于2003年荣获江苏省‘演出千场奖’。现代大型儿童剧《飞吧，大雁》于2004年4月底叩开了参加上海市第五届优秀儿童剧目展演的大门，并获得了‘优秀演出奖’，去年五一长假和今年六一期间，《飞》剧两度跨进上海大剧院，在上海戏剧界引起轰动”。[2]

因此，就目前情况看，苏剧若想振兴也必须有大幅度的重振力度。其中，专业实体单位是保障，专门的传承与演出人才梯队是基础，强有力的制度措施是动力。而做到这些，必须有政府相关部门、相关剧院团体、相关演职人员统筹规划，各司其职。应制订具体的传承计划，分工具体直观，把剧目的传承落实到个人。演员方面，由苏剧招收的学员进团后必须学习和表演苏剧，尽量避免与其他剧种合用演员，以保证苏剧表演风格的纯正。要创造更多的演出机会，使他们的艺术水平在演出实践中不断地得到锻炼和提高。对于青年演员的传承情况，应组织老艺术家、相关理论研究人员定期指导和检查。剧团进行高效率的管理工作，可将传承成果量化，甚至与薪酬挂钩。相关部门也要在演员的生活和薪酬方面予以适当倾斜和保证。总之是要通过科学合理的规划，通过组织、领导、调控来解决苏剧的传承以及后顾之忧问题，从而提高团体运作效率，更加有效的传承苏剧艺术。

（二）在不改变苏剧艺术本质的前提下，有选择性地改革传统苏剧中不尽完善的地方，适度增加有创意的艺术因子，以适应现代人尤其是年轻人的审美需要

针对苏剧与昆曲相比所具有的创新性强的特性，针对苏剧目前亟待抢救、亟待让更多的人认识的紧迫性，同时针对现代人尤其是当下年轻人的审美倾向等问题，我们认为，适度改革苏剧、加强新编新创剧目以适应更多的观众需要，十分迫切。而针对年轻人的审美需要问题，本课题组曾开展了对部分苏州市在校大学生的问卷调查。

我们认为，大学生是现代社会最有活力的群体，也应该是苏剧这样的优秀传统艺术的最得力的观众群，所以他们的审美倾向很能代表新世纪以来的年轻观众。

调查问卷相关题目：1. 您观看或听说过哪些苏剧剧目？ 18% 的学生选择《花魁记》，43% 选择《红豆祭》，32% 选择《十五贯》，25% 选择《快嘴李翠莲》。很明显，没有出现一个大多数人都听说过或观看过的剧目，这说明苏剧到现在为止还没有打造出一个众所周知的名剧目。2. 您觉得苏剧的剧本以什么内容为主更能吸引您？48% 选择“缠绵悱恻的爱情故事”，29% 选择“耳熟能详的经典名著”，22% 选择“荡气回肠的英雄史诗”。显然，表示以爱情故事为主要内容的苏剧更能引起观赏兴趣。3. 您觉得苏剧增加一些现代戏怎么样？ 54% 选择“推陈出新，值得鼓励”，25% 选择“会破坏原有韵味”，19% 选择“无所谓”。从中可以看出，年轻人更喜欢新鲜事物。4. 您觉得苏剧应该怎样改革才能更加符合大学生的审美倾向？ 36% 选择“改革过于缓慢的演唱节奏”，56% 选择“创作时代感强的剧本”，47% 选择“启用更多的年轻演员”。这又说明，年轻人并非排斥戏曲，而是对戏曲缓慢的节奏与比较陈旧的题材兴趣不大，因此对传统戏曲的音乐、唱腔做适当的改革，同时多创作一些时代感强的作品，会争取到更多的年轻观众。

能否对传统戏曲进行改革，传统的东西能否创新，一直是人们争论不休的话题。我们认为，为了使优秀的东西传承下去，相对于中华民族传统文化而言，像苏剧这样带有浓郁的地方色彩，同时在新编新创方面有很多优势的艺术样式，可以在不改变其艺术精髓的前提下，对其进行适当的艺术加工，以适应更多的年轻观众的需要。比如，在排演古装戏的同时，加大现代戏的创作；多运用些让观众喜闻乐见的音乐和唱腔；强化剧本创作中的现代因子，诸如对情感故事的渲染，对耳熟能详经典故事的现代演绎等。在现代戏创作实践方面，苏剧不妨学习沪剧的经验。资料显示，“沪剧从发源之初起，就形成了反映现实生活的传统”；而当它进入市区“演出了大量的时装剧”后，因其“从不同的侧面相当完整而生动地表现了上海十里洋场地都市生活风貌”，而被称为“沪剧西装旗袍戏”。这些戏约 250 出，数量相当于沪剧古装戏和清装戏的总和，它也因此成为“上世纪三四十年代沪剧演出的主流。”[3] 可见，沪剧后来之所以有较大的发展步伐，是得益于当年的革新措施的。或者可以说，没有创新式的“沪剧西装旗袍戏”，也就没有沪剧健康与快速的发展态势。

另外，打造名剧也是一项很重要的工作。因为名剧可以出明星。我们苏剧也应该有自己的明星，而借助明星效应来推广苏剧，也不失为一项抢救苏剧剧种的措施。

（三）充分利用网络、电视、新闻出版等现代新媒体，加强对苏剧的宣传，扩大苏剧观众群

本课题组曾就苏剧的接受情况做相关调查，如：“您当初是通过哪种途径了解苏剧的”，50% 的学生表示首次接触是通过长辈老师的介绍，22% 是通过电视节目，13% 是通过网络途径了解。这 13% 的数据，说明网络等现代新媒体对苏剧的传播作用，效益不大。而现代新媒体恰恰可以成为传统艺术普及的桥梁。这方面有很多成功凡例。例如昆曲：网上的昆曲爱好者喜欢将自己称作“昆虫”。这些“昆虫”在网上开了很多昆曲贴吧，如“兰苑剧场”、“南京昆曲爱好者小组”、“元音大雅”等等，以不同的方式聚在一起讨论和欣赏昆曲。这无疑促进了昆曲的普及。

沪剧也曾利用电视平台扩大影响。例如上海的“七彩戏剧”就是专门的戏剧频道，播放的节目有沪剧、越剧、锡剧、淮剧、京剧等多种，还设有名家讲说、精彩唱段等。越剧“从 30 年代高亭唱片公司灌制了女子越剧第一张唱片王杏花的《玉蜻蜓·游庵哭图》，袁雪芬、钱妙花唱的《方玉娘哭塔》开始”，“各种有声载体和声像载体大量出现，经历了唱片、盒式录音带、盒式录像带并向 CD、VCD、DVD 发展，中国唱片公司、上海音像出版公司、浙江文艺音像出版社、浙江音像出版社、北京音像公司、武汉音像出版”等过程。[4] 而这种过程，使人们足不出户就能看到逼真的舞台演出，越剧也以这一更便捷的传播方式加快了普及与传播步伐。

苏剧也应该学习沪剧、越剧的现代传播方式，学习网络昆曲的经验。要通过互联网快速、通过广播电视新闻出版等渠道，广泛地宣传和传播苏剧。苏剧团可以创建专门的苏剧网站，除了介绍最基本的苏剧源起与发展情况外，还要不断更新有关苏剧的新闻，及时通知演出信息，让苏剧观众有道可循。要上传名家经典唱段、苏剧音频视频，供观众下载欣赏。网站开设苏剧论坛，让观众畅所欲言，经常交流观点。苏剧在有开始有音像载体记录演出之时，没能留下很丰富的资料，可以说已经错过了很多记

录的好时机。而如果现在仍然做不到及时地保留资料，那么，留下来的精彩东西只会越来越少，这无疑是苏剧传承的一大遗憾。我们则不能让这种遗憾继续。

（四）将苏剧作为苏州特色课程引入高等院校，培养大学生观众

中国戏剧梅花奖“二度”得主、苏剧表演艺术家王芳，曾在《东方早报》采访中说：“戏剧传承，说到底是人的传承，这里面既包括演员的传承，也有观众的传承。……我们尤其要注重年轻观众的培养，不能总是黑头发演给白头发看。对没看过苏剧的年轻观众而言，他们刚开始可能只是看看扮相、听听嗓音，但入门之后，他们慢慢就会懂得品味，能看出一部戏的好坏。这就需要我们跟上时代，多创造让年轻人接触苏剧的机会，培养新一代受众群。”[5]

培养年轻观众，尤其是培养大学生观众，首先要了解他们的审美取向，然后再有针对性地进行宣传。我们也曾调查这种情况：“您觉得苏剧通过什么方式宣传更能引起大学生的关注兴趣？”62% 的学生选择“苏剧演员来校演出”，34% 选择“学校组织苏剧讲座”。显然，剧团院所联合高等院校走进校园做普及性演出，很必要。

关于观看方式，我们曾调查：“您更倾向于通过什么方式观赏苏剧”，53% 的学生表示更愿意在剧院观看演出。这一比例远远超过 19% 的电视节目、15% 的网络和 11% 的看街头表演的比例。但是由于大学生经济水平有限，一般接受不了太高的价位。在调查“您觉得一场经典的苏剧演出定在什么价位您会去观看”时，42% 的学生表示 50—100 元之间的价位会选择观看，44% 的学生表示 20—50 元之间是可接受的价位。这些数据表明，剧院在制定票价时应该考虑以大学生为代表的年轻观众的经济能力，或者可以采用学生票半价的政策，使更多的大学生看得起、看得进。

课题组还对苏剧能否作为特色课程进行调查：“您觉得有没有必要将苏剧作为苏州特色课程在苏州高校开设？如果您所在的学校开设这种选修课，您会选修吗？”结果显示，96% 的学生认为有必要，而这 96% 中的 62% 表示会选修此类课程。这表明，只要有途径，大学生中会有相当一部分同学去了解和学习苏剧。作为苏州唯一的地方戏，在苏州高校开设苏剧选修课程完全必要，也完全可行的。

（五）加强政府部门对苏剧保护和传承工作的支持力度，制定相关政策，将切实的投入做保障

苏剧的保护和传承工作应该由社会各界共同参与和努力，而在共同参与中，还必须有一个统筹管理的“领头羊”。调查问卷中，我们曾问：“您觉得苏剧的保护工作更应该依靠哪方面来进行”，65% 的学生选择“政府部门的支持和资助”。25% 选择“苏剧艺人的志愿传承”，10% 选择“苏剧爱好者的自发传承”。同学们显然认为目前情况下，苏剧的保护和传承工作最应该依靠政府的力量来进行。

事实上，在时下经济发展步伐较快、文化艺术亟待跟进的形势下，对待像苏剧这样的传统艺术实施保护与传承工作，政府部门确实更有号召力。政府相关机构可以将多方力量协调起来，进行统筹管理，实现更有效的保护和传承。比如创建独立的苏剧剧团、制定苏剧发展的长远战略、发展传承人才、组织创作与演职人员，以及开办电视节目、进校园活动等等举措，而这些举措，如果没有政府的大力支持则难以实现。总之，只有政府充分理解苏剧这一非物质文化遗产项目的意义，为苏剧的发展制订政策、投入资金、协调各方力量，苏剧的真正复兴才有希望。

需要指出的是，依靠政府并不是要政府“大包大揽”，而是指政府在必要之时必要之处提供支持，制定发展战略，实行“生产性保护”，让苏剧在政府的扶持下逐渐获得自身的“造血功能”，以实现长远发展。这方面也有中央和地方的可资借鉴范本。如 2004 年文化部专门研究制定的“国家昆曲抢救、保护和扶持工程”，从 2005 至 2009 年国家每年拨款 1000 万元用于昆曲艺术的保护和发展是专项资金；锡剧发源地无锡市和常州市政府先后成立“振兴常锡剧领导小组”，制定了一系列振兴常锡剧的方案与措施，出台了《政府文学艺术奖励条件》和艺术生产专项资金等。苏州市政府可参照此法，为苏剧制定相关的保护政策，为苏剧的传承和发展保驾护航。

[1]尹斯明:《尹斯明从艺回忆录》,苏州市文联艺术指导委员会印编,第56、67—68页,2004年。

[2]中国金坛新闻网,金坛创新理念打造文化品牌[EB/OL],2005-9-2,[2014-3-21]。http://www.js.xinhuanet.com/xin_wen_zhong_xin/2005-09/02/content_5035562.htm。

[3]刘恩平:《上海沪剧:一座城市的“风尚志”[J/OL],2011-4-5,[2014-3-21]。http://www.artanthropology.com/n877c13.aspx。

[4]沙文婷、董继红:《论越剧出版物对越剧发展的贡献》,《戏曲艺术》,2005年第3期。

[5]潘妤:《绝迹十年 苏剧凭〈柳如是〉归来》,第B01版,《东方早报》,2013年11月28日。

图书在版编目（CIP）数据

苏州文艺评论2014/朱栋霖主编. —上海：文汇出版社，
2014.10
ISBN 978-7-5496-1267-3

Ⅰ.①苏… Ⅱ.①朱… Ⅲ.①文艺评论—中国—文集 Ⅳ.①I206-53

中国版本图书馆CIP数据核字（2014）第238053号

苏州文艺评论2014

主　　编 / 朱栋霖
责任编辑 / 熊　勇
特约编辑 / 许　峰
装帧设计 / 刘　啸

出版发行 / 文匯出版社
上海市威海路755号
（邮政编码200041）
印刷装订 / 苏州华美教育印刷有限公司
版　　次 / 2014年10月第1版
印　　次 / 2014年10月第1次印刷
开　　本 / 787×1092　1/16
印　　张 / 19
字　　数 / 200千

ISBN 978-7-5496-1267-3
定　　价 / 39.00元